GPS
Praxisbuch und Ratgeber für die GPS-Navigation auf Outdoor-Touren

Uli Benker

GPS

Praxisbuch und Ratgeber für die GPS-Navigation auf Outdoor-Touren

BRUCKMANN

SAMSUNG

Einleitung

Es gibt Dinge, die verändern die Welt. So wie der Computer, das Internet oder das Handy, gehört auch GPS dazu, ein bisher einzigartiges Navigationssystem mit nie da gewesenen Möglichkeiten für die Orientierung. In einer Vielzahl von Anwendungen ist GPS längst selbstverständlich, z. B. in der Luft- und Schiffahrt.

Doch inzwischen erobert GPS auch mehr und mehr den Alltag. Beispielsweise in den Routenplanern für die Autonavigation. Was die Orientierung beim Autofahren unheimlich erleichtert: Einfach ein Ziel eingeben und schon ermittelt das Navigationssystem die günstigste Fahrtroute und lotst Sie per Sprachansage sogar noch zum Ziel.

Routenberechnung und Sprachansage bieten Outdoor-GPS-Geräte zwar (noch) nicht, doch zu Ihrem Ziel führen sie Sie ebenso zuverlässig. Mit GPS haben auch Wanderer, Alpinisten, Trekker, Biker oder Kanufahrer ein äußerst leistungsfähiges Navigationsmittel an der Hand, das einen entscheidenden Vorteil hat: Sie finden selbst dann zu Hütte, Zeltplatz oder zurück zum Ausgangspunkt, wenn Sie mit Kompass und Höhenmesser längst keine Chance mehr haben: in dichtem Nebel, im Schneetreiben oder in stockdunkler Nacht. Und das weltweit, zu jeder Zeit.

Egal ob Schmuddelwetter, Nebel oder Schneetreiben, GPS bringt sie sicher ans Ziel.

Schön und gut, aber ist GPS nicht eigentlich nur etwas für Extremtouren? Sicherlich, auf den gut markierten Wanderwegen in den Alpen und den Mittelgebirgen kommt man meist auch ohne zurecht. Trotzdem hat GPS auch in unseren gut erschlossenen Gegenden Vorteile. Einige Beispiele: Auf einer Wanderung trotz Markierung verlaufen? Oder von Schlechtwetter überrascht und nur mit Mühe zur Hütte oder zum Auto gefunden? Mit GPS wäre das nicht passiert! Bei Schneetreiben auf einer Ski- oder Schneeschuhtour die richtige Route durch lawinengefährdetes Gelände finden? Mit GPS wesentlich einfacher! Im Nebel einen Gletscher überqueren, vorbei an allen Spalten? Mit GPS durchaus machbar! Und: Wer im Notfall die Koordinaten seines Standortes parat hat, wird schneller gefunden. Ein Vorteil, der Leben retten kann.

Biketouren ohne Orientierungsstopps: Mit GPS kein Problem!

Pluspunkte, die in der Wildnis, abseits von Wegen, noch sehr viel größer sind. Egal, ob auf einer Trekkingtour durch Lappland oder einer Kanufahrt auf dem Yukon. Vor allem, wenn man das Gerät schon vorher mit der Tour gefüttert hat. Verlaufen ausgeschlossen! Ein Knopfdruck und GPS zeigt Ihnen an, wo Sie sind und gibt Ihnen Richtung und Entfernung zu Ihrem Ziel gleich mit an.

Doch GPS ist mehr als nur eine Versicherung für Notfälle, GPS erhöht auch den Spaß auf Touren. Beispiel Radfahren: Touren fahren ohne lästige Orientierungsstopps an jeder Kreuzung? Nur mit GPS möglich! Ein Vorteil, den auch mehr und mehr Wanderer zu schätzen wissen. Mit speziellen, aufladbaren Karten können Sie Ihren Weg sogar in Echtzeit verfolgen, wissen mit einem Blick auf das Display, wo Sie sind.

Oder Kanutouren: Oft ist es schwierig ein bestimmtes Ziel anzusteuern, weil man den Flussverlauf nicht ständig auf der Karte verfolgen kann oder will. Mit GPS ist es ein leichtes. Mehr noch: GPS macht Sie auch auf Stromschnellen oder – auch beim Wandern und Radfahren – auf andere Gefahrenstellen aufmerksam. Damit nicht genug: Mit GPS können Sie Punkte speichern, egal ob Fotospot, Sehenswürdigkeit, Zeltplatz oder Wasserstelle und jederzeit problemlos wieder hinfinden. Selbst nach vielen Jahren.

Neugierig geworden? Wäre GPS vielleicht auch etwas für Sie? Dann sollten Sie unbedingt weiterlesen. Oder sind Sie längst überzeugt von den Vorteilen? Wollen sich auf jeden Fall ein Gerät zulegen, wissen aber nicht so recht welches? Das Angebot ist kaum überschaubar: Günstig oder teuer? Kartenfähig oder nicht? Hand- oder Armband-Modell? Fragen, auf die Ihnen dieses Buch eine Antwort gibt.

Oder haben Sie bereits ein GPS-Gerät? Wüssten aber gerne, was damit so alles möglich ist: Zum Beispiel wie Sie Ihr Gerät richtig einstellen. Oder wie Sie den besten Empfang bekommen. Oder wie Sie mit GPS Touren effektiv planen und durchführen. Vielleicht sogar am PC? Viel Spaß beim Lesen!

GPS

1 GPS – Grundlagen

Was ist GPS?

GPS steht für **G**lobal **P**ositioning **S**ystem, ein bisher einzigartiges System zur Bestimmung der eigenen Position, das auf Satellitensignalen basiert. Wer heute von GPS spricht, meint eigentlich das US-amerikanische NAVSTAR-System (**Nav**igation **S**ystem for **T**iming **a**nd **R**anging), das auch alle aktuellen GPS-Geräte nutzen, egal ob das Navigationssystem im Auto oder das Handgerät für die Trekkingtour.

Allerdings: Den zivilen Einsatz hatten die »Erfinder« von GPS ursprünglich nicht im Sinn. Das System wurde vom amerikanischen Verteidigungsministerium (Department of Defence, kurz DOD) vielmehr für militärische Zwecke aufgebaut. Der Start des ersten Satelliten erfolgte am 28. März 1978. Rund 17 Jahre später, 1995, war das GPS mit 24 Satelliten voll funktionsfähig.

Inzwischen ist GPS auch aus dem zivilen Alltag nicht mehr wegzudenken. Nicht nur wie erwähnt als Navigationssystem in Autos, sondern – wesentlich wichtiger – für eine Vielzahl weiterer Anwendungen, z.B. in der Luft- und Schifffahrt. Daran wird sich auch nichts ändern: Der US-Kongress bewilligt die enormen finanziellen Mittel für die Unterhaltung und Fortentwicklung des Systems nur, solange die zivile Nutzung möglich bleibt. GPS ist ein bedeutender Wirtschaftsfaktor für die USA geworden. Die Vorteile für Wanderer, Bergsteiger, Radfahrer oder Trekker sind dabei nur ein (angenehmer) Nebeneffekt.

Satelliten-Konstellation des NAVSTAR-GPS.

GPS ist allerdings nicht das einzige Satelliten-Navigationssystem. Daneben gibt es ein russisches, GLONASS, und ein europäisches, Galileo, das sich derzeit im Aufbau befindet. Leider verwenden die Systeme verschiedene Signalfrequenzen: »GPS-Geräte« können also keine GLONASS- und voraussichtlich auch keine Galileo-Signale empfangen.

Wie funktioniert GPS?

Orientierung mit Satellitensignalen: GPS

Die technische Seite von GPS ist nicht unbedingt jedermanns Sache. Auch wer nicht weiß, wie GPS funktioniert, kann damit problemlos navigieren. Die folgenden Abschnitte können Sie deshalb auch überspringen oder später lesen. Trotzdem: Das Wissen um einige grundsätzliche Zusammenhänge kann in der Praxis durchaus nützlich sein. Lesen Sie aber auf jeden Fall den Abschnitt über die GPS-Genauigkeit.

Aufbau eines Satelliten-Navigationssystems

Die Bestandteile des GPS

Egal, ob GPS, GLONASS oder Galileo, jedes Satelliten-Navigationssystem ist aus drei Bestandteilen aufgebaut: den Satelliten (Weltraum-Segment), mehreren Bodenstationen, die das System überwachen und steuern (Kontroll-Segment), sowie, als dritter Bestandteil, Ihrem und allen anderen GPS-Empfängern weltweit (Benutzer-Segment). Das Ganze kann man mit einem Orchester vergleichen: Die Bodenstationen sind der Dirigent, die Satelliten die Musiker, Sie und Ihr GPS-Gerät die Zuhörer. In den folgenden Abschnitten wird GPS näher vorgestellt.

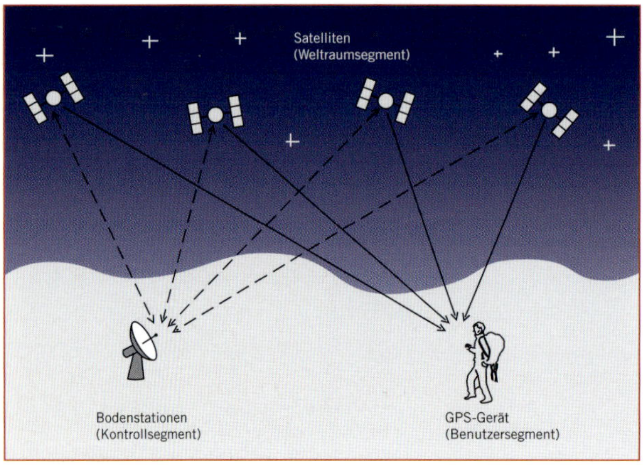

INFO

Wer's genau wissen will: Die Satellitenbahnen sind jeweils um 60 Grad gegeneinander versetzt und 55 Grad gegen den Äquator geneigt. Aufgrund dieser Anordnung stehen die Satelliten auch umso tiefer am Horizont, je mehr man sich den Polen nähert.

DIE SATELLITEN (WELTRAUM-SEGMENT)

Das NAVSTAR-System besteht aus ursprünglich 24 Satelliten, die die Erde auf sechs gleich bleibenden Umlaufbahnen in rund 20 200 Kilometer Höhe umkreisen (siehe Abb. S. 11). Die Bahnen sind dabei so angelegt, dass bei freier Sicht überall auf der Erde, am Äquator wie an den Polen, stets mindestens vier Satelliten gleichzeitig empfangen werden können.

Jeder Satellit umkreist in knapp zwölf Stunden einmal die Erdkugel, befindet sich also – wegen der Erddrehung – nach etwa 24 Stunden wieder über seiner ursprünglichen Position (genau genommen täglich vier Minuten früher). Dabei

SATELLITENSIGNALE

GPS-Satelliten senden Mikrowellen im L-Band-Bereich aus, die im Gegensatz zu anderen Radiosignalen die Atmosphäre, Wolken, Rauch, Regen oder Dunst durchdringen können. Die Signale werden auf zwei Frequenzen übertragen: Auf L1 (1575,42 MHz) und L2 (1227,60 MHz). Der Unterschied: Zivile Geräte können nur L1 empfangen, militärische beide. Beide Frequenzen dienen als Träger für Informationen, die das GPS-Gerät für die Standortbestimmung benötigt. Das Prinzip ist mit einem Brief vergleichbar: Das Papier entspricht der Träger-Frequenz (L1 oder L2), das Geschriebene der übermittelten Information.

Grundsätzlich gibt es zwei Arten von Information: den **C/A-Code** (»Clear-« oder »Coarse Aquisition-Code«; »freier Zugang« bzw. »Groberfassung«) für zivile Geräte und den militärischen **P-Code** (»Protected-« oder »Precise-Code«, »geschützter« bzw. »genauer« Code), mit dem genauere Positionsbestimmungen möglich sind. Zivile wie militärische Geräte empfangen zusätzlich Daten zur Position und Bahn der Satelliten (Navigationsnachricht), die imGerät gespeichert werden und Voraussetzung für eine schnelle Positionsbestimmung nach dem Einschalten sind (siehe Kapitel 9).

senden alle Satelliten ständig Radiowellen aus, die der GPS-Empfänger für die Positionsbestimmung auswertet. Inzwischen sind übrigens mehr als 24 Satelliten im Orbit, was die Signalverfügbarkeit, die Genauigkeit und die Sicherheit gegen Ausfälle erhöht.

DIE BODENSTATIONEN (KONTROLL-SEGMENT)

Genaue Positionsbestimmungen mit GPS sind nur möglich, wenn die Satellitenbahnen ständig überwacht und korrigiert werden. Dies geschieht durch fünf Bodenstationen, die, bis auf die Master-Station in Colorado, entlang des Äquators verteilt sind. Zusätzlich kontrollieren sie die Satellitenuhren, eine weitere Voraussetzung für eine möglichst exakte Positionsermittlung.

DIE GPS-GERÄTE (BENUTZER-SEGMENT)

Das GPS-Gerät schließlich besteht im Wesentlichen aus einer Antenne für den Empfang der Satellitensignale, einer Quarzuhr, einem Speicher und einem Prozessor, der die »Rechenaufgaben« zur Ermittlung der Position durchführt.

Eins von weltweit mehreren Millionen »Benutzer-Segmenten«.

Standortfrage: Die Positionsbestimmung

WIE FUNKTIONIERT EIGENTLICH DIE POSITIONSBESTIMMUNG?

Eine Frage, die sich wohl jeder irgendwann stellt, der schon mit einem GPS-Gerät unterwegs war. Im Grunde macht ein GPS-Gerät nichts anderes, als Entfernungen zu ermitteln: die Entfernungen zu allen Satelliten, von denen es Signale empfängt (»Ranging«).

Satellitensignale breiten sich mit Lichtgeschwindigkeit aus. Kennt man die Zeit, die die Signale vom Satellit bis zum Gerät brauchen, lässt sich daraus leicht die Entfernung berechnen. Ganz wie im Alltag: War man zwei Stunden mit dem Auto mit einer (durchschnittlichen) Geschwindigkeit von 120 Stundenkilometern unterwegs, hat man 240 Kilometer zurückgelegt.

Im Auto kann man auf die Uhr gucken, um zu sehen, wie lange man unterwegs war. Das ist bei Satellitensignalen natürlich nicht möglich. Hier hilft nur ein Trick: Jeder Satellit sendet ein charakteristisches, codiertes Signal aus, sozusagen seine Visitenkarte, an der ihn das GPS-Gerät erkennt. Diese Visitenkarte ist nichts anderes als ein binäres Signal, das, anschaulich ausgedrückt, aus einer scheinbar willkürlichen Abfolge von Nullen und Einsen besteht, z. B. »001001110101...«. Jeder Satellit sendet dabei seine eigene, unverwechselbare Folge von Nullen und Einsen.

Der gleiche Code ist im GPS-Gerät gespeichert und läuft dort simultan ab. Allerdings muss der vom Satellit gesendete Code erst den Weg zum Empfänger zurücklegen, wird also mit einer bestimmten zeitlichen Verzögerung am Gerät eintreffen. Die Abfolge der Nullen und Einsen ist deshalb etwas verschoben. Aus dieser Verschiebung errechnet das GPS-Gerät die Laufzeit des Satellitensignals und daraus wiederum die Entfernung zum Satellit. Voraussetzung dafür ist eine möglichst genaue Synchronisation der Uhr im Satellit und der im GPS-Empfänger, schließlich sind die Signale nur etwa 0,07 Sekunden unterwegs.

Für eine eindeutige Bestimmung des Standorts sind mindestens drei Satelliten erforderlich.

Zurück zur Positionsbestimmung: Angenommen, Sie haben sich verlaufen und wollen wissen, wo Sie sich befinden. Sie schalten Ihr GPS-Gerät ein, das auch gleich einen Satellit empfängt und die Entfernung z.B. mit 20 000 Kilometern errechnet. Für Sie bedeutet das: Sie befinden sich irgendwo im Raum auf einer »Kugel« mit dem Radius 20 000 Kilometer um den Satellit.

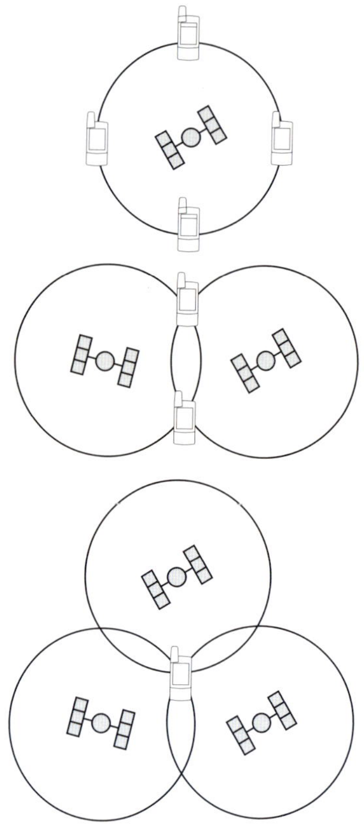

Das hilft Ihnen nicht viel weiter. Gut, dass Ihr Gerät einen zweiten Satellit empfängt. Sie stehen also auch irgendwo auf einer Kugel um den zweiten Satellit. Irgendwo? Nein, denn Sie befinden sich gleichzeitig auf der Kugel um Satellit 1. Beide Kugeln schneiden sich in einem Kreis und da halten Sie sich auf. Schon besser, aber eigentlich wollen Sie ganz genau wissen, wo Sie sind.

Ihr Gerät empfängt noch einen dritten Satellit, Sie befinden sich jetzt also auf drei Kugeln gleichzeitig, die sich in zwei Punkten schneiden. Einer von beiden ist Ihr Standort, aber welcher? Ganz einfach: Ein Punkt liegt auf der Erdoberfläche, der vierten Kugel, auf der Sie sich befinden. Genau den bestimmt Ihr GPS-Gerät als Ihren Standort. Klingt alles ziemlich kompliziert, wird aber mit einem Blick auf die nebenstehende Abbildung schnell verständlich. Sie erläutert das Prinzip noch einmal vereinfacht für den zweidimensionalen Fall (statt vier Kugeln schneiden sich drei Kreise).

2-D- UND 3-D-BESTIMMUNG

Die Positionsermittlung mit drei Satelliten wird als **2-D-Bestimmung** bezeichnet. Sie hat einen Nachteil: Sie ist nicht besonders genau, die Abweichungen können 100 Meter und mehr betragen. Auch kann das Gerät keine Höhenangaben bestimmen. Der Grund liegt in der nicht ganz exakten Zeitsynchronisation der Uhren in den Satelliten und im GPS-Gerät.

Satelliten besitzen extrem genaue, sehr teuere Atomuhren, GPS-Empfänger dagegen günstigere Quarzuhren, die nicht so exakt sind. Die Abweichungen zwischen bei-den führen dazu, dass die Entfernungen zu den Satelliten mit kleinen Fehlern berechnet werden (deshalb auch als »Pseudorange« bezeichnet). Die Folge: Die »Kugeln« um die Satelliten schneiden sich nicht exakt in einem Punkt (sondern in drei nahe beieinander liegenden Punkten), die Positionsbestimmung wird ungenau. Erst durch den Empfang eines vierten Satelliten kann der Fehler eliminiert werden. Eine solche **3-D-Bestimmung** liefert nicht nur eine genauere Position, sondern auch die Höhe.

TIPP

Ob eine 2-D- oder eine 3-D-Positions-Bestimmung vorliegt, können Sie leicht auf der Satellitenseite Ihres Geräts feststellen, die die Zahl und Verteilung der empfangenen Satelliten anzeigt (siehe Kapitel 4).

Abschattung setzt dem Empfang in engen Schluchten Grenzen.

Fehler im System – GPS-Genauigkeit

Vielleicht werden Sie sich nach dem vorangegangenen Kapitel fragen: Wie genau ist GPS eigentlich? Freie Sicht zum Himmel vorausgesetzt, können Sie Ihre Position auf 10–15 Meter, die Höhe auf ca. 25 Meter genau bestimmen (Systemgenauigkeit), oft sogar wesentlich besser. Wobei das Gerät keine Rolle spielt: Egal, ob billig oder teuer, alle Empfänger liefern nahezu gleiche Ergebnisse. Die Abweichungen liegen im Bereich von etwa 1 Meter.

Wie genau die Positionsbestimmung erfolgt, hängt von verschiedenen Faktoren ab. Die Satellitensignale können durch die Zahl und Konstellation der empfangenen Satelliten, durch äußere Bedingungen wie atmosphärische Effekte oder künstlich durch das amerikanische Verteidigungsministerium beeinträchtigt werden. Das Ausmaß liegt je nach Fehlerquelle bei 1 bis über 100 Meter.

Abschattung (Shadowing)

Der häufigste Grund für ungenaue Positionsbestimmungen auf Outdoor-Touren ist sicherlich die Abschattung. Satellitensignale durchdringen zwar Wolken und Nebel, nicht aber feste Materie wie Beton, Ziegel, Metall, Fels oder Holz. So ist z. B. in Gebäuden, anders als bei Handys, allenfalls am Fenster Empfang möglich. In engen Schluchten und Tälern werden ebenfalls

Optimal für guten Empfang: Gleichmäßig am Himmel verteilte Satelliten.

TIPP

Abschattung? Schlechte Satellitenkonstellation? Ihre Positionsangabe ist zu ungenau? Häufig genügt es schon, ein paar Schritte zur Seite, weg vom Hindernis, zu gehen oder einige Minuten zu warten, um den Empfang zu verbessern. Oft ist die Verteilung dann besser, weil sich die Satelliten ständig weiterbewegen.

oft nicht genügend oder gar keine Satelliten empfangen (Vollabschattung). Auch im Wald, besonders in sehr dichtem und bei Regen, wenn die Signale verstärkt von nassen Blättern und Nadeln reflektiert werden, können Empfangsprobleme auftreten.

Gut für Outdoor-Touren: Im Zelt gibt es keine Schwierigkeiten. Was auch meist fürs Auto gilt, solange sich das Gerät auf dem Armaturenbrett direkt unter der Windschutzscheibe befindet. Falls nicht, ist eine Zusatzantenne erforderlich (siehe Kapitel 5).

Die Satellitenkonstellation (Geometrie)

Die Satellitenkonstellation ist eng mit der Abschattung verbunden und beeinflusst die Genauigkeit ebenfalls stark. Prinzipiell gilt: Je mehr Satelliten empfangen werden, desto genauer die Positionsbestimmung.

Allerdings ist nicht allein die Zahl der empfangenen Satelliten entscheidend, sondern auch ihre Anordnung am Himmel. Idealerweise befindet sich ein Satellit im Zenit, während die übrigen gleichmäßig am Himmel verteilt sind. Ungünstig dagegen ist eine Konstellation, bei der die empfangenen Satelliten sehr nahe beieinander oder in einer Reihe stehen, wie es oft in engen Tälern oder Schluchten der Fall ist. Die Abweichungen können dann sogar 100–150 Meter betragen, bei Höhenangaben sogar wesentlich mehr.

Alle GPS-Geräte geben übrigens Auskunft über die »Güte« ihrer jeweiligen Positionsbestimmung. Auf der Satellitenseite wird nicht nur angezeigt, ob eine 2-D- oder 3-D-Bestimmung vorliegt, sondern auch wie genau der Standort bestimmt worden ist. Mehr dazu in Kapitel 4.

Vier in Reihe: Schlechte Anordnung der Satelliten.

TIPP

Möglichst immer eine genauere 3-D-Bestimmung mit mindestens vier oder mehr Satelliten durchführen. Eine 2-D-Bestimmung mit nur drei Satelliten mag im Notfall genügen, liegt aber schlimmstenfalls bis zu 100 Meter falsch. Und: Höhenangaben können nicht bestimmt werden.

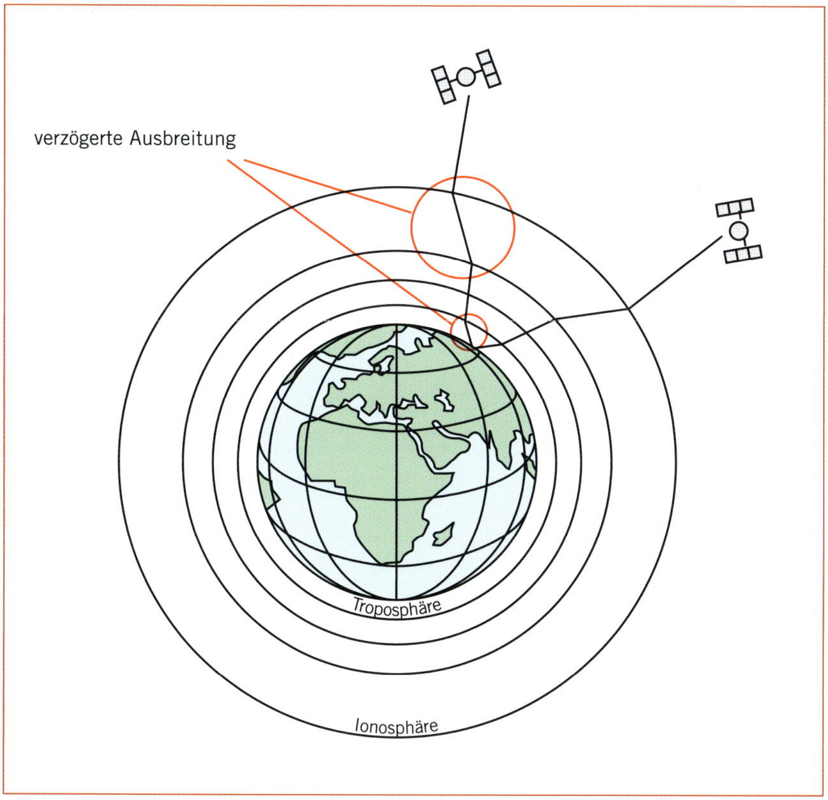

Verzögerungen der Signale in Ionosphäre und Troposphäre führen zu Ungenauigkeiten bei der Positionsbestimmung.

Atmosphärische Effekte

Satellitensignale werden beim Eintritt in die Erdatmosphäre vor allem in der Ionosphäre (oberste Schicht) und in geringerem Maß auch in der Troposphäre verzögert. Sie breiten sich also nicht mit Lichtgeschwindigkeit, sondern geringfügig langsamer aus. Die Folge: Die Positionsberechnungen werden ungenauer. GPS-Geräte berücksichtigen diesen Effekt zumindest teilweise mit Hilfe von durchschnittlichen Korrekturdaten, die mit den Satellitensignalen übermittelt werden. Trotzdem ergeben sich noch Fehler in der Größenordnung von maximal 5–6 Meter, die in der Systemgenauigkeit von 10–15 Meter enthalten sind. Durch den Empfang spezieller WAAS/EGNOS-Korrektursignale können die Abweichungen weiter verringert werden (siehe Abschnitt WAAS/EGNOS weiter unten).

INFO

Atmosphärische Auswirkungen lassen sich sehr effektiv mit Geräten korrigieren, die Signale auf zwei Frequenzen empfangen. Was derzeit nur mit militärischen Empfängern möglich ist, könnte vielleicht eines Tages mit der Einführung einer zweiten zivilen Frequenz auch für jedermann Realität werden.

Auch reflektierte Signale mindern die Genauigkeit.

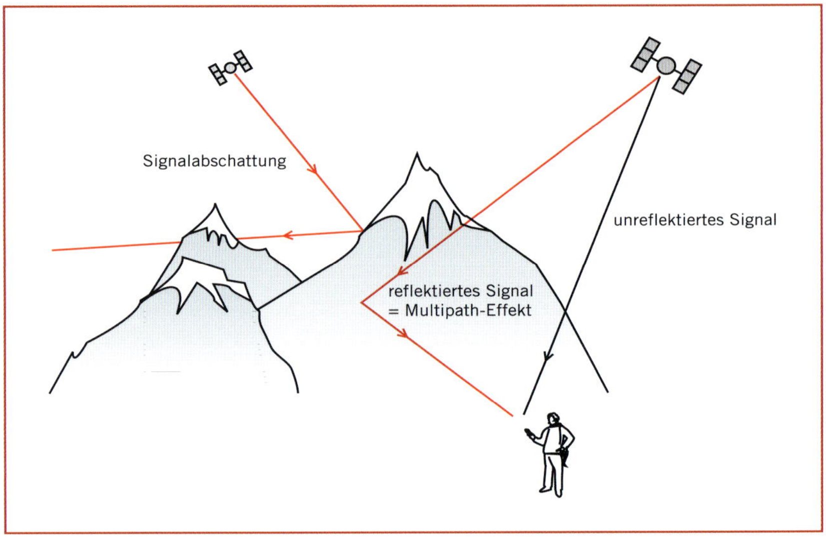

Der Multipath-Effekt (Mehrwegausbreitung)

Dieser Effekt tritt auf, wenn Signale an glatten Flächen wie Häuser- oder Felswänden reflektiert werden, bevor sie das GPS-Gerät erreichen. Im Vergleich mit direkt empfangenen Signalen sind sie länger unterwegs, was zu Fehlern bei der Positionsbestimmung führt. Die Abweichung beträgt meist weniger als 1 Meter. Abhilfe: Möglichst Abstand von Gebäuden, Felswänden und anderen reflektierenden Flächen halten.

Seit dem Abschalten der S/A ist GPS auch für Outdoor-Touren interessant.

Schwankungen der Satellitenbahnen (Ephemeris-Fehler)

Die Gravitationskräfte der Erde und des Mondes rufen geringfügige Schwankungen der Satellitenbahnen hervor. Jedoch werden die Bahndaten ständig durch die Bodenstationen korrigiert und über die Satelliten an den GPS-Empfänger gesendet. Deshalb liegt der daraus resultierende Fehler, der in der Systemgenauigkeit enthalten ist, nur bei 1-2 Metern.

Uhrenungenauigkeiten

Selbst bei den hochpräzisen Atomuhren der Satelliten treten kleinste Ungenauigkeiten auf. Das und die nicht 100-prozentige Synchronisation zwischen den Satellitenuhren und der im GPS-Empfänger führen dazu, dass die Signallaufzeit nicht exakt bestimmt wird. Der dadurch hervorgerufene Positionsfehler liegt bei bis zu 2 Metern.

Selective Availability (S/A)

Sie war der Grund für die größten Fehler bei der Positionsbestimmung: die s.g. Selective Availability (S/A; »eingeschränkte Verfügbarkeit«). Die Betreiber von GPS wurden von der Leistungsfähigkeit des Systems selbst überrascht. Insbesondere die mit zivilen Geräten erzielbare Genauigkeit lag höher, als dies den Militärs lieb war. Deshalb wurden die Satellitensignale für zivile Empfänger künstlich verfälscht, wodurch die Genauigkeit nur noch bei etwa 100 Meter oder schlechter, bei Höhenangaben sogar nur bei etwa 150 Meter lag. Als Folge wurden auch geringe Geschwindigkeiten, z. B. die von Wanderern, sehr ungenau angezeigt. Doch damit war überraschend am 2. Mai 2000 Schluss. Auf Erlass des damaligen US-Präsidenten Bill Clinton wurde die S/A abgeschaltet, was die Genauigkeit schlagartig auf 10–15 Meter erhöhte und gleichzeitig der Durchbruch für die zivile Nutzung war. Hierin liegt auch der Grund, warum die S/A kaum wieder dauerhaft angeschaltet werden dürfte. GPS ist ein bedeutender Wirtschaftsfaktor für die USA, inzwischen beteiligt sich auch das Handelsministerium an der Weiterentwicklung und dem Betrieb des Systems. Ein zeitlich und regional begrenzter Einsatz der S/A bleibt allerdings möglich, falls es die politische Lage in Krisenregionen erfordert.

Für mehr Genauigkeit: WAAS und EGNOS

Eine Positionsgenauigkeit von 10–15 Metern reicht zwar für Outdoor-Touren vollkommen aus, nicht unbedingt aber für kommerzielle Anwendungen. Speziell für die Luftfahrt wurden deshalb WAAS (**W**ide **A**rea **A**ugmentation **S**ystem) und das europäische Pendant EGNOS (**E**uropean **G**eostationary **N**avigation **O**verlay **S**ervice) entwickelt. Positiver Nebeneffekt: Beide Systeme lassen sich auch mit den meisten Outdoor-Geräten nutzen.

EGNOS-Empfang ermöglicht sehr genaue Positionsbestimmungen.

Eine Reihe von Bodenstationen ermittelt dabei im Wesentlichen Korrekturdaten für die Satellitenbahnen und -uhren sowie für die Signalverzögerung durch die Ionosphäre. Die Daten werden über geostationäre Satelliten ausgesendet und von WAAS/EGNOS-fähigen Geräten bei der Positionsbestimmung berücksichtigt. Damit verbessert sich die Genauigkeit auf unter 3 Meter bzw. 3–7 Meter bei der Höhe.

Fein: WAAS und EGNOS sind kompatibel, entsprechende GPS-Geräte können beide Signale verwerten. Allerdings senden WAAS-Satelliten nur für Nordamerika-Satelliten, EGNOS nur für Europa gültige Signale! EGNOS umfasst drei Satelliten, von denen man bei freier Sicht (normalerweise) mindestens zwei empfangen kann. Derzeit noch in der Testphase, soll das Signal im Laufe des Jahres 2005 voll zur Verfügung stehen.

WAAS- bzw. EGNOS-Satelliten können Sie auf der Satellitenseite Ihres GPS-Geräts (siehe Kapitel 4) ganz einfach erkennen: entweder am Buchstaben »W« (z. B. Magellan) oder wie bei Garmin an der Satellitennummer. Zahlen von 01 bis 32 bezeichnen GPS-, größere WAAS/EGNOS-Satelliten. Die EGNOS-Satelliten tragen (aktuell) die Nummern 33, 37 und 39. Meist wird WAAS/EGNOS-Empfang zusätzlich durch eine Meldung bzw. bei Garmin-Modellen durch ein »D« im Signalbalken angezeigt. Um falsche Erwartungen zu dämpfen: WAAS und EGNOS wurden für die Luftfahrt entwickelt, die Satelliten stehen relativ flach über dem Horizont, alle im Süden (in der Nähe des Äquators). Sie sind meist nur in offenem Gelände zu empfangen, wenn ohnehin genügend Satelliten zur Verfügung stehen und die Genauigkeit auch ohne Korrektursignal oft unter 10 Meter liegt. Vor allem muss *ständig* Kontakt zum EGNOS-Satellit bestehen, was unter ungünstigen Empfangsbedingungen wie im Wald kaum der Fall ist. Weil die EGNOS-Satelliten im Süden stehen, sind sie auch umso schlechter zu empfangen, je weiter nördlich man sich aufhält.

TIPP

Teilweise können auch in Europa WAAS-Satelliten empfangen werden, was die Genauigkeit *nicht* erhöht, schlimmstenfalls sogar herabsetzt (die Daten gelten nur für Nordamerika!). Inzwischen wählen die meisten Geräte automatisch das richtige Korrektursignal aus. Falls nicht (erkennbar an der Satellitennummer bzw. hohen Positionsfehlern trotz freier Sicht), sollte man WAAS/EGNOS – sofern möglich – im Gerät abstellen (im Setup; siehe Kapitel 9).

Neben WAAS und EGNOS befindet sich mit MSAS (**M**ulti-Functional **S**atellite **A**ugmentation **S**ystem) ein vergleichbares System im asiatischen Raum im Aufbau.

Ein Blick in die Zukunft

Über 25 Jahre ist es her, dass der erste GPS-Satellit ins All geschossen wurde, seit 1995 ist das System voll funktionsfähig. Für die Zukunft sind interessante Neuerungen vorgesehen, die nicht nur das US-amerikanische NAVSTAR-GPS betreffen, befindet sich doch mit Galileo ein europäisches System im Aufbau.

GPS

Von Beginn an wurde GPS stetig weiterentwickelt. Mit einem Ziel: die Signalverfügbarkeit und Genauigkeit sowie die Sicherheit gegen Ausfälle zu erhöhen. Deshalb besteht das System inzwischen auch aus mehr als den ursprünglichen 24 Satelliten, die übrigens längst abgelöst worden sind. Inzwischen kreisen bereits Satelliten der vierten Generation am Himmel (Block IIR), die weitaus bessere und korrektere Daten liefern.

Für die Zukunft sind bedeutende Neuerungen vorgesehen: Der zivile C/A-Code soll zusätzlich auf einer zweiten Frequenz L5 (1176,45 MHz) gesendet werden, eventuell auch auf der bisher dem Militär vorbehaltenen L2-Frequenz. All das würde einen Quantensprung hinsichtlich Genauigkeit und Signalverfügbarkeit bedeuten. Vor allem unter schlechten Empfangsbedingungen ergäben sich deutliche Verbesserungen. Inwieweit und wann diese vor allem für den Flugverkehr bestimmten Neuerungen auch für Outdoor-Geräte verfügbar werden, bleibt abzuwarten.

Galileo

Die Konkurrenz zu GPS wird voraussichtlich 2008 mit 30 Satelliten voll funktionsfähig sein und ist ausschließlich für den zivilen Einsatz vorgesehen. Künstliche Verfälschungen der Signale oder eingeschränkte Verfügbarkeit, wie sie bei GPS möglich sind, können daher ausgeschlossen werden.

Im Vergleich soll Galileo aber auch eine höhere Genauigkeit und Zuverlässigkeit bieten, vor allem eine wesentlich bessere Signalverfügbarkeit, selbst in hohen Breiten und bei ungünstigen Bedingungen (Wald, Städte). Damit böte Galileo auch für Outdoor-User interessante Vorteile.

Wie beim GPS wird die Nutzung abgesehen von Spezialdiensten kostenlos sein. Beide Systeme sind nach derzeitigem Stand leider nicht kompatibel (was an der ablehnenden Haltung der USA liegt), Galileo wäre also mit den aktuellen GPS-Geräten nicht nutzbar.

Galileo-Satellit (artist view)

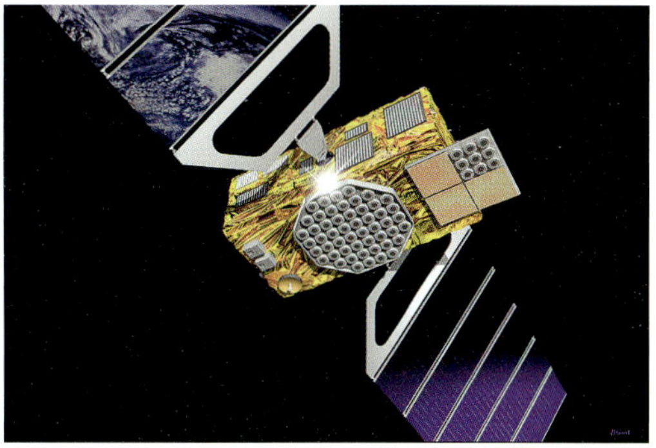

ESA-J.Huart; galileo: arist view.

GPS-Geräte

Vielseitiger als jedes andere Navigationsmittel: GPS-Geräte

2 Was ein GPS-Gerät alles kann

Mit einem GPS-Gerät können Sie Ihren Standort bestimmen, aber noch einiges mehr: GPS bietet wesentlich vielseitigere Möglichkeiten für die Navigation als Karte, Kompass und Höhenmesser. Das folgende Kapitel gibt einen Überblick über die wichtigsten Anwendungen.

Die Grundlage: Koordinaten und Wegpunkte

Koordinaten bilden die *Grundlage* der GPS-Navigation (siehe Kapitel 6). Sie legen die Lage eines Punktes auf der Erdoberfläche genau fest, zum Beispiel als geografische Länge und Breite, und können im GPS-Gerät als Wegpunkt gespeichert werden (siehe Kapitel 10). Auch Ihren Standort zeigt Ihnen das Gerät in Form von Koordinaten an. Hierin liegt auch der Unterschied zur Orientierung mit Kompass, die auf Kurswinkeln basiert.

Richtungsweisend: GPS führt Sie sicher zum Ziel

Sie können jeden im Gerät gespeicherten Wegpunkt als Ziel aufrufen (»GoTo«). Dabei gibt Ihnen der Empfänger *stets* die Richtung an, in die Sie marschieren müssen. Selbst dann, wenn Sie ein Hindernis umgehen (siehe Kapitel 11)! Das kann kein Kompass! Verlaufen ausgeschlossen!

Das Besondere: Sie können auch die Koordinaten eines beliebigen Punktes, sei es eine Hütte, ein Zeltplatz oder ein Gipfel, aus einer Karte ermitteln, in Ihr Gerät eingeben und ebenfalls als Ziel auswählen.

Geplante Touren: Routen

Mit GPS können Sie noch mehr, nämlich ganze Touren im Voraus als Routen planen. Dabei legen Sie den Verlauf durch Wegpunkte fest (siehe Kapitel 11). GPS führt Sie dann von Punkt zu Punkt. Viele Geräte lassen sich zusätzlich mit speziellen Karten füttern, seit kurzem auch mit topografischen, auf denen Sie unterwegs jederzeit Ihren Standort ablesen können (siehe Kapitel 13).

Wissen, wo man war: Tracks

Damit nicht genug: Unterwegs besteht die Möglichkeit, Ihren Weg (z. B. eine Tour) als Track aufzuzeichnen und zu speichern. Diesen Track können Sie dann jederzeit wieder zur Navigation heranziehen, entweder um zurück zum Ausgangspunkt zu gelangen (»Trackback«) oder auf einer späteren Tour (siehe dazu Kapitel 11).

GPS-Geräte zeigen stets die Richtung zu einem ausgewählten Ziel an.

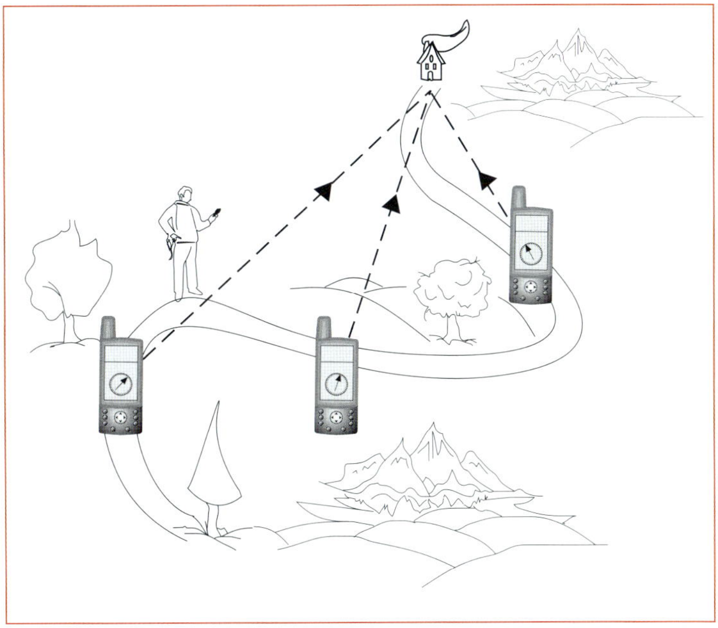

Infos pur: Tripcomputer

Auf Tour fungiert Ihr GPS-Gerät gleichzeitig als ein überaus vielseitiger »Tacho«, der die unterschiedlichsten Daten anzeigt: die zurückgelegte Strecke, die Höhe, die Geschwindigkeit, die verbleibende Entfernung zu einem Ziel, die voraussichtliche Ankunftszeit und vieles mehr. Sie sehen: GPS ist so vielseitig wie kein anderes Navigationsmittel.

3 Die Ausstattung

Vielleicht möchten Sie sich jetzt auch ein GPS-Gerät zulegen. Wie in Kapitel 2 erwähnt, besitzen nahezu alle Modelle unabhängig vom Preis im Wesentlichen die gleichen Grundfunktionen. Die Unterschiede liegen vor allem in der Ausstattung und im Funktionsumfang.

Höherpreisige Empfänger verfügen z. B. über eine komfortablere Menüführung mit mehr Optionen und Einstellmöglichkeiten, Farbdisplays, einen größeren Speicher oder Zusatzfunktionen wie Höhenmesser und Kompass. Im folgenden Kapitel werden zunächst die wichtigsten Ausstattungsmerkmale behandelt, Unterschiede aufgezeigt und Tipps für den Kauf gegeben. Mehr zu den unterschiedlichen Funktionen von GPS-Geräten, erfahren Sie in Kapitel 4.

Die Antenne

Links: Deutlich sichtbar: die quadratische Patch-Antenne beim Garmin »Legend«.

Rechts: Helixantennen wie hier beim Garmin »GPSmap 60CS«, können auch außen am Gehäuse sitzen.

Ganz klar: Der wichtigste Teil eines GPS-Geräts ist die Antenne. Je leistungsfähiger sie ist, desto besser der Empfang, was sich vor allem unter ungünstigen Bedingungen wie z. B. im Wald oder in engen Tälern bemerkbar macht. Geräte mit hochwertigen Antennen können selbst dann noch Satelliten empfangen, wo andere schon passen müssen. Nur sehr dichter Wald oder enge (Häuser-)Schluchten setzen jedem Empfänger Grenzen.

Neuere Modelle sind hier oft leistungsfähiger, so ist z. B. das 2004 erschienene »Vista C« von Garmin dem älteren »Vista« überlegen. Die Unterschiede spielen in der Praxis aber meist keine

entscheidende Rolle. Das Gute: Günstigere Geräte schneiden nicht unbedingt schlechter ab: Das Garmin »Geko« und das Alan »Map 500« können nach meiner Testerfahrung durchaus mit teureren Geräten mithalten.

Generell gibt es Outdoor-Geräte mit zwei Antennentypen:

- mit **Flach-** oder **Patch-Antenne** (Microstrip-Antenne), z. B. in der »eTrex«-Reihe von Garmin, die stets gut geschützt im Gehäuse untergebracht ist;
- mit stabförmiger **Quadrifilar-Helix-Antenne**, wie sie z. B. in allen Magellan-Geräten eingesetzt wird und auch außen am Gehäuse angebracht sein kann.

INITIALISIERUNG, KALT- UND WARMSTART

Sie wissen nicht, was das ist? Kein Problem: Im Lexikon finden Sie die wichtigsten Begriffe rund um GPS kurz erklärt. Ausführlich werden Initialisierung, Kalt- und Warmstart in Kapitel 9 behandelt.

Welche Antenne ist besser, Patch oder Helix? Eine Frage, die nicht unumstritten ist. Ich konnte in zahlreichen Tests keinen eindeutigen Vorteil für einen Typ feststellen. Der einzige Unterschied: Patch-Antennen empfangen oft Satelliten im Zenit (also direkt über dem Betrachter) etwas besser, Helix-Antennen dagegen Satelliten am Horizont. Die Unterschiede sind allerdings gering. Wesentlich wichtiger für die Praxis ist die korrekte Ausrichtung: Empfänger mit Patch-Antenne hält man etwa waagrecht, Modelle mit Helix-Antenne aufrecht bis leicht geneigt.

Leider kann man beim Kauf die Qualität der Antenne selbst kaum beurteilen, denn dazu müssten Sie mit verschiedenen Geräten auf Tour gehen. Auch die in den Prospekten und Datenblättern angegebenen Zeiten für Initialisierung sowie Kalt- und Warmstart lassen keine Rückschlüsse zu, gelten sie doch für Empfang bei »freier Sicht«. Infos geben z. B. Vergleichstests in Zeitschriften oder praktische Erfahrungsberichte in Internet-Foren (siehe Anhang).

BESSERER EMPFANG UNTERM BLÄTTERDACH

GPS-Gerät einschalten, noch bevor Sie den Wald betreten. Der Empfänger hat dann schon Satellitenkontakt und kann dadurch die »Verbindung« leichter halten oder – falls sie kurzzeitig verloren gegangen ist – sie schnell wieder herstellen. Falls nicht, haben Sie vielleicht an einer kleinen Lichtung Glück. Oft reicht das zumindest für eine 2-D-Bestimmung, die zwar ungenau, aber besser als gar keine ist.

Lichtungen bieten in vielen Fällen die einzige Möglichkeit für Positionsbestimmungen in dichtem Wald.

Novum mit 14 Empfangskanälen: Magellan eXplorist.

Empfangskanäle

Je mehr Empfangskanäle ein GPS-Gerät besitzt, desto mehr Satelliten kann es gleichzeitig empfangen. Standard sind heute zwölf parallele Kanäle, d. h. das Gerät kann Signale von bis zu zwölf Satelliten *gleichzeitig* verarbeiten (Parallelempfänger). Das ermöglicht einerseits sehr schnelle Positionsbestimmungen, andererseits besteht dadurch selbst bei ungünstigen Bedingungen guter Empfang. Seit kurzem gibt es als Novum von Magellan die »eXplorist«-Reihe mit 14 Kanälen. Ihr Vorteil liegt im noch besseren Empfang bei schlechten Verhältnissen.

Das Display

Die Anforderungen an ein gutes Display sind klar: Es soll eine möglichst übersichtliche Darstellung liefern und gut ablesbar sein. GPS-Geräte besitzen inzwischen nahezu ausnahmslos grafische LCDs (Liquid Crystal Display).

Display-Typen

Weit verbreitet sind vor allem Grau-Stufen-Displays, die mit meist vier Grautönen selbst Karten (im Gerät fest installiert oder aufladbar) sehr gut darstellen. Nur bei einigen preisgünstigen Modellen, wie dem Garmin »Geko« oder »eTrex«, findet man noch einfache Schwarz-Weiß-Bildschirme.

Zunehmend im Kommen sind Farbdisplays, die – bei *guter* Qualität – klare Vorteile haben. Um nur einige zu nennen: übersichtlichere Darstellung, Karten sind wesentlich besser lesbar, Routen und Tracks können in unterschiedlichen Farben angezeigt werden. Schwachpunkt vieler Farbdisplays: Oft sind sie nur mit eingeschalteter Beleuchtung gut ablesbar, bei Sonne manchmal selbst dann nicht. Die derzeitige Referenz sind die TFT-Farbdisplays von Garmin (Frühjahr 2005).

> **TIPP**
>
> Beim Kauf das Display unbedingt auch vor dem Laden *im Tageslicht*, am besten auch bei Sonne, ausprobieren. Nur so kann man die Qualität richtig beurteilen. Und: Ein gutes Graustufen-Display ist einem schlechten Farb-Bildschirm allemal vorzuziehen.

Die Auflösung

Egal, ob Farb- oder Graustufen-Display, die Qualität hängt maßgeblich von der Bildauflösung ab. In Datenblättern und Prospekten wird die Anzahl der Pixel angegeben, der einzelnen Bildpunkte, aus

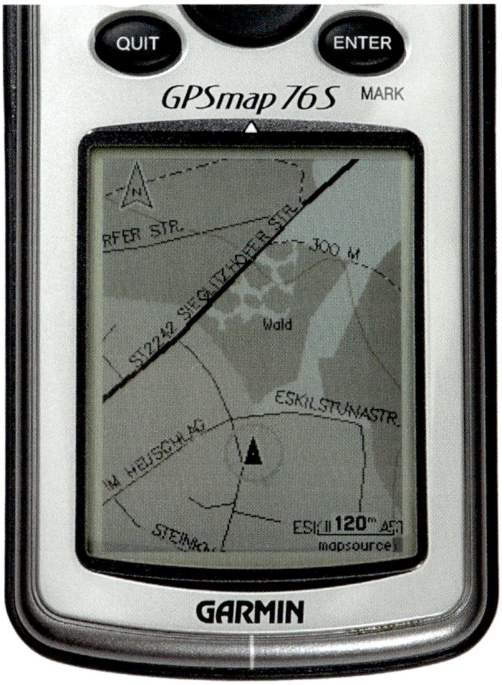

Grautöne oder Farbe? Sie haben die Wahl.

denen das Displaybild zusammengesetzt ist. Wer genau hinschaut, kann die einzelnen Punkte mit bloßem Auge erkennen.

Generell gilt: Je höher die Zahl bei gleicher Bildschirmgröße, desto hochauflösender ist das Display, desto feiner die Darstellung. So liefert das Display des Garmin »eTrex Vista« (160 x 288 Pixel) bei identischer Abmessung ein deutlich feineres Bild als das des »eTrex« (64 x 128 Pixel). Vor allem bei Geräten, auf die man Karten laden kann, sollte man auf eine gute Auflösung achten. Beim Kauf gilt: Vergleichen!

Hitze und Kälte

LCDs verkraften zwar selbst größte Hitze (etwa 60–70 °C), sind aber empfindlich gegen Kälte. Die Anzeige wird bei Minusgraden zunehmend träger, verblasst allmählich und verschwindet bei –10 bis –15 °C schließlich ganz. Was meist nicht schadet: Bringt man das Gerät zurück ins Warme, ist das Display schnell wieder funktionsfähig. Nur bei noch tieferen Temperaturen gefrieren die Flüssigkeitskristalle, der Bildschirm wird unwiederbringlich zerstört.

Wer in Kälteregionen vorstoßen will, sollte deshalb auf ein Gerät mit Ziffern-Display (alphanumerisches Display) wie den Silva »Multinavigator« ausweichen, dessen Bildschirm laut Hersteller selbst –25 °C wegsteckt.

TIPP

Geräte bei Kälte auch oberhalb der Einfriergrenze am Körper tragen und nur zur Navigation herausnehmen. Ein »warmes« Display reagiert schneller auf Tastendruck, auch halten die Batterien deutlich länger.

Beleuchtung und Besonderheiten

Bei Dunkelheit können alle Displays beleuchtet werden, wobei die Leuchtdauer einstellbar ist. Beim Kauf auf eine möglichst gleichmäßige Ausleuchtung achten! Das Alan »Map 500« und das Garmin »GPS V« bieten ein weiteres Bonbon: Das Display lässt sich von Hoch- auf Querformat umstellen, was manchmal nützlich sein kann.

Große Tasten lassen sich auch gut mit Handschuhen bedienen.

Die Tasten

Über die Tasten »kommuniziert« man mit dem GPS-Gerät, ruft Navigationsfunktionen auf, speichert Wegpunkte ab, gibt Koordinaten ein oder nimmt Einstellungen am Gerät vor. Die Tasten sollten gut zu bedienen sein, vor allem auch mit Handschuhen. Ihre Anordnung ist Geschmackssache: Liegen die Tasten unter dem Display, ist das Gerät bei Einhandbedienung oft etwas »kopflastig«, liegen sie darüber, verdeckt man oft einen Teil des Bildschirms mit der Hand.

Eine Spezialität der Garmin »eTrex«-Serie sind seitliche Tasten, was eine kompakte Bauweise bei gleichzeitig akzeptabler Displaygröße ermöglicht. Der Nachteil: Am Fahrrad und im Auto sind seitliche Tasten schlechter zu bedienen.

Nachts ist eine Tastaturbeleuchtung von Vorteil; sie bleibt allerdings meist teureren Geräten vorbehalten.

Sintflutartiger Regen? Für wasserdichte Geräte kein Problem!

Das Gehäuse

Das Gehäuse besteht bei allen Geräten aus robustem, schlag- und stoßfestem Kunststoff, übersteht also auch einen Fall auf den Boden. Dank Gummiarmierung bleibt es selbst bei Nässe und mit Handschuhen sehr griffig. Apropos Nässe: Fast alle Modelle sind wasser-

WASSERFESTIGKEIT

In Prospekten wird meist die Wasserfestigkeit nach IPX, einem standardisierten Testverfahren, angegeben. Üblich bei GPS-Geräten ist **IPX7**, »geschützt gegen die Wirkung beim zeitweiligen Untertauchen in Wasser«. Das bedeutet, dass der Empfänger 30-minütiges Eintauchen in einen Meter Wassertiefe schadlos übersteht. Einige wenige Geräte wie das Lowrance »iFinder« oder Silva »Atlas« fallen in die Kategorie **IPX2**, was lediglich »geschützt gegen Tropfwasser« heißt.

dicht (IPX7), also sogar gegen peitschenden Regen und heftiges Schneetreiben bestens gewappnet.

Wer sichergehen will, steckt das Gerät in eine wasserdichte, flexible Schutzhülle, bei nicht wasserdichten Modellen ohnehin ein Muss und auf Kanu- und Kajaktouren auch für andere Geräte sinnvoll. Für Touren auf dem Wasser empfiehlt sich ohnehin ein schwimmfähiges Gerät.

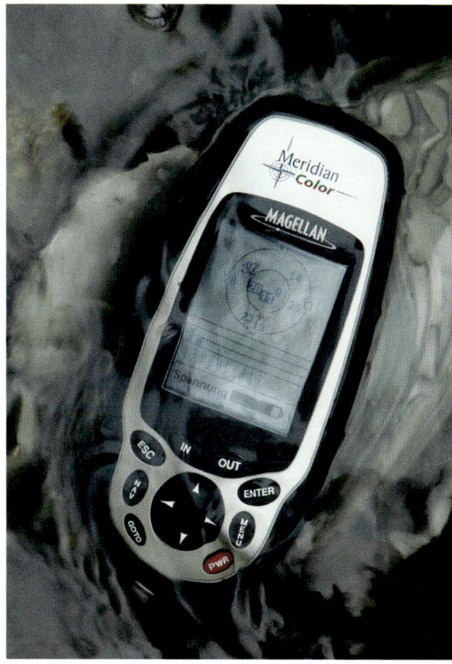

Für Kanutouren ein Muss: Schwimmfähige Geräte.

Der Speicher

Speicherkapazität hat man nie genug. Das ist bei GPS-Geräten nicht anders als bei Computern. Wobei man hier zwei Speichertypen unterscheidet: den Datenspeicher für Wegpunkte, Routen und Tracks und den Kartenspeicher für aufladbare Karten.

Der Datenspeicher

Der Preis bestimmt maßgeblich die Größe des Speichers. Das gilt für den Daten- wie für den Kartenspeicher: Einfache (oder ältere) Geräte wie das Garmin »Geko 201« speichern z. B. 500 Wegpunkte, 20 Routen und 10 Tracks. Spitzenmodelle, z. B. das Garmin »GPSmap 60C«, mit 1000 Wegpunkte, 50 Routen und 20 Tracks mehr als doppelt so viel. Wobei Routen und Tracks beim »GPSmap 60C« auch we-

Für die meisten Touren reicht selbst der Datenspeicher von günstigen Geräten aus.

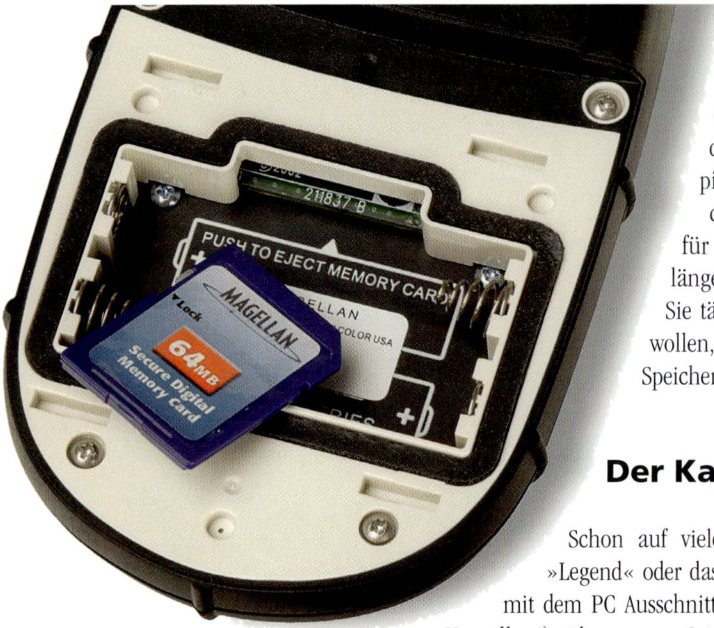

Speicher unbegrenzt bieten Modelle mit SD-, MMC- und CF-Karten.

sentlich länger sein können. Je kleiner der Speicher, desto eher muss man nicht mehr benötigte Daten löschen oder besser auf dem PC speichern, wenn der Platz nicht mehr ausreicht (siehe Kapitel 14). Allerdings langt auch der Speicher des »Geko« in vielen Fällen selbst für zwei- bis dreiwöchige Touren aus. Für längere Unternehmungen und auch, wenn Sie täglich Ihren Weg als Track aufzeichnen wollen, sollten Sie zu Modellen mit größerem Speicher greifen.

Der Kartenspeicher

Schon auf viele Mittelklasse-Geräte wie das Garmin »Legend« oder das Magellan »SporTrak Map« kann man mit dem PC Ausschnitte aus speziellen Karten (des jeweiligen Herstellers!) übertragen. Seit es die ersten entsprechenden topografischen Karten gibt, auch bei Outdoor-Geräten ein Thema (siehe Kapitel 13).

Wie groß die übertragbaren Ausschnitte sein können, hängt von der Größe des Kartenspeichers ab, die wie bei Computern in Megabyte (MB) angeben wird. Je nach Gerät gibt es zwei Arten von Speicher:

- den **internen** Speicher, der fest im Gerät installiert ist, und
- den **externen** Speicher, bei dem normale SD-, CF- oder MMC-Speicherkarten wie sie z. B. auch in Digitalkameras verwendet werden, als Speichermedium dienen.

TIPP

Der »Slot« (Schlitz) für die Speicherkarten befindet sich meist seitlich im Batteriefach. Beim Karten- und Batteriewechsel unbedingt darauf achten, den Deckel des Batteriefachs richtig aufzusetzen, und die Dichtung auf Beschädigung prüfen. Sonst kann Wasser über den Slot ins Innere eindringen und irreparable Schäden nach sich ziehen. Übrigens der Grund, warum Garmin bei Outdoor-Geräten auf Speicherkarten verzichtet.

DER INTERNE KARTENSPEICHER

Eine Lösung, auf die beispielsweise Garmin ausschließlich und Magellan bei der »SporTrak«-Reihe setzen. Hier gilt besonders: Je größer, desto besser. Überträgt man z. B. Ausschnitte der topografischen »MapSource Topo Deutschland«-Karte, bietet der kleine 8-MB-Speicher des Garmin »Legend« gerade Platz für den Bayerischen Wald, die 115 MB beim Garmin »GPSmap 76C« dagegen für ganz Bayern.

Damit wird klar: Bei Modellen mit wenig Speicher muss öfter der Kartenausschnitt gewechselt werden, was lästig sein kann, wenn man gerne in verschiedenen Gebieten unterwegs ist. Auch kommt ein kleiner Speicher schnell an seine Grenzen, falls man, wie bei Garmin möglich, gleichzeitig Straßenkarten für die Anfahrt übertragen will. Je nach Urlaubsregion reichen hier eventuell schon die 56 MB des Garmin »GPSmap 60C« nicht aus.

SPEICHERKARTEN (EXTERNER SPEICHER)

Die oben beschriebenen Nachteile interner Speicher hat man bei Geräten von Magellan, Alan oder Silva mit wechselbaren Speicherkarten nicht. Je nach Gerät lassen sich SD-, CF- oder MMC-Karten mit bis zu 128 MB oder sogar mehr verwenden, die es günstig in jedem Elektromarkt gibt. Damit steht praktisch unbegrenzt Speicherplatz zur Verfügung.

Reicht eine Speicherkarte nicht aus, lädt man weitere Ausschnitte auf eine zweite. Auch kann man Karten verschiedener Regionen auf verschiedene Speicherkarten übertragen: Wer übers Wochenende in die Alpen fährt, wechselt einfach nur die Karte. Weiterer Vorteil: Neben Karten können auch Daten, also Wegpunkte, Routen und Tracks, auf der Speicherkarte abgelegt werden.

Oben: Allenfalls für die Groborientierung geeignet: Basemaps

Unten: Aufladbare Basiskarte: Magellan »MapSend WorldWide Basemap«.

Basiskarte (Basemap) und Städtedatenbank

Basiskarten

Inzwischen sind sie bei Geräten der Mittel- und Oberklasse Standard: Basiskarten (Basemaps), d. h. fest installierte, einfache Übersichtskarten, die je nach Gerät und Region meist Ländergrenzen, größere Ortschaften, Hauptstraßen sowie Flüsse und Seen zeigen. Oft ist die Region, in der das Gerät verkauft wird, etwas »detaillierter« dargestellt (bei in Deutschland erhältlichen Modellen Europa). Alle Orte auf der Basiskarte sind in der Ortsdatenbank des Gerätes ge-

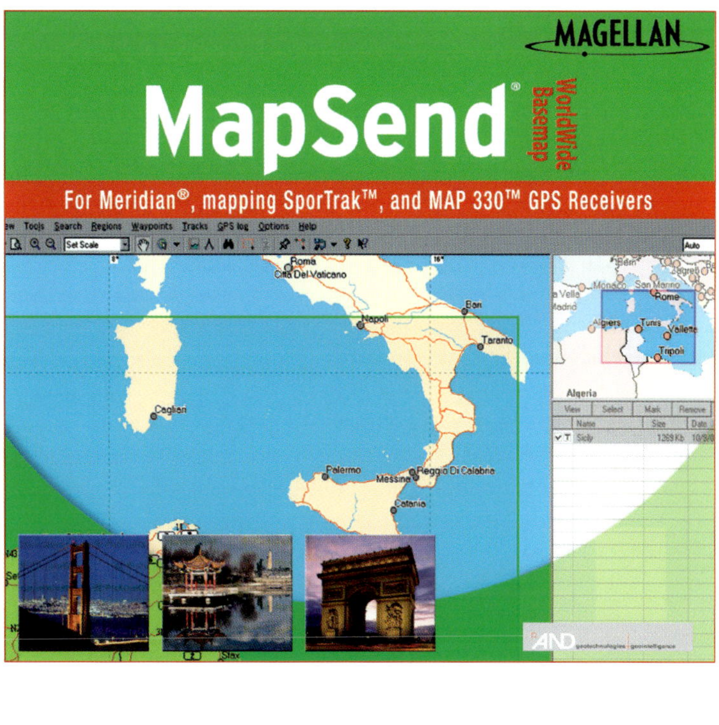

ACHTUNG:

Der Preis des Geräts sagt nichts über den Detailgrad der Basemap aus. So zeigt die Karte des günstigen Garmin »Legend« mehr Orte und Straßen als die des teureren »GPSmap 60C«. Wer Wert auf die Basiskarte legt, sollte beim Kauf vergleichen.

speichert und können als Ziel für die Navigation ausgewählt werden. Allerdings sind Basiskarten relativ ungenau und eignen sich nur für den groben Überblick.

Wie erwähnt, sind Basemaps fest gespeichert und können nicht gewechselt werden. Wer angesichts der günstigeren Preise mit dem Gedanken spielt, ein Gerät in den USA (mit Basemap Nordamerika) zu kaufen, sollte das bedenken. Zwar gibt es von Garmin und Magellan weltweite Basemap-CDs (»MapSource WorldMap-« bzw. »MapSend WorldWide Basemap-CD«), allerdings lassen sich Ausschnitte nur in den Speicher für aufladbare Karten übertragen. Die Basiskarte des Geräts wird dabei nicht überschrieben. Immerhin sind die Karten von CD meist detaillierter als die Basiskarten von Outdoor-Geräten. Die Garmin-CD enthält z. B. auch Tankstellen, Hotels, Restaurants und Campingplätze.

TIPP FÜR MAGELLAN-BESITZER

Findige Tüftler haben einen *inoffiziellen*! Weg gefunden, die Basemap zu tauschen, was allerdings nicht ganz einfach ist. Aber Achtung: **Der Tausch erfolgt auf eigenes Risiko!** Näheres dazu unter www.groenveld.de

Städtedatenbanken

Günstigere Modelle für 200–300 Euro wie das Garmin »Venture« oder das Magallan »SporTrak« besitzen zwar keine Basemap, immerhin aber eine weltweite Städtedatenbank. Alle darin verzeichneten Orte werden auf der Kartenseite als Punkte angezeigt und lassen sich zur Navigation nutzen (die Koordinaten beziehen sich auf das Ortszentrum). Gleiches gilt für »Points of Interest« (POI) wie Sehenswürdigkeiten, Hotels, Tankstellen etc., die man aufladen kann. Allerdings laufen bei Garmin wie bei Magellan die dazu erforderlichen CDs aus (MapSource »Roads & Recreation« bzw. »MapSend DataSend«).

TIPP

Der Speicher für Points of Interest von Garmin-Geräten lässt sich auch für eigene Wegpunkte nutzen. Wie das geht, steht unter: http://home.wtal.de/noegs/poi.htm

Die Schnittstelle – der PC-Anschluss

Ein PC-Anschluss ist heute ein Muss, bildet er doch die Voraussetzung für die komfortable Tourenplanung und -auswertung am Computer. Das dafür erforderliche Verbindungskabel wird fast immer mitgeliefert.

Doch die Vorbereitung von Touren ist nicht der einzige Vorteil: Auch Software-Updates, die Fehler beheben oder Funktionen hinzufügen, werden per PC auf das Gerät übertragen (siehe Kapitel 9).

Üblich ist eine »I/O-Schnittstelle« (Input/Output), bei der der Datenaustausch über den seriellen Anschluss des PCs (»COM-Port«) erfolgt. Der Nachteil: Vor allem das Übertragen von Karten dauert sehr lange. Neuere Geräte besitzen deshalb eine USB-Schnittstelle, mit der auch größere Kartenausschnitte in wenigen Minuten geladen werden. Für Modelle mit Speicherkarten bieten »Card Reader/Writer«, die es in jedem Elektrofachmarkt gibt, eine elegante und schnelle Möglichkeit, Kartenausschnitte auf die Speicherkarte zu übertragen.

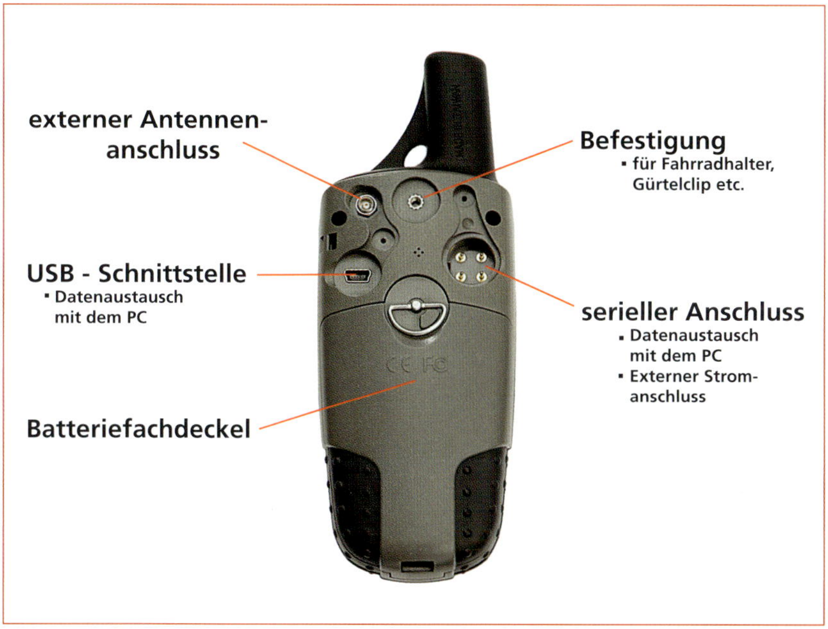

Schnittstellen: Rückseite des Garmin »GPSmap 60CS«

Die Stromversorgung

Batterien und Akkus

Die mobile Stromquelle Nummer eins sind sicherlich Batterien. Nahezu alle Empfänger benötigen zwei Mignon- (AA), kompakte Modelle wie das Garmin »Geko« oder »Foretrex 201« auch zwei Micro-Zellen (AAA). Wobei die Laufzeiten sehr unterschiedlich sind: Die neueste Geräte-Generation, so meine Erfahrung, hält inzwischen im *Dauerbetrieb* bis zu etwa 20 Stunden durch, mit Stromsparmodus sogar bis zu anderthalbmal so lange. Vor allem bei älteren Geräten ist oft wesentlich früher Schluss. Vorsicht: In Prospekten wird meist die maximale Laufzeit im Stromsparmodus angegeben, in der Praxis liegen die Werte bei Normalbetrieb aber oft deutlich darunter!

Beachten Sie beim Kauf auf jeden Fall die Batterielaufzeit, vor allem wenn Sie gerne mehrwöchige Touren in der

Batterien oder Akkus? Auch eine Frage der Tour!

> **AKKU ODER BATTERIE?**
>
> Akkus lohnen sich bei häufiger Nutzung, vor allem für kürzere Touren, etwa übers Wochenende. Batterien sollte man zur Sicherheit trotzdem mitnehmen. Auf langen Touren ohne Lademöglichkeit sind auch wegen der geringeren Selbstentladung Batterien besser. Bei nur sporadisch genutzten Geräten empfehlen sich Batterien aus dem gleichen Grund.

Wildnis unternehmen. Mehr Batterien bedeutet mehr Gewicht. Normalerweise reicht ein Satz je nach Gerät für ein bis zwei Tage Dauerbetrieb mit Trackaufzeichnung.

Alkali-Mangan-Batterien bieten das beste Preis-Leistungs-Verhältnis. Allerdings lässt ihre Power bei Kälte rasch nach. Eine Alternative bieten Lithium-Batterien, die selbst bis –40 °C einsatzfähig bleiben. Sie sind darüber hinaus sehr haltbar (bis zu fünf Jahren), leichter und liefern meist länger Strom, was sie trotz des hohen Preises für ausgedehnte Touren prädestiniert (pro Mignon ca. 5 Euro).

Tipp: Wenn möglich, Akkus verwenden, die sich problemlos bei jedem Gerät einsetzen lassen. Das schont nicht nur die Umwelt, sondern ist bei häufigem Gebrauch auch günstiger. Nickel-Metallhydrid-Modelle mit Kapazitäten von 2000 mAh oder mehr halten mindestens ebenso lange wie Batterien. Nicht empfehlenswert sind Nickel-Cadmium-Akkus, die nicht nur sehr umweltschädlich sind (Cadmium!), sondern auch über deutlich niedrigere Kapazitäten verfügen, was sich in kurzen Gerätelaufzeiten äußert.

Beim Batteriewechsel gehen übrigens keine Daten verloren, alle Geräte besitzen einen »Flash-Speicher«, in dem die Daten selbst bei entnommenen Batterien sicher abgelegt sind. Nahezu alle Geräte lassen sich für den Betrieb im Auto an den Zigarettenanzünder anschließen bzw. über externe Stromquellen betreiben. Entsprechende Kabel gibt es als Zubehör.

Integrierte Akkus

Inzwischen sind auch Geräte mit eingebauten Lithium-Ionen-Akku auf dem Markt, wie die Multifunktionsuhr »X9« mit GPS von Suunto oder das Garmin »Foretrex 201«. Obwohl zumindest beim Garmin die Laufzeiten mit Batterie-Modellen vergleichbar sind, für längere Touren ohne Lademöglichkeit sind Akku-Geräte ungeeignet. Eine Ausnahme bilden die für Sommer 2005 angekündigten Magellan »eXplorist«-Modelle (»400/500/600«), die sich auch mit Batterien betreiben lassen sollen.

Extras: Kompass und Höhenmesser

Vor allem bei Bergsteigern sind GPS-Modelle mit Kompass und Höhenmesser beliebt. Statt drei muss man nur ein Gerät mit sich »herumschleppen«. Die Unterschiede beim Preis liegen – bei sonst identischer Ausstattung – bei rund 60–80 Euro. Der Nachteil solcher »All-in-one-Geräte«: Bei Geräteausfall steht man völlig ohne Navigationshilfe da, während man mit einem normalen Kompass eine Sicherheitsreserve in der Tasche hat.

Der Kompass

Pluspunkt bei Geräten mit elektronischem Kompass: Sie zeigen bei der Navigation auch im Stand die Richtung zu einem ausgewählten Zielpunkt an, was andere GPS-Empfänger (systembedingt) nur können, wenn man sich bewegt. Statt der Satelliten-Signale nutzt das Gerät dann das Magnetfeld der Erde. Natürlich kann man mit dem elektronischen Kompass auch einfache Peilungen durchführen und die Kursrichtung abspeichern (»Sight'-N'Go«). Allerdings ersetzt er, auch im Hinblick auf Kartenarbeit, keinen Spiegelkompass. Größter Nachteil: Er ist ein echter Stromfresser. Deshalb nur anschalten, wenn unbedingt nötig!

KOMPASS BEI GARMIN UND MAGELLAN

Bei Garmin-Geräten zeigt der Kompass nur korrekt an, wenn man das Gerät waagrecht hält. Nachteil: Der GPS-Empfang bei Modellen mit Helix-Antenne wie dem »GPSmap 60CS«, die man aufrecht halten müsste, wird verschlechtert. Hier liegen die Vorteile des Kompasses von Magellan, der in jeder Stellung korrekt arbeitet (kardanischer Kompass).

Beliebt bei Bergsteigern und Alpinisten: GPS-Geräte mit Kompass und Höhenmesser

Höhenmesser/Barometer

Macht ein extra Höhenmesser am GPS-Empfänger überhaupt Sinn, wo die Geräte doch auch die Höhe anzeigen? Durchaus: Besonders bei Abschattung oder ungünstiger Satellitenkonstellation sind barometrische Höhenmesser wesentlich genauer. Von Vorteil ist dies auch bei der Trackaufzeichnung, bei der das Gerät dann die barometrische und nicht die ungenauere GPS-Höhe speichert.

In punkto Funktionsvielfalt nehmen es die eingebauten Höhenmesser mit jedem Armbandmodell auf, indem sie ebenso umfangreiche Daten zur Tour liefern, egal ob grafisches Höhenprofil, absolvierte Höhenmeter oder Auf- und Abstiegsraten. Fast immer wird der Höhenmesser durch ein sehr leistungsfähiges Barometer mit Druckgrafik ergänzt, das sich unterwegs hervorragend für die Wettervorhersage heranziehen lässt.

Allerdings: Wer detaillierte Tourendaten aufzeichnen will, muss stets das GPS-Gerät eingeschaltet lassen, was wiederum viel Strom kostet; hier fährt man mit einem Handgelenkshöhenmesser besser.

Straßennavigation (»Autorouting«)

Für ein Outdoor-Gerät nicht zwingend erforderlich, für die Anreise zur Tour oder im Alltag aber durchaus praktisch ist Autorouting. Das Gerät berechnet mit geeigneten Karten ähnlich einem Autonavigationssystem die Fahrtroute zu einem ausgewählten Ziel. Bei entsprechenden Garmin-Geräten ist sogar die Basiskarte routingfähig, wenn auch nur für die Grobnavigation zwischen größeren Orten geeignet. Überhaupt ist die Routingfunktion von Garmin sehr leistungsfähig: Weicht man von der geplanten Route ab, z. B. wegen einer Umleitung oder einem Stau, berechnet das Gerät automatisch eine neue. Bei vergleichbaren Magellan-Empfängern muss die Neuberechnung per Hand gestartet werden, beim Autofahren ein klarer Nachteil. Routing bleibt bisher teuren Geräten ab etwa 400 Euro vorbehalten (mehr dazu in Kapitel 13).

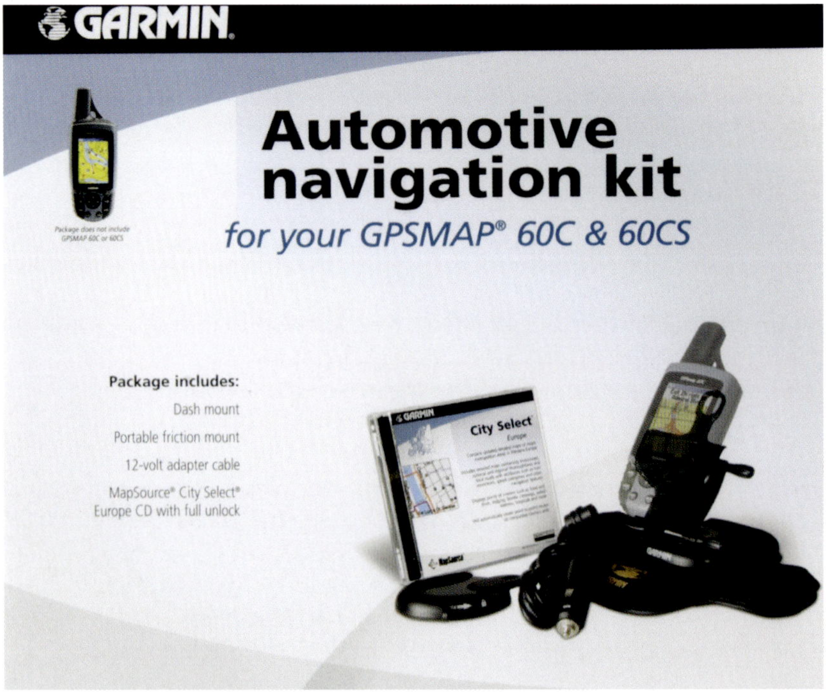

Im Bundle günstiger: Routingfähige Geräte und die dazu erforderlichen Karten.

Zubehör

Oft sind es kleine Dinge, die das Leben leichter machen. Das ist bei der GPS-Navigation nicht anders, egal ob Außenantenne, (Fahrrad-)Halter oder Schutzhülle.

Außenantennen

Viele GPS-Modelle besitzen einen Anschluss für eine externe Antenne, die über ein Kabel angeschlossen wird (vgl. Abb. S. 33). Das hat auch im Outdoor-Bereich Vorteile: Im Winter kann man z. B. den Empfänger vor Kälte geschützt in der Tasche tragen, die Antenne außen am Rucksack. Hierfür reichen meist schon passive Antennen, die lediglich die Satellitensignale empfangen und ans GPS-Gerät weiterleiten.

Leistungsfähiger, aber auch teurer sind aktive Außenantennen, die die Signale zusätzlich verstärken. Tipp: Beim Kauf von Zusatzantennen den Anschluss beachten, je nach Gerät »MCX« oder »BNC«. Die Preise liegen bei rund 45 bis über 100 Euro. Zusatzantennen gibt es auch von Fremdherstellern wie Haicom oder Touratech. Achtung: Mit Zusatzantenne steigt der Stromverbrauch.

Auch für Geräte ohne Antennenanschluss sind Zusatzantennen erhältlich, zumindest für die Verwendung im Auto. Bei diesen zweiteiligen Relais-Antennen empfängt eine Antenne, z. B. auf dem Autodach, die GPS-Signale, die über eine zweite, neben dem GPS-Gerät platzierte Sendeantenne wieder abgestrahlt werden. Die Stromversorgung erfolgt über den Zigarettenanzünder.

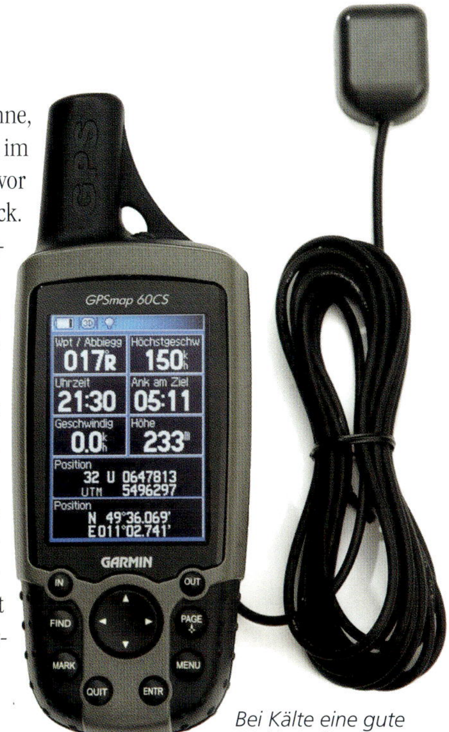

Bei Kälte eine gute Wahl: Außenantennen.

Fahrradhalter

Meist werden von den Herstellern passende Halter für jedes Gerät angeboten, entweder mehr oder weniger stabile Plastikmodelle oder, wie bei Garmin, eine Schelle für den Lenker, in die das Gerät ähnlich einer Batterieleuchte eingeklinkt wird. Dazu ist ein spezieller Batteriefachdeckel bzw. ein entsprechender Plastikhalter erforderlich, der mit dem Fahrradhalter geliefert wird. Vorteil: Der Halter ist sehr klein und stört nicht, wenn man einmal ohne Gerät unterwegs ist. Nachteil: Bei einem Sturz ist das Gerät wenig geschützt, im schlimmsten Fall kann der Batteriefachdeckel oder das Gehäuse beschädigt werden.

Eine Gefahr, die bei den extrem robusten Haltern von Touratech nicht besteht, die aber

> **TIPP**
>
> Beim Kauf und beim Montieren des Halters darauf achten, dass das Gerät beim Fahren möglichst wenig durch den Körper abgeschattet wird.

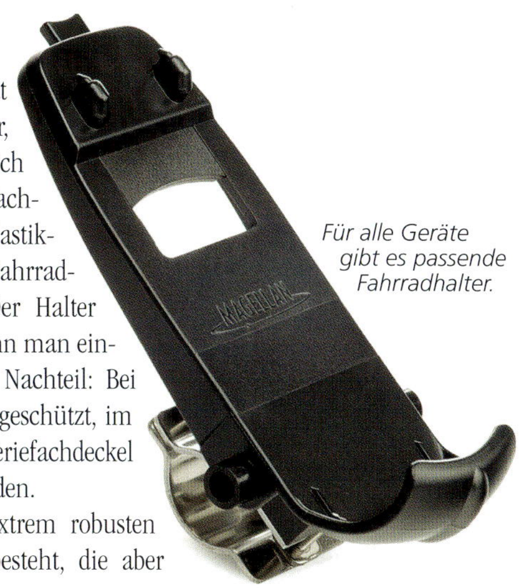

Für alle Geräte gibt es passende Fahrradhalter.

nicht billig sind. Eine günstige und ebenfalls empfehlenswerte Alternative sind die Halter von Bikertech. Daneben gibt es z. B. von GPS24 Softcase-Halterungen, die mittels Klettsystem am Lenker befestigt werden. Allerdings ist die Fixierung oft weniger fest als bei herkömmlichen Haltern. Die Geräte (bzw. das Display) »wackeln« dann immer etwas (je holpriger die Strecke, desto mehr) und lassen sich vor allem bei rauen Mountainbike-Touren schlechter ablesen.

Clips, Gürtelhalter und Taschen

Auch für Wanderer gibt es diverse Clips und Tragetaschen, vor allem von den Geräteherstellern. Für möglichst guten Empfang fixiert man das Gerät auf der Schulter am Tragegurt des Rucksacks. Weniger empfehlenswert sind Gürtelhalter, da die Abschattung durch den Körper den Empfang stark einschränkt.

Gepolsterte Taschen schützen das Gerät und das empfindliche Display, wenn es einmal herunterfällt sowie beim Transport in der Jackentasche oder im Rucksack. Wasserdichte Schutzhüllen für spritzwassergeschützte Modelle oder für Kanu-Touren bieten z. B. Ortlieb und GPS24 an.

Links: Praktisch – die Tragetasche mit Clip.

Rechts: Gut geschützt – der Lowrance »iFinder« im wasserdichten Beutel.

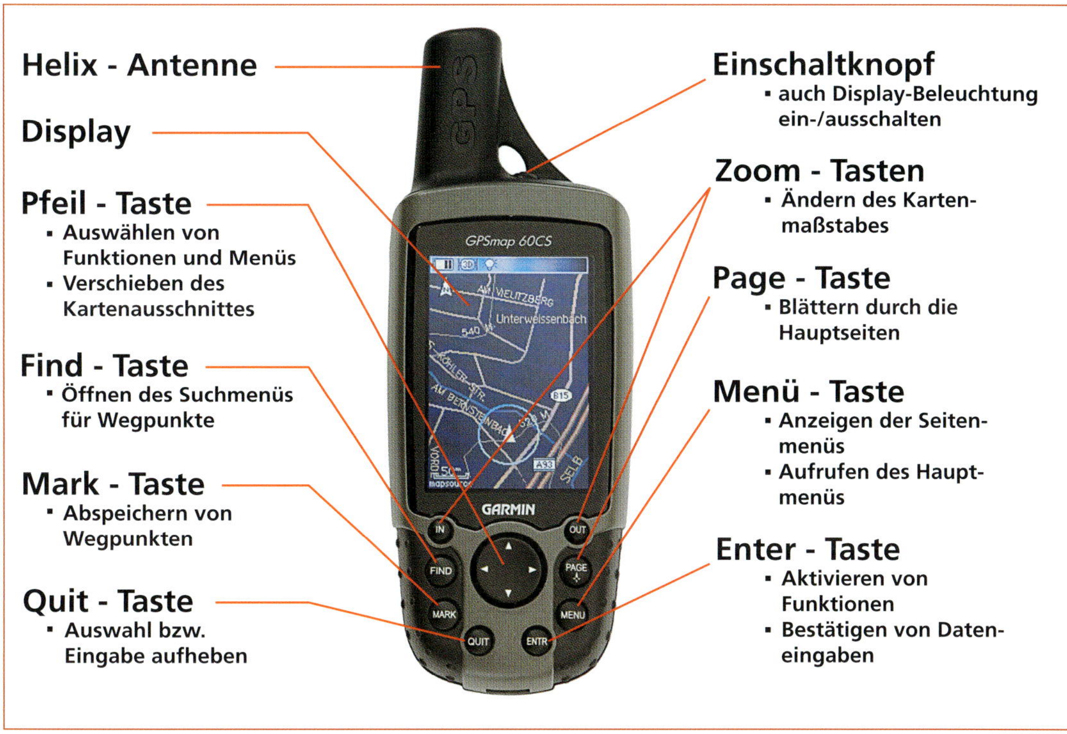

Tasten und Ihre Funktion

4 Die Menüseiten

Egal, ob Garmin, Magellan oder Silva, die Hauptfunktionen eines GPS-Geräts sind auf so genannten Menüseiten angeordnet, durch die Sie – meist mit der Taste »Page« – wie durch die Seiten eines Buchs blättern können. Satelliten-, Karten- und Navigationsseite bilden – zusammen mit dem Wegpunkt-, Routen- und Track-Menü – die wichtigsten Hilfsmittel für die Navigation unterwegs. Sie liefern alle Informationen, die man für die GPS-Orientierung braucht.

Jedes GPS-Gerät wird mit einer Reihe von Tasten bedient, über die man die jeweiligen Funktionen aufruft und Informationen, z. B. Koordinaten, eingibt. Für wichtige Funktionen, wie das Speichern oder Suchen von Wegpunkten, gibt es sogar eigene Tasten. Hier bestehen kaum Unterschiede zwischen den Herstellern. Einzige Ausnahme: Die kompakten »Geko«- und »eTrex«-Modelle von Garmin besitzen weniger Tasten, die aber, weil z. T. doppelt belegt, die gleichen Funktionen abdecken. Einen Überblick über die wichtigsten Tasten gibt die oben stehende Abbildung.

Dank einer oft intuitiven Menüführung findet man sich bei den meisten Modellen schnell zurecht. Ein bisschen »Spielen« und schon hat man den Aufbau durchschaut. Trotzdem sollten Sie sich unbedingt die Mühe machen, vor Ihrer ersten Tour das Handbuch genau durchzulesen. Nur so lernen Sie Ihr Gerät richtig kennen. Fein: Für unterwegs liegt vielen

Menü-Übersicht eines GPS-Empfängers

	Seite	Untermenü	Optionen / Funktionen
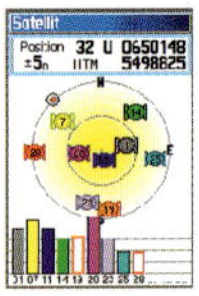	Satelliten-Seite		Individuelles Einstellen der Seite (Orientierung der Himmelsansicht, z.T. GPS-Modus)
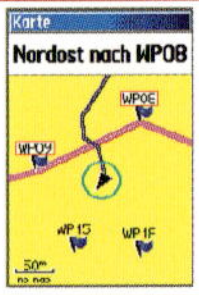	Karten-Seite		Individuelles Einstellen der Seite (Ausrichten der Karte, Anzeige-Details, Zielfahrt-Linie etc.) Entfernungs-, Flächenmessung
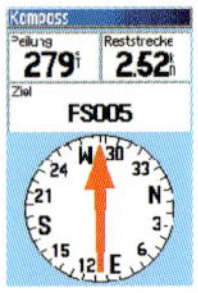	Navigations-Seite		Individuelles Einstellen der Seite (u.a. Datenfelder-Belegung und Anzahl) Kompass-Kalibrierung (sofern vorhanden)
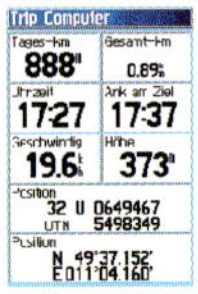	Positions-Seite/ Tripcomputer		Individuelle Auswahl der angezeigten Datenfelder, z.T. Schrift-Größe der Datenfelder
		Setup	System-Einstellungen Display (Anzeige)-Einstellungen Einstellen der Einheiten Einstellen der Zeit Einstellen der Schnittstelle für PC etc..
		Wegpunkt- Menü	Suchen und Bearbeiten von Wegpunkten. Aktivieren der GoTo-Navigation zu einem Punkt.
	Hauptmenü-Seite	Routen-Menü	Erstellen, Bearbeiten, Speichern von Routen. Aktivieren von Routen für die Navigation.
		Track-Menü	Aufzeichnen und Speichern von Tracks. Tracknavigation starten (Trackback). Optionen für die Trackaufzeichnung.
		weitere Funktionen	Annäherungsalarme, Sonne & Mond, Kalender, Wecker, Taschenrechner etc.
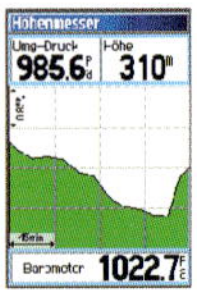	Höhenmesser-/ Barometer-Seite (sofern vorhanden)		Höhenmesser- oder Barometeranzeige; Individuelles Einstellen der Seite (Datenfelder, Maßstab Höhengrafik etc.) Höhenmesser-Kalibrierung

Modellen ein »Quick-Referenz-Guide« bei, ein Faltblatt aus wasser- und reißfestem Papier mit einer Übersicht der wichtigsten Funktionen.

Das folgende Kapitel stellt die jeweiligen Menüseiten mit ihren Funktionen sowie ihre Bedeutung für die Praxis vor. Leider verwenden die Hersteller oft unterschiedliche Bezeichnungen für ein und dieselbe Funktion, vor allem im deutschen Menü. Deshalb sind in Klammern ergänzend die englischen Begriffe angegeben.

Wie war das doch gleich wieder? Unterwegs hilft der Quick-Referenz-Guide weiter.

Die Satellitenseite

Die Satellitenseite ist meist die erste Seite, die nach dem Einschalten angezeigt wird. Sie gibt an, welche Satelliten empfangen werden. Mehr noch: In einer »Himmelsansicht« (Skyview), eine Art Kompassrose mit zwei Kreisen, wird ihre Verteilung am Himmel dargestellt: Satelliten, die sich im Zentrum befinden, stehen im Zenit, also senkrecht über dem Gerät. Der mittlere Kreis entspricht einer Position von 45 Grad über dem Horizont, der äußere dem Horizont (0 Grad).

Die Bedeutung für die Praxis: Mit Hilfe der Satellitenseite kann man das Gerät optimal ausrichten und den Empfang verbessern. Bei schlechten Bedingungen genügen oft schon ein paar Schritte zur Seite oder eine leichte Drehung mit dem Gerät, weil man vielleicht mit dem Körper Signale abschattet. Auch lässt sich ablesen, ob nach kurzer Wartezeit vielleicht mehr und/oder besser verteilte Satelliten am Himmel stehen.

Unterstützt wird man dabei von einem Balkendiagramm unter der Skyview, das die Stärke der jeweiligen Satellitensignale angibt. Ein voller Balken bedeutet, ausreichend Daten vom Satelliten wurden übermittelt, der Satellit wird zur Positionsbestimmung benutzt. Je höher der Balken, desto stärker das Signal und desto besser der Empfang. In der Skyview sind die

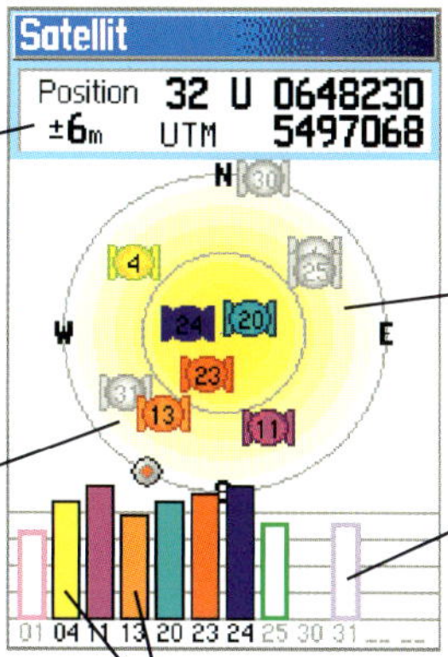

Die Satellitenseite

Bei ungünstigen Empfangs-Bedingungen hilft die Satellitenseite, das Gerät optimal auszurichten.

entsprechenden Satelliten meist farbig, mit fetten Ziffern oder einem Kästchen markiert. Ist der Balken leer, wurde der Satellit zwar schon registriert, ausreichend Daten für die Einbeziehung in die Positionsermittlung aber noch nicht übertragen. Meist blinkt der entsprechende Satellit in der Skyview. Kein Balken bedeutet, der Satellit wird nicht empfangen bzw. noch gesucht.

Die Satellitenseite ist noch in anderer Hinsicht wichtig: Hier wird nicht nur angezeigt, ob eine 2-D- oder eine 3-D-Bestimmung vorliegt (vgl. Kapitel 1), sondern bei den meisten Geräten auch die Genauigkeit angegeben. Vor allem im Gelände mit eingeschränktem Empfang, wie Wald oder engen Tälern, lohnt sich deshalb ein Blick auf die Satellitenseite, insbesondere bevor man einen Wegpunkt speichert.

Die Kartenseite zeigt Wegpunkte, Routen und Tracks.

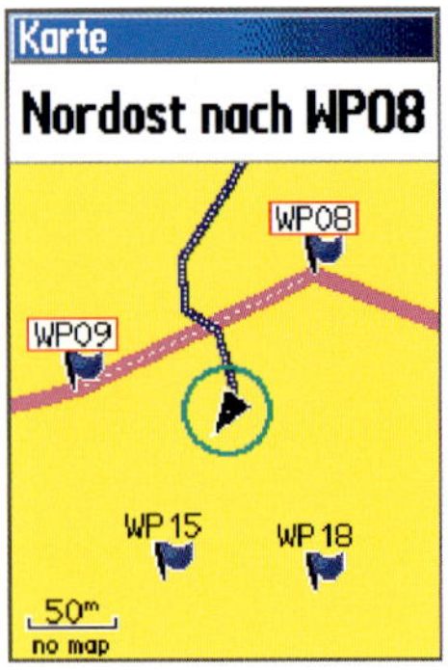

Die Kartenseite

Sobald die Position bestimmt ist, wechseln viele Geräte automatisch auf die Kartenseite, auf der nicht unbedingt Landkarten dargestellt werden. Sie zeigt zunächst bei allen Empfängern die aktuelle Position sowie gespeicherte Wegpunkte, Routen und Tracks lagerichtig, quasi als eine Art einfacher Wegskizze. Nur bei kartenfähigen Geräten werden zusätzlich Basis- oder geladene Landkarten dargestellt.

GENAUIGKEITSANGABEN

Jedes GPS-Gerät zeigt auch die Genauigkeit einer Positionsbestimmung an. Allerdings je nach Hersteller auf verschiedene Art:

- Garmin gibt unter der Bezeichnung »Genauigkeit« oder »Position« (Accuracy bzw. Location) den **CEP** (Circular Error Probable) an, z. B. »Genauigkeit ±6 m«. Was nicht heißt, dass die Position auf 6 Meter genau bestimmt worden ist! Der CEP gibt den Radius eines Kreises um den tatsächlichen Standort an, in dem 50 Prozent aller Positionsmessungen liegen, im Beispiel 6 Meter. Anders ausgedrückt: Sie befinden sich nur mit einer Wahrscheinlichkeit von 50 Prozent im Umkreis von 6 Metern um den wahren Standort. Die Genauigkeit kann auch schlechter sein. Für die Praxis können Sie sich merken: Wenn Sie den Wert in der Anzeige mit 2,5 multiplizieren, erhalten Sie den Umkreis, in dem fast alle Messungen (98,9 %) liegen, im Beispiel 15 Meter. Das heißt: Ihre Position ist praktisch immer auf mindestens 15 Meter genau.
- Der **EPE** (Estimated Position Error) zeigt bei Magellan, Silva und Lowrance den geschätzten Positionsfehler in Metern an. »EPE 20 m« heißt, die Abweichung liegt bei maximal 20 Metern.
- **PDOP** oder **DOP** (»Position) Dilution Of Precision«), z. B. bei Alan-Modellen, ist ein Maß für die Satellitengeometrie und die daraus zu erwartende Positionsgenauigkeit. Je kleiner der Wert, desto besser sind die Satelliten verteilt und desto genauer ist die Positionsbestimmung. Gut sind Werte unter 5, optimal unter 3.

Die Kartenseite ist neben der Navigationsseite die wichtigste Seite für die Orientierung mit GPS. Man muss einfach nur einer ausgewählten Route bzw. einem Track folgen, ähnlich wie dem Weg auf einer gedruckten Karte. Mit einem Vorteil: Es wird ständig angezeigt, wo man sich gerade befindet. Der Kartenausschnitt verschiebt sich dabei automatisch mit.

Über Zoom-Tasten kann man verschiedene Maßstäbe wählen, beim Silva »Atlas Pro« z. B. in über 30 Stufen. Auf Geräten mit Basis- und/oder geladener Karte werden mit zunehmender Zoomstufe mehr Details angezeigt (siehe auch Kapitel 13, Vektorkarten). Auch lässt sich der Kartenausschnitt mit der Wipptaste verschieben. Das ist praktisch, wenn man z. B. den weiteren Tourenverlauf anschauen will. Ebenso ist es möglich, mit dem Cursor beliebige Punkte auf der Karte »anzusteuern«, sich die Koordinaten anzeigen zu lassen oder einen Wegpunkt zu speichern.

Über die Menü-Taste können Sie die Kartenseite Ihren Bedürfnissen anpassen, z. B. sie unterschiedlich ausrichten:

Mit der Kartenseite lässt es sich exzellent navigieren.

- **»Norden oben«** (North Up) wie bei gedruckten Karten, empfehlenswert beim Weg- und Geländevergleich mit einer Wanderkarte.
- **»Track oben«** (Track Up), wobei die Karte ständig in Gehrichtung (Kursrichtung) ausgerichtet wird – optimal für unterwegs. Z.B. werden Abzweigungen nach rechts dann auch rechts auf dem Display angezeigt.
- **»Sollkurs oben«** (»Verlauf oben«, Course Up). Hier erfolgt die Ausrichtung z.B. nach einer Route, der man folgt (bzw. dem Sollkurs zwischen den Wegpunkten, s.u.). Unterschied zu »Track oben«: Das Kartenbild bleibt ruhiger, weil es nicht bei jeder Windung des Weges neu ausgerichtet wird. Vor allem auf kurvenreichen Strecken ein Vorteil.

Abhängig vom Gerät kann man eine Reihe weiterer Einstellungen vornehmen, z.B. ab welcher Zoomstufe Wegpunkte, Routen und Tracks angezeigt werden. Oft lässt sich auch der Detailgrad geladener Karten anpassen, meist in mehreren Stufen. Je höher der Detailgrad, desto mehr Informationen, d.h. Straßen, Orte oder »Points of Interest« wie Hotels oder Sehenswürdigkeiten, werden bei gleicher Zoomstufe dargestellt; je niedriger, desto übersichtlicher bleibt die Karte. Bei manchen Modellen kann man Basis- und geladene Karte sogar ganz ausblenden.

Je nach Gerät lassen sich auch Entfernungen messen oder hilfreiche Infos wie Kartengitter und verschiedene Datenfelder mit Angaben zu Kurs, Höhe, Geschwindigkeit etc. einblenden.

Die Navigationsseite (Ziel-, Kompassseite)

KURSZEIGER

Bei einigen Garmin-Geräten (u.a. eTrex »Legend/Vista«, »GPSmap 60«) kann man statt des beschriebenen Richtungszeigers, der *stets* zum Ziel weist und deshalb auch als Peilungszeiger bezeichnet wird, auch einen Kurszeiger einstellen. Der Unterschied: Der Kurszeiger gibt immer die Richtung vom Ausgangs- zum Zielpunkt an, den »Sollkurs« (»Course«). Selbst wenn Sie davon abweichen! Der Pfeil zeigt dann nicht mehr zum Ziel!
Stattdessen werden Ausmaß und Richtung der Kursabweichung angegeben. Die Verwendung des Kurszeigers ist auf Outdoor-Touren allenfalls dann sinnvoll, wenn man einen geradlinigen Kurs einhalten will, z.B. um eine weite Ebene oder einen See mit dem Boot zu überqueren.

Die Navigationsseite ist das wichtigste Hilfsmittel für die Outdoor-Navigation mit GPS. Mit ihr kann man sich zu einem beliebigen, ausgewählten Ziel führen lassen. Trotz des ähnlichen Aussehens ist sie *kein* Magnetkompass, obwohl sie manchmal auch als Kompassseite bezeichnet wird. Der Unterschied: Der Richtungspfeil der Navigationsseite zeigt *stets* zum Ziel, selbst dann, wenn Sie vom geplanten Weg abweichen, weil Sie z.B. ein Hindernis umgehen. Die Kompassnadel dagegen weist immer nach Norden.

Alles, was Sie mit GPS tun müssen, ist dem Pfeil zu folgen: Pfeil nach oben heißt: Sie bewegen sich in Richtung Ziel. Pfeil nach links bedeutet: links halten; Pfeil nach rechts: rechts halten – jeweils so lange, bis der Pfeil wieder nach oben zeigt. Zusätzlich gibt Ihnen eine Kompassrose die Richtung (den Kurswinkel) an, in die Sie sich gerade bewegen. Mehr noch: In verschiedenen Datenfeldern werden weitere Infos angezeigt, wie z.B. der Name des Zielpunkts, der eingeschlagene Kurs oder die verbleibende Entfernung.

Eins gilt es dabei zu beachten: GPS kann Richtungen nur in Bezug auf Ihre augenblickliche Bewegungsrichtung angeben. Der Pfeil zeigt also nur zum Ziel, wenn Sie sich bewegen, im Stand kann er in die falsche Richtung weisen! Deshalb sollten Sie immer zunächst 5–10 Meter gehen und dann erst die angezeigte Richtung einschlagen. Eine Ausnahme bilden Geräte mit integriertem elektroni-

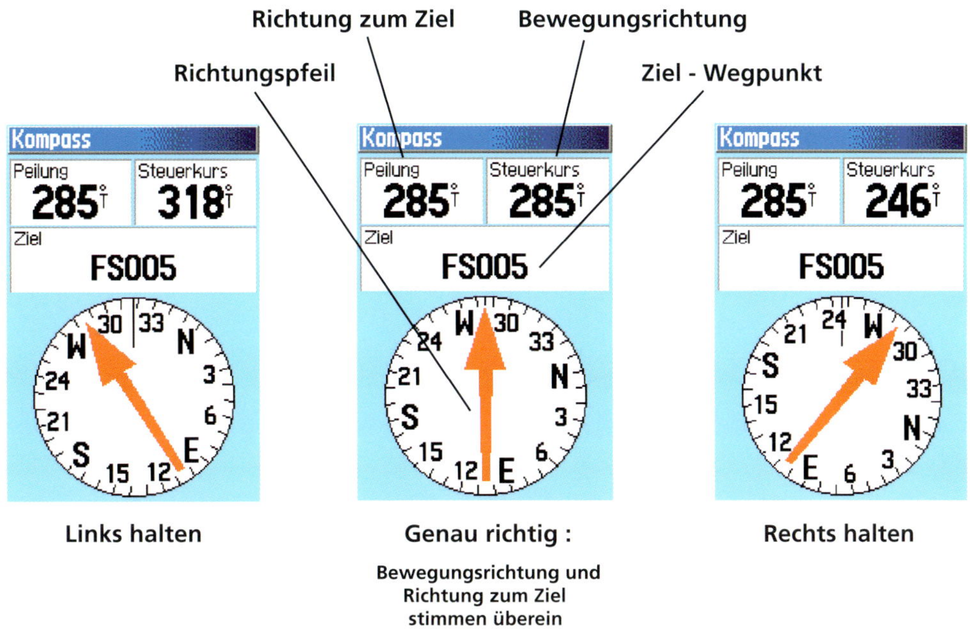

schen Kompass wie das Garmin »GPSmap 60CS« oder das Magellan »SporTrak Color«. Diese Geräte verwenden im Stand (oder wenn man sich sehr langsam bewegt) das Erdmagnetfeld statt der GPS-Signale, um die Richtung zum Ziel anzuzeigen.

Wissen wo's langgeht: Die Navigationsseite.

KURS IST NICHT GLEICH KURS

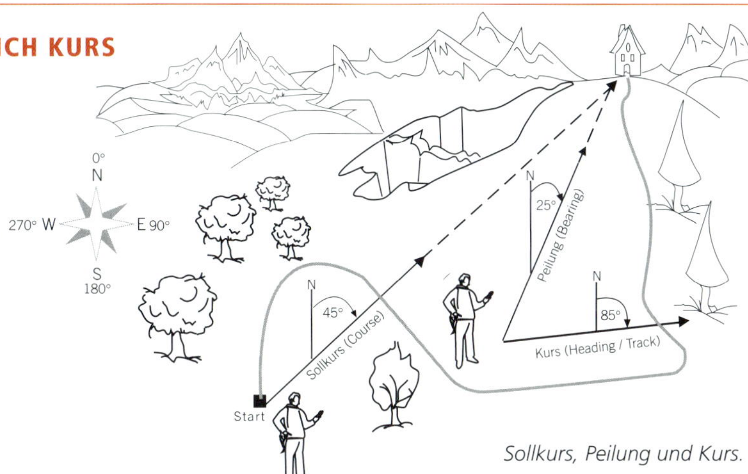

Sollkurs, Peilung und Kurs.

In den Datenfeldern auf der Navigationsseite kann man sich verschiedene Richtungen anzeigen lassen: Der **Sollkurs** (Course) gibt die Richtung (Luftlinie) vom Start- zum Zielpunkt an. Weicht man davon ab, z. B. um ein Hindernis zu umgehen, kommt die **Peilung** (Bearing) ins Spiel: Sie gibt die Richtung vom momentanen Standort zum Ziel an. Solange man sich auf dem Sollkurs bewegt, sind »Peilung« und Sollkurs identisch, sobald man davon abweicht nicht mehr. Schließlich kann man sich noch den **Kurs** (Heading, Track) angeben lassen, der die augenblickliche Gehrichtung anzeigt. Vorsicht: Die jeweiligen Winkel beziehen sich dabei auf die im Gerät eingestellte Nordrichtung (siehe Kapitel 9).

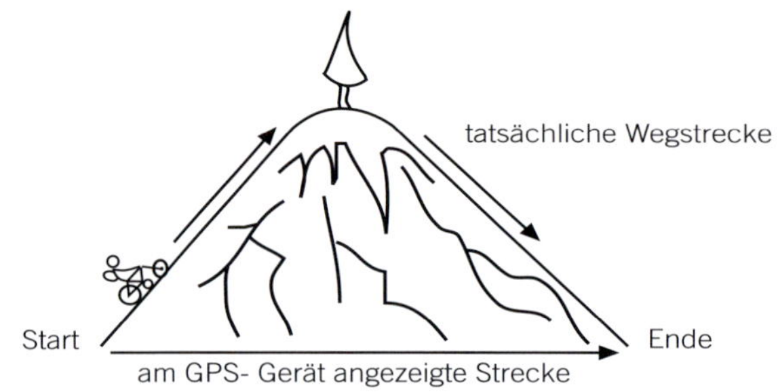

Der tatsächliche Weg ist , außer in ebenem Gelände, immer länger als die vom GPS angezeigte Strecke.

GPS STATT FAHRRADCOMPUTER?

Macht GPS am Lenker den Fahrradcomputer jetzt überflüssig? Nein! GPS-Geräte messen immer nur die Horizontalentfernung, die tatsächliche Entfernung ist aber geländebedingt fast immer länger. Deshalb wird auch die Geschwindigkeit – außer auf ebener Strecke – zu niedrig angezeigt. Der Fahrradcomputer hat also noch längst nicht ausgedient.

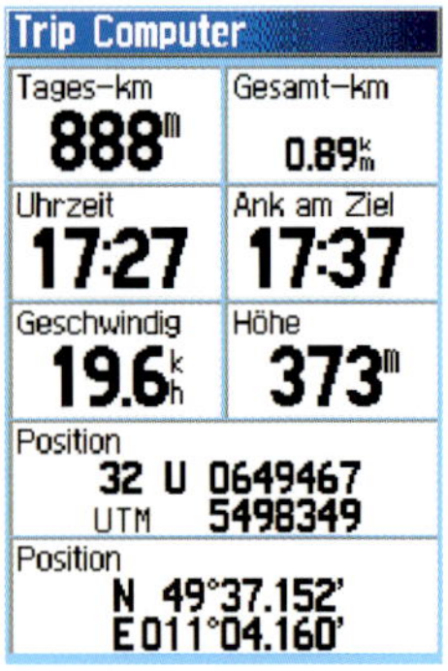

Positionsseite mit Trip Computer beim Garmin GPSmap 60CS.

Die Positionsseite

Diese Seite zeigt meist nicht nur die Koordinaten der momentanen Position an, sondern – vergleichbar einem Fahrradcomputer – eine Vielzahl von Reise- und Navigationsdaten wie Höhe, Zeit, Datum, Peilung, Kurs, Ankunftszeit etc. Bei vielen Geräten können die Datenfelder individuell belegt werden. Eine tabellarische Zusammenstellung der wichtigsten Daten und der je nach Gerät verwendeten Abkürzungen finden Sie im Anhang.

Das Hauptmenü

Im Hauptmenü sind die wichtigsten Funktionen und Daten zu finden, die nicht auf einer eigenen Seite dargestellt werden. Zum Beispiel alle Funktionen rund um Wegpunkte, Routen und Tracks. Oder das Setup, in dem die wichtigsten Geräteeinstellungen vorgenommen werden (siehe Kapitel 9). Übrigens: Das Hauptmenü kann bei den meisten Geräten mit einer Direkttaste (»Menü«) aufgerufen werden.

Umfangreich: Das Hauptmenü

Das Wegpunkt-Menü

Wer suchet, der findet: Im Wegpunkt-Menü werden alle gespeicherten Punkte abgelegt, bei Geräten mit Basis- oder geladener Karte auch die auf der Karte verzeichneten Orte und »Points of Interest« (POI). Oft lässt sich das Wegpunkt-Menü direkt mit einer eigenen Taste (»Find« o. Ä.) aufrufen. Im Wegpunkt-Menü kann man Punkte suchen, bearbeiten, löschen oder auch als Ziel auswählen.

Wer viele Punkte gespeichert hat, wird Wert auf eine durchdachte Suchfunktion legen. Während man bei einfachen Geräten einen Punkt oft mühsam aus einer alphabetischen Liste auswählen muss, bieten vor allem teurere Modelle ausgetüftelte, effektive Suchoptionen. So kann man, egal ob selbst gespeichert oder POI,

- Wegpunkte durch Eingabe des Namens (bzw. der ersten Buchstaben) aus einer Liste auswählen;

SCHNELLE WEGPUNKT-SUCHE

Besonders schnell findet man Wegpunkte, wenn man verschiedene Suchoptionen kombiniert (sofern es das Gerät zulässt). Sucht man z. B. eine bestimmte Hütte in der Nähe, lässt man sich zunächst alle Wegpunkte in der Umgebung anzeigen. Dann beschränkt man die Liste mit der Funktion »Suche nach Symbol« auf Hütten. So lassen sich sogar Punkte schnell finden, deren Namen man vergessen hat.

- sich alle Punkte in der Umgebung des momentanen Standorts anzeigen lassen. Bei manchen Garmin-Geräten lässt sich stattdessen über die Kartenseite auch ein beliebiger Ausgangspunkt wählen. Damit kann man z. B. sehr schnell Routen für ein bestimmtes Gebiet zusammenstellen;
- Wegpunkte nach Kategorien (Symbol) suchen, z. B. alle gespeicherten Hütten oder Zeltplätze;
- zuletzt benutzte Wegpunkte aufrufen, was vor allem bei häufig verwendeten Punkten praktisch ist. Auch kürzlich eingegebene oder abgespeicherte Wegpunkte stehen in dieser Liste;
- bei Geräten mit Karte beliebige Punkte mit dem Cursor auswählen und aufrufen.

Eins kann man nicht im Wegpunkt-Menü (außer bei einigen Garmin-Geräten): Wegpunkte speichern. Das Speichern erfolgt mit einer eigene Taste (Mark, Save) und ist jederzeit möglich, egal in welchem Menü man sich gerade befindet (siehe Abb. S. 39).

Im Hauptmenü findet man alle Funktionen rund um Wegpunkte, Routen und Tracks.

Mal wieder die schönste Morgenstimmung verschlafen? Mit GPS wäre das nicht passiert!

Das Routen-Menü

Routen bestehen aus mehreren Wegpunkten, die den Verlauf einer Tour festlegen und die mit dem GPS-Gerät nacheinander »angesteuert« werden. Die nötigen Funktionen, um Routen zu erstellen, zu speichern und für die Navigation auszuwählen (zu »aktivieren«), finden sich im Routen-Menü. Alle Routen lassen sich hier bearbeiten: Man kann Wegpunkte einfügen oder löschen, Routen umkehren (z. B. für den Rückweg) oder je nach Gerät sogar kopieren, was hilfreich ist, wenn man Teile einer Route für eine andere verwenden oder Varianten erstellen will. Ausführliches zu Routen finden Sie in Kapitel 11.

Das Track-Menü

Ist man mit einem (eingeschalteten) GPS-Gerät unterwegs, zeichnet es automatisch den zurückgelegten Weg als Track auf, d. h. als eine Art Spur, die auch auf der Kartenseite sichtbar wird. Im Track-Menü sind alle Funktionen zusammengefasst: Hier kann man Tracks aufzeichnen, speichern, für die Navigation aktivieren und einiges mehr. Mehr dazu im Kapitel 11.

INFO MAGELLAN

Magellan »SporTrak«- und »Meridian«-Geräte besitzen kein eigenes Track-Menü, die entsprechenden Funktionen sind im Routen-Menü und auf der Kartenseite zu finden.

Weitere Funktionen

Je nach Ausstattung und Preis finden sich im Hauptmenü noch eine Reihe (mehr oder weniger sinnvoller) Zusatzfunktionen.

ANNÄHERUNGSALARM

Mit dieser Option können beliebige Wegpunkte als Alarmpunkte aktiviert werden, z. B. als Hinweis auf Gefahrenstellen oder versteckte Abzweigungen. Sobald man sich dem Wegpunkt auf eine bestimmte, vorher eingegebene Distanz nähert, ertönt ein akustisches Alarmsignal.

SONNE UND MOND

Ein vor allem für Fotografen nützliches Gimmick, das die Auf- und Untergangszeiten von Sonne und Mond für jeden Punkt auf der Erde angibt, wobei man meist auch den Tag frei wählen kann. Einige Geräte zeigen den Stand von Sonne und Mond am Himmel sogar grafisch an.

ZUSATZFUNKTIONEN

Ebenfalls interessant können Wecker, Stoppuhr oder der Taschenrechner sein, der sich für die (rechnerische) Ermittlung geografischer Koordinaten aus der Karte verwenden lässt. Garmin-Geräte sind neuerdings sogar mit GPS-Games ausgestattet, die auf spielerische Weise mit GPS vertraut machen sollen.

Höhenmesser-Seite mit Barometer

Die Höhenmesser-/Barometerseite

Sofern das Gerät über Höhenmesser und Barometer verfügt, werden auf dieser Seite Höhe und Luftdruck angezeigt, oft sogar als Grafik. Die einzelnen Funktionen wurden bereits in Kapitel 3 behandelt.

Die Autobahnseite (Highway-Seite)

Autobahnseite

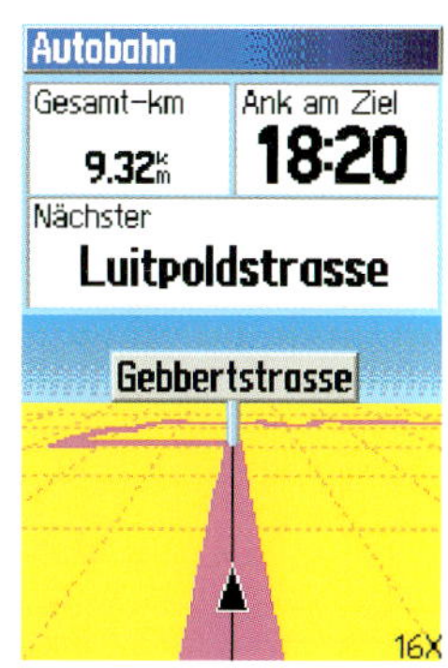

Dabei handelt es sich um eine spezielle Navigationsseite mit schematischer Straßenansicht, die vielen Geräten fehlt. Was nicht weiter schlimm ist, denn für Outdoor-Touren ist sie nicht erforderlich. Eine Route (oder ein Track), der man folgt, wird dabei als straßenartiger Korridor angezeigt (genau genommen der Sollkurs). Weicht man z. B. an einem Hindernis davon ab, rückt der »Korridor« zunehmend aus dem Display. Zurück zur »Straße« (d. h. auf den Sollkurs) kommt man dann nur mit Hilfe der Anzeige CGS (Course To Steer, auch To Course), die die direkte Richtung zur »Straße« angibt.

Die Autobahnseite eignet sich auf Outdoor-Touren allenfalls, um sich einem Ziel geradlinig zu nähern, z. B. wenn man eine baumlose Ebene, eine Steppe oder einen See per Kanu überqueren will.

5 GPS-Outdoor-Geräte

Nie war die Auswahl an GPS-Geräten für Outdoor-Touren größer. Allein beim Marktführer Garmin hat man die Wahl zwischen mehr als 20 Empfängern. Nicht nur Einsteigern fällt es da oft schwer, den Überblick zu behalten. Grund genug, alle Geräte, die derzeit in den Läden angeboten werden (Frühjahr 2005), in einem kurzen Überblick vorzustellen. Dabei fließen auch eigene Erfahrungen ein, die ich bei diversen Tests und Touren mit den jeweiligen Geräten sammeln konnte. Ergänzt wird das Kapitel durch Kauftipps sowie eine Übersichtstabelle mit den wichtigsten Daten im Anhang.

Garmin Geko 201

Handgeräte

Garmin

Garmin bietet mit Abstand die umfangreichste Auswahl an Geräten. In der eng abgestuften Palette kann man in jeder Preislage und für jede Anforderung den richtigen Empfänger finden. Allen Modellen gemeinsam sind die stimmige Ausstattung mit allen erforderlichen Navigationsfunktionen sowie die sehr übersichtliche, durchdachte Menüführung. Auch das Angebot an aufladbaren topografischen Karten wächst ständig, Deutschland und einige weitere Länder sind bereits erhältlich, Österreich und die Schweiz für Sommer 2005 angekündigt. Schade nur, dass Garmin im Outdoor-Bereich keine Modelle mit wechselbaren Speicherkarten anbietet.

GARMIN »GEKO«

Es dürfte wohl das derzeit kleinste und leichteste Handgerät auf dem Markt sein: das Garmin »Geko«. Kleiner als jedes Handy, wiegt der mit zwei Micro-Batterien bestückte Winzling nur rund 90 Gramm. Ideal für Gewichtsfetischisten, die dafür das kleine Display und die winzigen Tasten in Kauf nehmen. Zumal der »Kleine« in punkto Empfangsleistung mit teureren Geräten durchaus mithalten kann. Während »Geko 201« und »301« (inkl. Kompass und Höhenmesser) mit allen nötigen Navigationsfunktionen ausstaffiert sind, eignet sich das Grundmodell »101« mit eingeschränkten Funktionen und ohne PC-Anschluss eher für Geocaching (s. Lexikon).

GARMIN »ETREX«

Garmin eTrex Vista C

Die eTrex-Familie ist eine der erfolgreichsten GPS-Reihen. Kein Wunder, stellen die kompakten Modelle mit seitlichen Tasten doch einen guten Kompromiss aus Größe, Gewicht und akzeptabler Displaygröße dar, der gleichermaßen bei Wanderern wie Radfahrern ankommt. Einen günstigen Einstieg in die GPS-Navigation bieten die beiden zuverlässigen Grundmodelle »eTrex« und »eTrex Summit«, wobei das Modell »eTrex« allerdings nur eine Route speichern kann.

Die zweite eTrex-Generation ist bereits wesentlich vielseitiger: Das »Venture« besitzt eine Städtedatenbank, auf »Legend« und »Vista« (mit Kompass, Höhenmesser) können auch Karten geladen werden. Weitere Pluspunkte sind das hochauflösende Display und die dank Clickstick (einer Art Joystick, mit der man jedes Menü direkt anwählen kann) komfortablere Bedienung.

Seit Herbst 2004 sind die neuesten Sprösslinge der Familie erhältlich, »Legend C« und »Vista C« mit Farbdisplay, verbessertem Empfang und Autorouting. Eine USB-Schnittstelle sorgt für schnelle Übertragung von Karten und Daten vom/zum PC. Allerdings ist der Speicher mit 24 MB nach wie vor nicht allzu üppig.

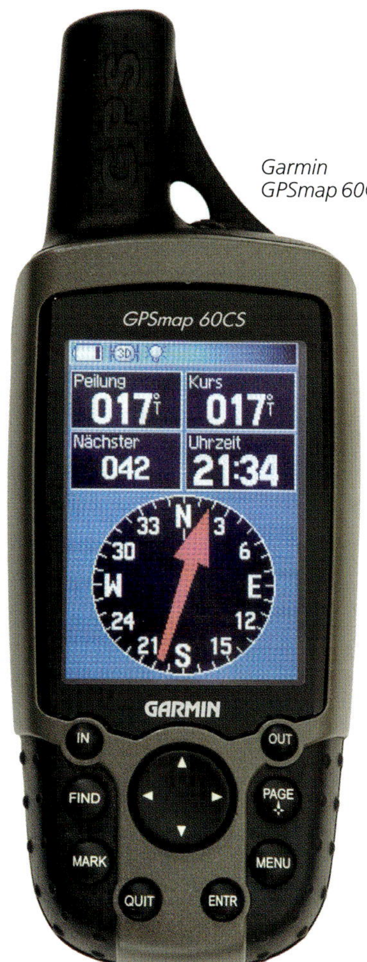

Garmin GPSmap 60CS

GARMIN GPSMAP 60

»GPSmap 60C« und »CS« waren die ersten Outdoor-Geräte von Garmin mit TFT-Farbdisplay, dem derzeit (Frühjahr 2005) besten Display auf dem Markt. Ebenfalls sehr empfangsstark, verfügen sie im Vergleich zu den ähnlich ausgestatteten »eTrex C«-Modellen über deutlich mehr Kartenspeicher (56 MB), ein größeres, etwas helleres Display und einen externen Antennenanschluss.

Weiterer Unterschied: »GPSmap 60«-Geräte besitzen neben dem USB- auch den üblichen seriellen PC-Anschluss, wichtig, wenn man das Gerät mit einem Handheld (PDA) verwenden will (siehe Kapitel 14). Inzwischen wurde die Reihe durch zwei sehr preisgünstige Modelle mit Graustufen-Display aufgestockt, das »GPS 60« mit Städtedatenbank und das routingfähige »GPSmap 60«.

Links:
Garmin GPSmap 76S

Rechts:
Garmin GPS 72

GARMIN »GPS 76« UND »GPSMAP 76«

Die derzeitigen Spitzenmodelle von Garmin, vor allem das »GPSmap 76C« und »76CS« (inkl. Kompass, Höhenmesser) mit Farbdisplay. Das Plus gegenüber den »GPSmap 60C/CS«-Modellen liegt im Mehr an Kartenspeicher: 115 MB reichen für aufladbare topografische Karten von ganz Bayern.

Vervollständigt wird die Serie durch drei preiswertere Empfänger mit Graustufen-Display, angefangen vom »GPS 76« mit Städtedatenbank bis zum »GPSmap 76S« mit Kompass, Höhenmesser und etwas mageren 24 MB Kartenspeicher. Alle Modelle sind schwimmfähig und liegen dank über dem Display angeordneter Tasten gut in der Hand.

GARMIN »GPS 12«

Ein in die Jahre gekommener Klassiker, der für seine Zuverlässigkeit geschätzt wird. Dem stehen einige Nachteile gegenüber: Tracks können nicht gespeichert werden, das einfache Schwarz-Weiß-Display besitzt nur eine geringe Auflösung. Auch ist der »Oldie« nicht WAAS/EGNOS-fähig.

GARMIN »GPS 72«

Der moderne Nachfolger des »GPS 12« mit gesteigertem Funktionsumfang, besserem Display und Städtedatenbank, ist auch dank des günstigen Preises (229 Euro) ein ideales Einsteigergerät, das keine Wünsche offen lässt. Der einzige Unterschied zum 70 Euro teureren »GPS 76« liegt im fehlenden externen Antennenanschluss und der etwas niedrigeren Displayauflösung.

GARMIN »GPS V DELUXE«

Das »GPS V« gilt als eines der ersten routingfähigen Handgeräte, bis heute wird es nur zusammen mit »MapSource City Select«-Straßenkarten verkauft. Nichtsdestotrotz macht es auch auf Trekking- und Radtouren eine gute Figur, bietet es doch einige Besonderheiten: Das Display kann von Hoch- auf Querformat umgestellt, die schwenkbare Antenne falls nötig für besseren Empfang abgenommen und per Kabel verlängert werden.

Garmin GPS V

Magellan

Wer eine Alternative zu Garmin sucht, liegt bei Magellan richtig, insbesondere wenn er ein Gerät mit Speicherkarten vorzieht. Das Angebot an aufladbaren Karten erreicht nicht ganz das von Garmin, demnächst soll aber eine topografische Karte für Deutschland erscheinen. Magellan bietet ebenfalls Modelle mit Farbdisplay an, die derzeit allerdings nicht die Qualität der Garmin-Bildschirme erreichen. Das soll sich mit zwei neuen »eXplorist«-Geräten ändern, die kürzlich erschienen sind.

Magellan eXplorist 200

MAGELLAN »EXPLORIST«

Magellans jüngste, sehr kompakte Geräteserie startete mit drei Modellen für Einsteiger, Gelegenheits-User und Geocacher (»eXplorist 100/200/300«). Pluspunkte sind die übersichtliche Menüführung und 14 Empfangskanäle, ein Novum bei Handgeräten, das z. B. auch im Wald sehr zuverlässig für Empfang sorgt. Leider fehlt ein PC-Anschluss, auch lassen sich die winzigen Tasten mit Handschuhen kaum bedienen. Erhältlich sind drei Modelle mit und ohne Basiskarte bzw. mit Kompass und Höhenmesser.

Seit kurzem sind drei weitere Geräte in den Läden (»explorist 400« bis »600«), zwei davon mit Farbbildschirm, die mit erweitertem Funktionsumfang, SD-Kartenspeicher und USB-PC-Anschluss auch gehobene Ansprüche befriedigen sollen.

Von links:
Magellan SporTrak Color
Magellan Meridian Color
Silva Atlas Pro

MAGELLAN »SPORTRAK«

Magellans empfangsstarke, wenn auch weniger kompakte Antwort auf den »eTrex« von Garmin. Die Reihe umfasst vier Modelle mit allen nötigen Navigationsfunktionen, angefangen vom Basismodell »SporTrak« mit Städtedatenbank bis zum routingfähigen Topmodell »SporTrak Color« mit Farbdisplay, Kompass und Kartenspeicher (23 MB). Leider ist die Menüführung wie bei der »Meridian«-Reihe etwas unübersichtlich, was durch eine pfiffige Hilfefunktion zumindest teilweise wettgemacht wird.

MAGELLAN »MERIDIAN«

Das Topmodell von Magellan mit vielen Finessen. Bei allen Geräten können SD-Karten als Karten- und Datenspeicher verwendet werden. Auch sonst lässt die Reihe kaum Wünsche offen: Großes Display, breite Tasten, alle Navigationsfunktionen an Bord. Alle Geräte sind routingfähig. Je nach Geldbeutel hat man die Wahl u. a. zwischen dem Meridian »Gold«, dem »Meridian Platinum« mit (kardanischem) Kompass und Höhenmesser und dem »Meridian Color« mit Farbdisplay. In punkto Empfang überzeugen alle. Die Geräte sind allerdings relativ groß!

Silva, Alan, Lowrance

Neben den beiden »Großen«, Garmin und Magellan, gibt es einige kleinere Hersteller mit durchaus interessanten Geräten. Die größte Auswahl kommt derzeit wohl vom schwedischen Hersteller Silva.

SILVA

Silva hat mit dem »Atlas« und »Atlas Pro« zwei leistungsstarke, aus einer Kooperation mit dem US-Hersteller Lowrance (s. u.) entstandene Geräte im Programm, die auf der »iFinder«-Reihe basieren. Im Unterschied zum »Atlas« besitzt das »Pro« ein feineres Display und ist wasserdicht.

Pfiffig: Beide Geräte lassen sich in zwei Einstellungen betreiben. Im »Easy Mode« stehen nur wenige Grundfunktionen zur Verfügung, was Neulingen den Einstieg erleichtert. Versierte User können im »Advanced Mode« die volle Bandbreite der GPS-Navigation nutzen. Daten lassen sich auch auf MMC- und SD-Speicherkarten ablegen. Sogar Straßenkarten, nicht aber topografische, sind auf MMC-Karte erhältlich (»FreedomMaps«). Ebenfalls interessant: der »Mulinavigator«, der selbst bei großer Kälte noch einsetzbar ist (laut Silva bis –25 °C), aber weder eine Kartenseite noch eine Trackback-Funktion (Track-Navigation zurück zum Ausgangspunkt) besitzt.

ALAN

Erst seit wenigen Jahren sind die Geräte von Alan auf dem Markt. Pluspunkte sind die günstigen Preise, gute Empfangsleistung und ein üppiger CF-Kartenspeicher für (Straßen-)Karten und Daten.

Allerdings, für Outdoor-Touren vermisst man »Trackback« und »Wegpunkt-Projektion« (nützlich bei Karten ohne Gitter, siehe Kapitel 11) ebenso wie eine Schnittstelle zu GPS-Planungsprogrammen für den PC (Touratech QV, Fugawi). Das »Map 600« ist im Gegensatz zum »Map 500« mit entsprechenden Karten routingfähig.

LOWRANCE

Obwohl sie in den USA einen guten Ruf genießen, sind die Empfänger von Lowrance bei uns kaum bekannt. Das liegt wohl auch daran, dass sie nur direkt beim deutschen Importeur erhältlich sind. Neben dem

Links: Alan Map 500
Rechts: Lowrance iFinder

»iFinder« und »iFinder Pro« (vergleichbar Silva »Atlas« und »Atlas Pro«) ist als weiteres Modell der »iFinder Hunt«, u. a. mit Kompass und Höhenmesser sowie einem größeren Datenspeicher, erhältlich.

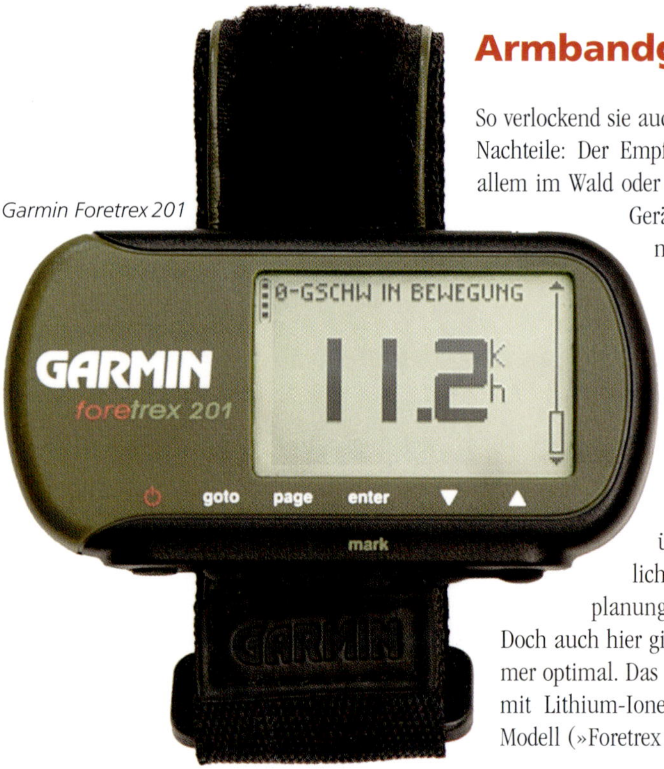

Garmin Foretrex 201

Armbandgeräte

So verlockend sie auch sein mögen: Armbandgeräte haben gewisse Nachteile: Der Empfang am Handgelenk ist nicht optimal, vor allem im Wald oder bei Abschattung. In der Praxis hält man das Gerät doch oft in der Hand, vor allem bei Dauernavigation.

GARMIN »FORETREX«

In punkto Leistung einem Handgerät am ehesten ebenbürtig ist das Garmin »Foretrex«, das allerdings recht groß ist. De facto erhält man ein vollwertiges, erstaunlich empfangsstarkes GPS-Gerät mit allen Navigationsarten, übersichtlicher Menüführung und wesentlich umfangreicheren Möglichkeiten zur Tourenplanung am PC als der Konkurrent »X9« von Suunto. Doch auch hier gilt: Am Handgelenk ist der Empfang nicht immer optimal. Das »Foretrex« wird in zwei Versionen angeboten, mit Lithium-Ionen-Akku (»Foretrex 201«) oder als Batterie-Modell (»Foretrex 101«).

GARMIN »FORERUNNER«

Die »Forerunner«-Reihe ist nicht für die Navigation, sondern als Trainingsgerät für Jogger, Inline-Skater oder Radfahrer gedacht, das Geschwindigkeit und Strecke per GPS erfasst. Weitere Trainingsdaten wie Kalorienverbrauch oder Herzfrequenz (»Forerunner 301«) können mit einer kostenlosen Software ausgewertet werden. Erhältlich als Batterie- und als Akku-Modell.

SUUNTO »X9«

Die »X9« ist eine Multifunktionsuhr, die neben Höhenmesser, Barometer und Kompass auch einen GPS-Empfänger besitzt. Eigentlich hat sie alle Funktionen eines leistungsfähigen GPS-Geräts, von der Trackaufzeichnung bis zur Routennavigation, dazu eine Software für die Tourenplanung mit selbst gescannten Karten.

Leider bleibt die Empfangsleistung spürbar hinter Handgeräten zurück: der Preis für die geringe Größe. Zudem erschwert das Fehlen einer Kartenseite und eines ausgeprägten

Richtungszeigers die Navigation. Für den Notfall ausreichend, für ernsthafte GPS-Navigation, auch aufgrund der begrenzten Akkulaufzeit (bei Dauerbetrieb 4 Stunden), aber ungeeignet.

Suunto X9

Kauftipps

Die wichtigsten Geräte kennen Sie jetzt, über Unterschiede in der Ausstattung wissen Sie ebenfalls Bescheid. Trotzdem gibt es vielleicht noch einige grundsätzliche Fragen, die Sie sich vielleicht beim Kauf stellen:

GROSS ODER KLEIN?

Eine Frage, die sich nicht leicht beantworten lässt: Grammfuchser, die Wert auf geringes Gewicht und kleine Abmessungen legen, werden mit einem kleinen Gerät wie dem Garmin »Geko« glücklich. Allerdings: Angesichts der winzigen Tasten muss man Abstriche bei der Bedienung machen, vor allem mit Handschuhen. Hier und im wesentlich übersichtlicheren, besser ablesbaren Display liegen die Pluspunkte großer Geräte, wie der Garmin »GPSmap 76«-Reihe oder den »Meridians« von Magellan. Was besonders für die Kartenseite von Vorteil ist: Bei gleicher Zoomstufe erhält man einen größeren Ausschnitt.

Vorteile, für die man vielleicht etwas mehr Gewicht (bis ca. 250 Gramm) und größere »Maße« durchaus in Kauf nimmt. Zumal selbst diese Geräte nicht größer (wenn auch etwas »dicker«) als eine Schokoladentafel sind und in jede Jackentasche passen.

Falls Sie sich nicht entscheiden können: Einen gelungenen Kompromiss aus niedrigem Gewicht, noch kompakten Abmessungen und ausreichender Display-Größe bieten Modelle wie die Garmin »eTrex«- oder die Magellan »eXplorist«-Reihe.

Das größte und das kleinste Garmin (GPSmap 76S und Gecko 201)

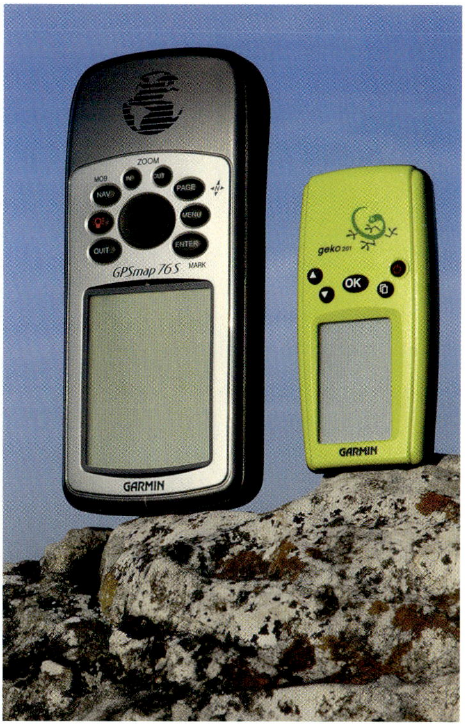

WAS MUSS EIN GPS-GERÄT AUF JEDEN FALL KÖNNEN?

Damit Sie für jede Tour gewappnet sind, egal ob im heimatlichen Mittelgebirge oder im Himalaya, sollte Ihr Gerät

- GoTo- und Routen-Navigation besitzen (siehe Kapitel 11),
- Tracks aufzeichnen und für die Navigation (»BackTrack«) verwenden können (siehe Kapitel 11),
- über »Wegpunkt-Projektion« verfügen, um auch Karten ohne Gitter für die GPS-Navigation nutzen zu können (siehe Kapitel 10),
- eine Direkttaste zum Markieren von Wegpunkten besitzen.

Zuerst von Garmin erhältlich: Topografische Deutschlandkarte zum Laden auf GPS-Geräte.

WELCHES GERÄT FÜR WELCHE TOUR?

Ganz einfach: Mit jedem Empfänger kann man alles machen, egal ob Wandern, Trekking, Kanufahren, Bergsteigen, Ski- und Schneeschuh-, Rad- oder Mountainbike-Touren. Allerdings: Vor allem bei Radtouren bringt ein größeres Display, besonders bei kartenfähigen Geräten, mehr Überblick. Kanu- und Kajakfahrer sollten auf ein schwimmfähiges Modell achten.

GERÄT FÜR AUFLADBARE KARTEN: JA ODER NEIN?

Wer die Vorteile aufladbarer Karten nutzen will, braucht ein kartenfähiges Gerät. Was sich durchaus lohnt: Inzwischen gibt es die ersten topografischen Karten für Garmin- bzw. Magellan-Geräte, die die Navigation mit GPS auch auf Outdoor-Touren sehr komfortabel machen, kann man doch seine Position direkt auf der Karte verfolgen (siehe Kapitel 13).

Unbedingt erforderlich sind sie aber nicht. Jede Tour, egal ob zu Fuß oder mit dem Rad, muss ohnehin vorher geplant und als Route eingegeben werden. Der kann man auch ohne Karte im Gerät folgen. Reines Wandern oder Fahren nur mit der GPS-Karte (ohne Route oder Track!) ist aufgrund des eng begrenzten Display-Ausschnitts zumindest sehr mühsam. Und: Aufladbare Karten gibt es bisher nur von einigen europäischen Ländern, den USA und Kanada. Wer sein Gerät vor allem in entlegenen Regionen einsetzen will, egal ob im Himalaya oder in Patagonien, braucht kein kartenfähiges Gerät. Zumal Modelle ohne Kartenspeicher – bei gleichem Funktionsumfang – bis zu 150 Euro günstiger sind.

GERÄT OHNE PC-SCHNITTSTELLE?

Ein PC-Anschluss ist heute eigentlich Standard. Nur einige wenige Einsteigermodelle wie das Garmin »Geko 101« oder manche »eXplorist«-Modelle von Magellan sind ohne. Ein klarer

Nachteil, denn dadurch fehlt die Möglichkeit zur Tourenplanung am PC (siehe Kapitel 12). Auch Software-Updates sind nicht möglich. Aus meiner Sicht ist ein Modell mit PC-Anschluss die bessere Wahl: Sie müssen ihn ja nicht nutzen, haben aber – sollten Sie doch Spaß an der Sache finden – immer die Möglichkeit dazu.

GARMIN ODER MAGELLAN ODER WEDER NOCH?

Egal ob Garmin, Magellan oder Silva, zwischen den Geräten der verschiedenen Hersteller bestehen, was die Funktionen angeht, keine großen Unterschiede. Einzige Ausnahme: Die Track-Navigation.

Hier hat man die Wahl zwischen dem System von Garmin- und neuerdings auch Magellan »eXplorist«-Modellen, bei denen Trackaufzeichnungen auch als Tracks gespeichert und zur Navigation aufgerufen werden können. Alle anderen Magellan- sowie Lowrance- und Silva »Atlas«-Empfänger wandeln Tracks beim Speichern bzw. für die Navigation in Routen um. Die jeweiligen Vor- und Nachteile sind in Kapitel 11 zusammengestellt.

Unterschiede gibt es auch bei aufladbaren Karten: Garmin und, knapp dahinter, Magellan bieten die größte Auswahl und – im Gegensatz zu anderen Herstellern – auch topografische Karten (Kapitel 13). Apropos aufladbare Karten: Besonders vielseitig sind hier Modelle mit Speicherkarten, wie sie von Magellan, Alan, Silva und Lowrance angeboten werden (Kapitel 3).

Beim Kauf sollten Sie jedoch nicht nur auf die Funktionen des Geräts achten, sondern auch die Möglichkeiten, die für die Tourenplanung am PC bestehen. Die umfangreichsten und komfortabelsten Möglichkeiten bietet sicherlich Garmin. Ausführliches dazu in den Kapiteln 13 und 14.

WAS KOSTET DER SPASS?

Bei GPS-Geräten bestehen erhebliche Preisdifferenzen. Die Spanne reicht im Outdoor-Bereich von ca. 150 Euro für Einsteigergeräte bis zu rund 750 Euro für Spitzenmodelle.

Muss es unbedingt ein teueres Gerät sein? Nein: Wenn Sie auf aufladbare Karten verzichten können, bekommen Sie bereits ab ca. 150 Euro Modelle wie das Garmin »Geko 201« oder das Magellan »SporTrak«, die alle nötigen Funktionen besitzen, auch für anspruchsvollste Touren. Selbst Empfänger mit Kartenspeicher sind schon vergleichsweise günstig zu haben. Der Spaß beginnt bei ca. 220 Euro (z. B. Garmin »Legend«, Alan »Map 500«, Silva »Atlas«). Für ein Modell mit Farbbildschirm müssen Sie 400–700 Euro locker machen, je nach Kartenspeichergröße und Zusatzausstattung.

Die meisten Hersteller bieten verschiedene GPS-Reihen mit nach Ausstattung und Preis gestaffelten Modellen an, die sich je nachdem in der Speichergröße für aufladbare Karten, im Displaytyp oder in Zusatzfunktionen wie Kompass und Höhenmesser unterscheiden (z. B. Garmin »GPSmap 60«-, Magellan »Meridian«-Modelle). Wer auf das eine oder andere Ausstattungsmerkmal verzichten kann, spart viel Geld. Beispiel Garmin: Das leistungsfähige GPSmap 60C gibt's für stolze 619 Euro. Wer auf das Farbdisplay verzichtet und den kleineren Kartenspeicher in Kauf nimmt (24 statt 56 MB), spart 220 Euro!

Auch mit einem preisgünstigen Gerät ist man für jede Tour gewappnet, im Himalaya wie im heimischen Mittelgebirge.

WAS TUN BEIM KAUF?

Klarer Fall: Am besten ist es, wenn Sie Ihr Traumgerät vorher schon einmal ausprobiert haben. Das sollten Sie unbedingt versuchen. Wo? Beispielsweise stellen manche Läden Leihgeräte zur Verfügung. Eine gute Gelegenheit, an verschiedenen Modellen zu schnuppern, bilden auch GPS-Kurse, wie sie Läden, Wandervereine oder sogar Volkshochschulen anbieten. Vielleicht besitzt auch jemand aus Ihrem Freundeskreis ein Gerät. In manchen Ferienorten besteht ebenfalls die Möglichkeit, Geräte auszuleihen.

Auf jeden Fall sollten Sie sich im Laden alles ausführlich erklären lassen. Im Demo-Modus, in den sich jedes Gerät schalten lässt, kann man die wichtigsten Funktionen auch ohne Satellitenempfang ausprobieren. Achten Sie auf die Anordnung und Bedienbarkeit der Tasten (auch mit Handschuhen), eine möglichst einfache, durchdachte Menüführung und die Gestaltung des Displays. »Spielen« Sie ruhig etwas mit dem Gerät, nur so können Sie herausfinden, ob Sie mit der Bedienung klarkommen.

Karten & Koordinaten

Vorherige Seite: Koordinaten bilden das Bindeglied zwischen GPS-Gerät und Karte

6 Koordinaten und Kartengitter

Sie wissen es längst: Mit einem GPS-Gerät können Sie jederzeit Ihre Position bestimmen. Kaum eingeschaltet, erscheinen auf dem Display zwei geheimnisvolle, übereinander stehende Folgen von Ziffern und Buchstaben, z. B.

50°35'24"N		32U 0651718	
	oder		die Koordinaten Ihres Standortes.
15°45'25"E		5235985	

Koordinaten beschreiben die genaue Lage eines Punktes auf der Erdoberfläche. Doch die Koordinaten im Display Ihres GPS-Geräts allein helfen Ihnen noch nicht viel weiter: Erst wenn Sie diese in eine Karte übertragen, wissen Sie, wo Sie gerade sind. Dazu ist auf Karten ein entsprechendes Koordinatensystem aufgedruckt, das Kartengitter.

Umgekehrt können Sie natürlich auch die Koordinaten eines beliebigen Punktes in der Karte bestimmen, z. B. einer Hütte, zu der Sie unterwegs sind, sie dann ins GPS-Gerät eingeben und sich dorthin führen lassen. Die Koordinaten fungieren als Bindeglied zwischen GPS-Gerät, Karte und Gelände. Sie bilden die Grundlage der GPS-Navigation. Grundkenntnisse zu Koordinatensystemen bzw. Kartengittern sind deshalb unbedingt erforderlich.

Kartengitter (Koordinatensysteme)

Die einfachste Form eines Koordinatensystems ist das XY-Koordinatensystem, das vielen von uns noch aus der Schule bekannt ist. Die Lage eines Punktes wird durch ein Zahlenpaar festgelegt: den Rechtswert auf der X-Achse und den Hochwert auf der Y-Achse, (z. B. 5,8). Allerdings ist es nicht das einzige Koordinatensystem: Je nachdem, wie man z. B. die Achsen anordnet und welche Einheiten (Unterteilung) man wählt, gibt es viele weitere. Um die Lage eines Punktes auf der Erdoberfläche bzw. auf einer Karte festzulegen, werden zwei Arten von Koordinatensystemen (Kartengittern) verwendet:

- das **geografische Gitter** mit Breiten- und Längengraden, bekannt vom Atlas oder Globus;
- **geodätische Gitter** mit rechtwinkligen Achsen wie z. B. das UTM-Gitter, das heute auf vielen Karten aufgedruckt und Standard für die GPS-Navigation ist. Die Angaben erfolgen nicht wie beim geografischen Gitter in Grad, sondern in Metern (bzw. Kilometern).

Das geografische Gitter

Zweifelsohne das bekannteste Koordinatensystem ist das geografische Gitter, bei dem ein Netz aus 180 Breiten- und 360 Längengraden die Erdkugel überzieht. Es hat seine Ursprünge in der Antike, wo es bereits zur Seefahrt im Mittelmeer verwendet wurde. Die **Breitengrade** (Parallelkreise) verlaufen dabei parallel zum Äquator in Ost-West-Richtung und haben stets den gleich Abstand von rund 111 Kilometern. Ihr Umfang nimmt dagegen vom Äquator zu den Polen hin ab.

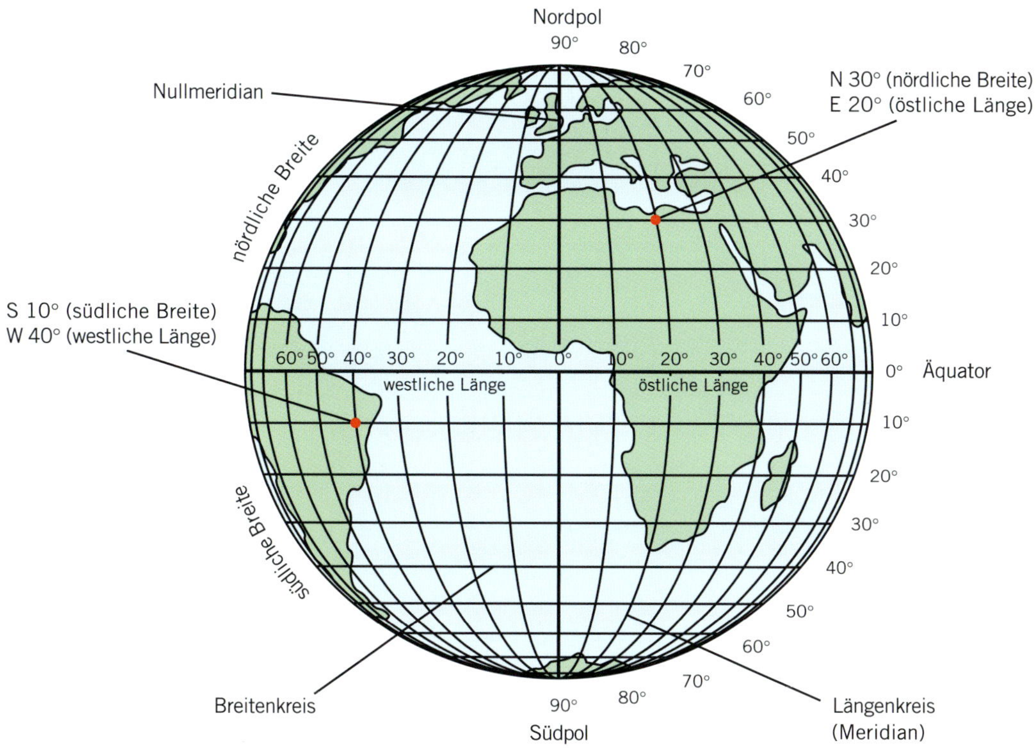

Das geografische Gitter (Netz)

Beginnend am Äquator, dem Breitengrad 0, werden in Richtung zu den Polen jeweils 90 Breitengrade nach Norden und nach Süden gezählt. Demzufolge spricht man von nördlicher bzw. südlicher Breite, erkennbar am Kürzel »N« bzw. »S« (siehe Abb.). Die Pole liegen jeweils bei 90 Grad nördlicher bzw. südlicher Breite.

Die **Längengrade**, auch als Meridiane bezeichnet, verlaufen ausgehend von den geografischen Polen in Nord-Süd-Richtung. Sie schneiden den Äquator und alle übrigen Breitengrade im rechten Winkel. Im Unterschied zu diesen ist der Umfang der Längengrade immer gleich, nicht aber der Abstand: Er geht an den Polen – wo alle Längengrade zusammenlaufen – gegen null, am Äquator ist er am größten (rund 111 Kilometer). Die »Maschen« des geografischen Netzes bilden also keine Rechtecke, sondern Trapeze, die umso schmaler werden, je näher sie den Polen liegen.

Als Nullmeridian legte man 1883 willkürlich den Längengrad durch die ehemalige Sternwarte von Greenwich in Südengland fest. Ausgehend davon werden jeweils 180 Längengrade nach Osten und nach Westen gezählt und entsprechend mit »E« (East, englisch für Ost) bzw. »W« (West) bezeichnet. Jeder Längengrad mit Ausnahme des Nullmeridians und des 180., die sich gegenüber liegen, tritt damit zweimal auf. Der 180. Längengrad bildet übrigens von politisch bedingten Abweichungen abgesehen die Datumsgrenze.

Furt gefunden! Mit den richtigen Koordinanten kein Problem.

GEOGRAFISCHE KOORDINATEN

Kennt man die geografische Breite und die Länge eines Punktes, kennt man auch seine genaue Lage auf der Erdkugel. Die Koordinaten können dabei auf drei unterschiedliche Arten angegeben werden, abhängig davon, wie man jedes Grad für genauere Angaben weiter unterteilt. Alle drei Schreibweisen lassen sich auch am GPS-Gerät einstellen (siehe Kapitel 9, Abschnitt »Setup«). In der Regel wird zuerst die Breite genannt:

- Angabe in **Dezimalgrad** (Kartengitter »hddd.dddd°« im GPS-Gerät), ähnlich wie bei Entfernungen, wo ein Meter dezimal in Zentimeter und Millimeter unterteilt wird. Beispiel: 47,42142°N; 010,98637°E.
- Angabe in **Grad, Dezimalminuten** (»hddd°mm.mmm'«), die verbreitetste Form, vor allem auf Karten. Ein Grad entspricht dabei 60 Minuten (»'«), vergleichbar einer Stunde, die in 60 Minuten unterteilt wird. Beispiel: 47°25,285'N; 010°59,182'E.
- Angabe in **Grad, Minuten, Dezimalsekunden** (»hddd°mm'ss.s"«), wo 60 Sekunden (»"«) wie bei der Uhr einer Minute entsprechen. Beispiel: 47°25'17,1"N; 010°59'10,9"E.

TIPP

Beim Eingeben geografischer Koordinaten ins GPS-Gerät unbedingt auf die richtige Hemisphäre, also N(ord) oder S(üd) bzw. E (Ost) oder W(est) achten!

Alle drei Angaben lassen sich natürlich umrechnen (siehe Anhang). Einfacher geht's mit GPS-Gerät. Beispielsweise können Sie Dezimalgrad ins Gerät eingeben, anschließend das Kartengitter im Setup (siehe Kapitel 9) auf »Grad, Dezimalminuten« oder »Grad, Minuten, Dezimalsekunden« umstellen und schon werden alle Positionen entsprechend angezeigt.

Geodätische Gitter

Das geografische Gitter hat für die Praxis einige Nachteile. So ist z. B. der Abstand der Längengrade nicht einheitlich, er nimmt vom Äquator zu den Polen hin ab. Die trapezförmigen »Maschen« des Netzes erschweren das Ablesen bzw. Eintragen von Koordinaten.

Um diese Nachteile zu umgehen, wurden verschiedene rechtwinklig-ebene Koordinatensysteme entwickelt, auch geodätische Gitter genannt. Das Besondere: Ihre Linien stehen in stets gleichem Abstand senkrecht aufeinander, bilden also ein Gitter aus immer gleich großen Quadraten. Der Abstand zwischen den Gitterlinien wird – was beim geografischen Netz nicht möglich wäre – in Kilometern oder Metern angegeben. In einem solchen Gitter lassen sich nicht nur sehr leicht Positionen bestimmen, sondern auch Entfernungen messen.

Doch es besteht ein weiterer Unterschied zum geografischen Gitter: Weltweit gibt es nicht nur ein, sondern eine Vielzahl verschiedener geodätischer Gitter. Viele Länder haben ihr eigenes, lokales Gitter erstellt. In Deutschland war z. B. lange Zeit das Gauß-Krüger-Gitter gebräuchlich, in Österreich das Bundesmeldenetz. Abgelöst wurden bzw. werden sie durch das weltweit gültige UTM-Gitter (**U**niversal-**T**ransverse-**M**ercator-Grid), dem internationalen Standard für die GPS-Navigation, das bereits auf vielen Karten aufgedruckt ist. Im Folgenden wird es ausführlich behandelt.

Das UTM-Gitter

Eine Karte herzustellen ist keine einfache Angelegenheit, muss man dazu doch die dreidimensionale, gewölbte Oberfläche der Erde auf eine zweidimensionale Fläche (die Karte) übertragen (»projizieren«). Das Problem: Es kommt dabei immer zu Verzerrungen. Das lässt sich leicht an einer Mandarinenschale veranschaulichen, die man in einem Stück abgeschält hat. Will man sie flach ausbreiten, zerreißt sie. Die Schale bildet keine geschlossene Oberfläche mehr.

Nächste Seite: Weltweit gültig: Das UTM-Gitter, der Standart für die GPS-Navigation.

Ähnlich verhält es sich bei der Projektion der Erdoberfläche auf eine ebene Karte. Optimalerweise wären auf einer Karte Winkel, Entfernungen und Flächen korrekt wiedergegeben, was aber nicht möglich ist. Weil bei topografischen Karten Winkel korrekt dargestellt werden sollen (»winkeltreue Karten«), sind deshalb Flächen und Entfernungen immer etwas verzerrt.

»Komisch«, werden Sie vielleicht denken, »ist mir noch gar nicht aufgefallen.« Kein Wunder, die Abweichungen sind so gering, dass sie sich in der Praxis nicht auswirken. Der Grund: Die Erde wird nicht in einem Stück, sondern abschnittsweise projiziert, sozusagen in kleinen »Häppchen«.

KARTENPROJEKTION ANSCHAULICH GEMACHT

Die Kartenprojektion ist eine komplizierte Angelegenheit. Wer mehr darüber wissen will: Viele Atlanten enthalten – meist im hinteren Teil – einen anschaulichen Überblick verschiedener Kartenprojektionen.

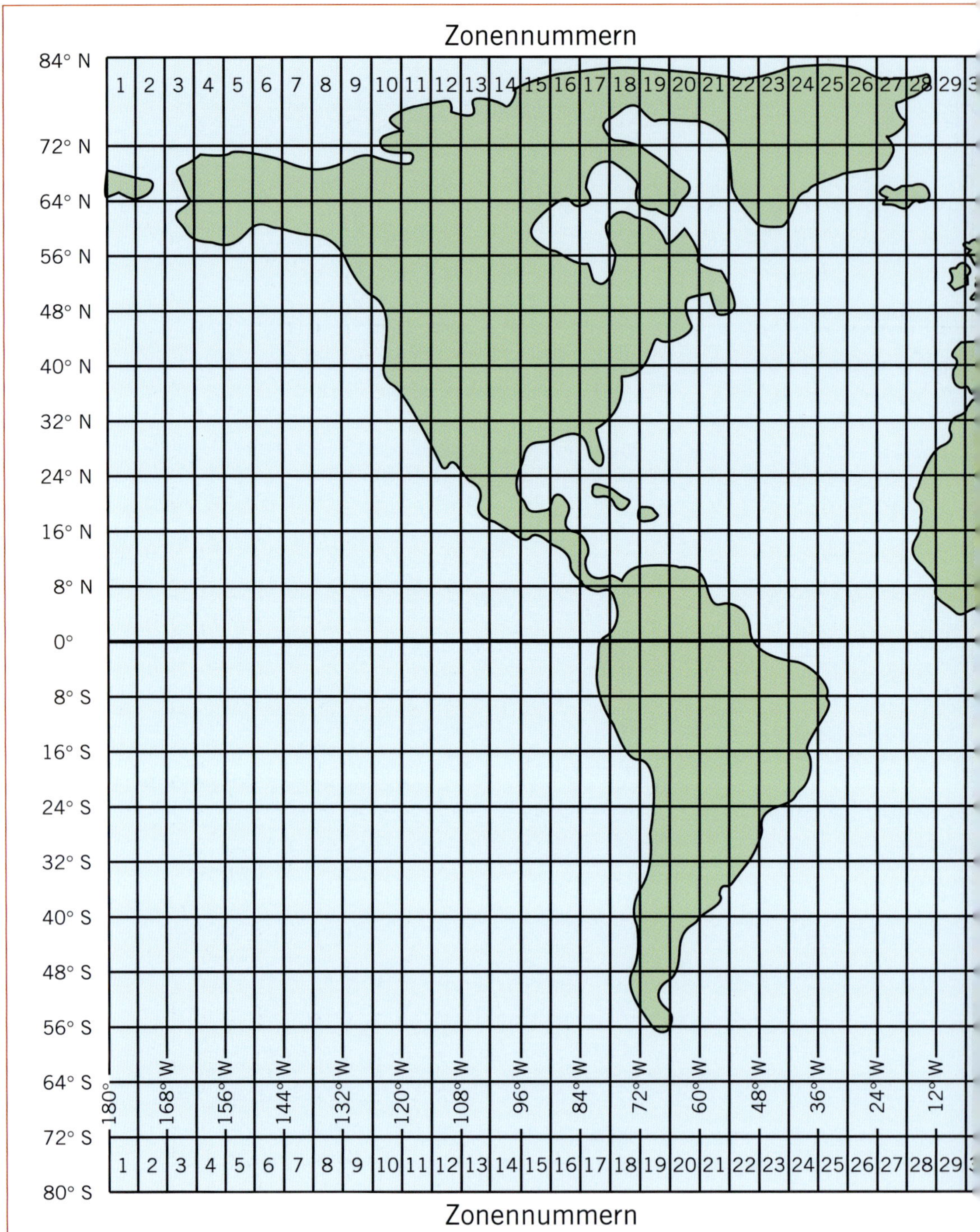
Zonennummern
84° N
72° N
64° N
56° N
48° N
40° N
32° N
24° N
16° N
8° N
0°
8° S
16° S
24° S
32° S
40° S
48° S
56° S
64° S
72° S
80° S
1 2 3 4 5 6 7 8 9 10 11 12 13 14 15 16 17 18 19 20 21 22 23 24 25 26 27 28 29
180°
168° W
156° W
144° W
132° W
120° W
108° W
96° W
84° W
72° W
60° W
48° W
36° W
24° W
12° W
1 2 3 4 5 6 7 8 9 10 11 12 13 14 15 16 17 18 19 20 21 22 23 24 25 26 27 28 29
Zonennummern

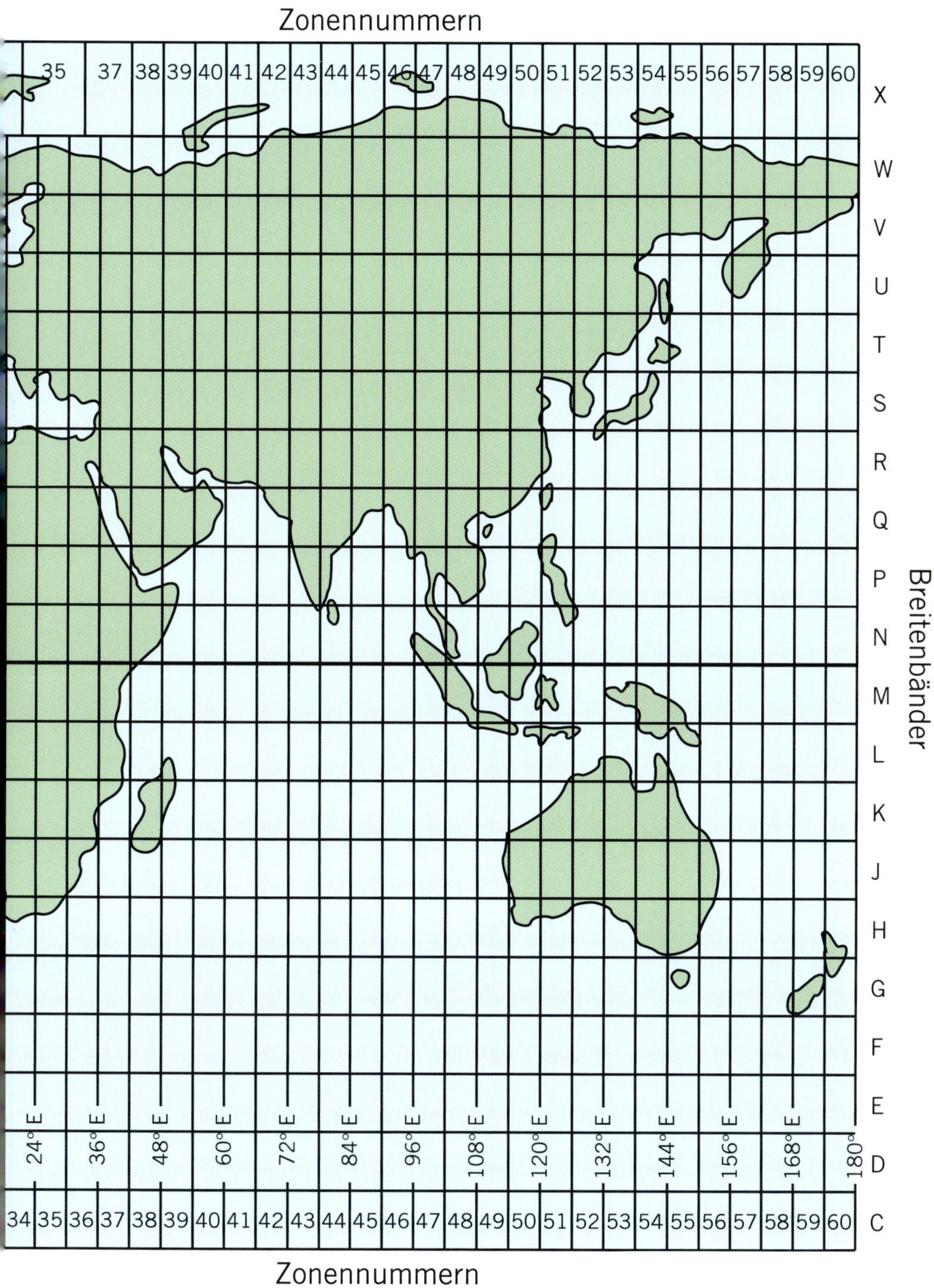
Zonennummern
35 37 38 39 40 41 42 43 44 45 46 47 48 49 50 51 52 53 54 55 56 57 58 59 60
X W V U T S R Q P N M L K J H G F E D C
Breitenbänder
24° E 36° E 48° E 60° E 72° E 84° E 96° E 108° E 120° E 132° E 144° E 156° E 168° E 180°
34 35 36 37 38 39 40 41 42 43 44 45 46 47 48 49 50 51 52 53 54 55 56 57 58 59 60
Zonennummern

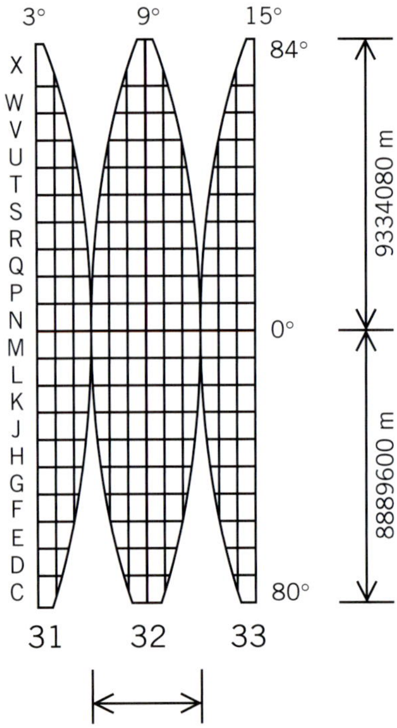

UTM-Gitter: Meridianstreifen

Im Falle der UTM-Projektion gleichen diese »Häppchen« den Stücken einer Mandarine oder Apfelsine. Man unterteilt die Erdoberfläche in 60 in Nord-Süd-Richtung verlaufende Meridianstreifen (**Zonen**), die genau 6 Längengrade umfassen. Die Mittel- oder Hauptmeridiane jeder Zone liegen dabei jeweils bei 3°, 9°, 15° usw. östlicher bzw. westlicher Länge. Alle Zonen werden beginnend am 180. Längengrad nach Osten durchlaufend nummeriert. Die Zone 1 erstreckt sich also zwischen 180°W und 174°W, ihr Mittelmeridian liegt bei 177°W. Alle Zonen werden zwischen 80°S und 84°N durch 20 horizontale Breitenbänder unterteilt, die jeweils 8° umfassen und von Süd nach Nord mit Großbuchstaben von C bis X bezeichnet sind. I und O fehlen, um Verwechslungen mit 1 und 0 zu vermeiden. Die Polregionen nördlich von 84°N und südlich von 80°S werden dabei ausgenommen, weil die Verzerrungen zu groß wären. Auf diese Weise entstehen insgesamt 1197 Zonenfelder, die durch die Zonennummer und den Buchstaben des Breitenbandes genau bestimmt sind wie z. B. 32 U.

Am Buchstaben lässt sich auch erkennen, ob ein Zonenfeld auf der Süd- oder Nordhalbkugel liegt: Felder zwischen C und M befinden sich südlich, Felder zwischen N und X nördlich des Äquators. Deutschland liegt größtenteils in den Zonenfeldern 32 U und 33 U (mit den Hauptmeridianen 9°E bzw. 15°E) mit kleinen Anteilen an den Zonenfeldern 31 U, 32 T und 33 T.

Verteilung der UTM-Zonenfelder in Deutschland

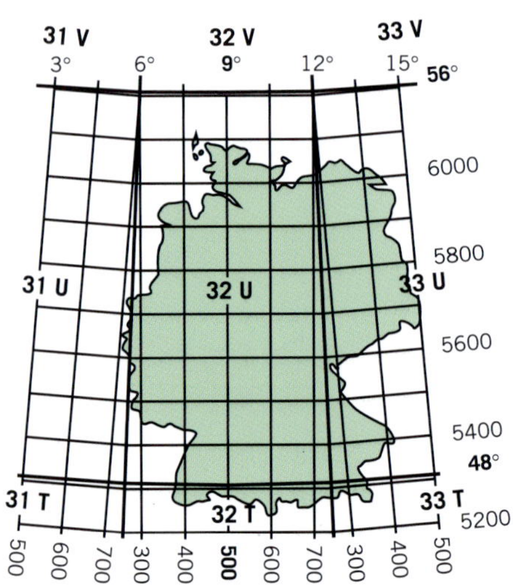

UTM-KOORDINATEN

Auch was die Koordinaten angeht, bestehen wesentliche Unterschiede zwischen dem UTM- und dem geografischen Gitter. Letzteres hat nur *einen* Ursprung, den Schnittpunkt von Äqua-

»UNREGELMÄSSIGKEITEN« IM UTM-GITTER

Das UTM-Gitter enthält einige Besonderheiten (siehe Abb. S. 66/67). So ist das Breitenband »X« 12° statt 8° breit, um Amerika und Asien vollständig mit einzubeziehen. Auch wurde das Zonenfeld 32 V verbreitert, um Südwest-Norwegen ganz abzudecken. Weitere Abweichungen im Gebiet Spitzbergens führen dazu, dass die Felder 32 X, 34 X und 36 X entfallen. Das ist auch der Grund, warum das UTM-Gitter nur aus 1197 statt wie erwartet aus 1200 Zonenfeldern besteht.

tor und Nullmeridian. Anders das UTM-Gitter: Hier besitzt *jede* Zone ihren eigenen Bezugspunkt, den Schnittpunkt des Mittelmeridians mit dem Äquator. Der **Rechts-** oder **Ostwert E** (»Easting«) gibt dabei den Abstand eines Punktes vom Mittelmeridian in Metern an, der **Hoch-** oder **Nordwert N** (»Northing«) den Abstand vom Äquator. Im Gegensatz zum geografischen Gitter werden die Werte nur in *eine* Richtung gezählt, der Rechtswert von West nach Ost (»links nach rechts«), der Hochwert von Süd nach Nord (»unten nach oben«).

Allerdings sind dabei einige Besonderheiten zu beachten: Für den Mittelmeridian wurde nicht wie zu erwarten der Wert »0«, sondern »500000mE« (oft »500000E« abgekürzt) festgelegt. Dadurch vermeidet man negative Werte bei Punkten, die westlich (»links«) des Mittelmeridians liegen. Nach Osten wird die gemessene Entfernung vom Mittelmeridian also zu 500000mE hinzuaddiert, nach Westen von 500000mE abgezogen. Ein Punkt, dessen Rechtswert größer als 500000mE ist, befindet sich demnach östlich des Mittelmeridians, einer mit Rechtswert kleiner 500000mE westlich davon. Die Werte liegen am Äquator, wo die Meridianstreifen ihre größte Breite haben (666720 m), zwischen 166640mE (500000 – 666720/2) und 833360mE (500000 + 666720/2) und nehmen zu den Polen hin ab (siehe Abb. S. 68). Der Hochwert gibt, wie bereits erwähnt, die Entfernung eines Punktes zum Äquator in Metern an. Auf der Nordkugel reichen die Werte deshalb von 0000000mN am Äquator bis 9334080mN bei 84°N. Auch beim Hochwert sollen negative Werte ausgeschlossen werden. Für die Südhalbkugel wird deshalb der Äquator gleich 10000000mN (statt 0000000mN) gesetzt. Den Hochwert erhält man, indem man den Abstand eines Punktes vom Äquator von 10000000mN *abzieht*. Die Werte liegen deshalb zwischen 0000000mN und 1110400mN bei 80°S (10000000 – 8889600).

Die Lage eines Punktes im UTM-Gitter wird also durch drei Angaben festgelegt: das Zonenfeld, den Rechtswert und den Hochwert. Achtung: Nach dem Zonenfeld wird immer zuerst der Rechts-, dann der Hochwert angegeben.

Dazu ein Bespiel: Die Zugspitze hat die UTM-Koordinaten 32T0649821E, 5253899N. Sie liegt also 149 821 Meter (649821 – 500000) östlich (Wert >500000) des Mittelmeridians der Zone 32 (9°) und 5 253 899 Meter nördlich (Breitenbandbuchstabe T) des Äquators. Daraus wird auch ersichtlich, wie wichtig die Angabe des Zonenfelds ist, im Beispiel 32T: Ein Punkt mit Rechtswert 0649821E und Hochwert 5253899N könnte ebenso im Feld 33T liegen, ca. 20 Kilometer südlich von Kapuvar in Ungarn. Oder im Feld 32G auf der Südhalbkugel, mitten im Atlantik rund 1200 Kilometer südwestlich von Kapstadt. Die Buchstaben »E« bzw. »N« am Ende der Koordinaten stehen nur für Rechts- bzw. Hochwert, nicht aber wie beim geografischen Gitter für die Hemisphäre!

Die Genauigkeit der Koordinatenangabe hängt von der Anzahl der Stellen ab: Im Beispiel wird die Lage der Zugspitze auf den Meter genau angegeben. Fehlen z. B. die letzten drei Stellen,

100-KILOMETER-QUADRATE

Jedes Zonenfeld kann weiter unterteilt werden durch Quadrate mit je 100 Kilometer Seitenlänge, die mit Doppel-Großbuchstaben bezeichnet sind (z. B. MC). Sie sind auf manchen Karten angegeben und spielen z. B. bei militärischen Anwendungen eine Rolle (MGRS-Positionsformat), nicht aber bei der Outdoor-Navigation mit GPS.

UPS-GITTER

Die Polgebiete jenseits von 80°S bzw. 84°N Breite werden durch das UPS-Gitter (Universal-Polar-Stereografic-Grid) abgedeckt. Beide Polregionen unterteilt man dabei jeweils in zwei Halbkreise, die mit den Buchstaben Y und Z (Nordpol) bzw. A und B (Südpol) bezeichnet werden. A und Y stehen für den westlichen Bereich von 0° bis 180°W, B und Z für den östlichen Bereich von 0° bis 180°E. Im GPS-Gerät wird das UPS-Gitter – sofern vorhanden – meist automatisch mit dem UTM-Gitter im Setup eingestellt (»UTM/UPS«).

32T0649821E; 5253899N: Die UTM-Koordinaten von Deutschlands höchstem Berg.

ist die Angabe nur noch auf 1 Kilometer genau (649E und 5253N). Wie genau Koordinaten ermittelt werden können, hängt natürlich vom verwendeten Kartenmaßstab ab.

UTM-KOORDINATEN IM GPS-GERÄT

GPS-Geräte geben UTM-Koordinaten meist in zwei Zeilen an: oben das Zonenfeld und den Rechtswert, darunter den Hochwert. Trotzdem gibt es Unterschiede: Garmin-Empfänger verzichten z. B. auf die Buchstaben E und N für den Rechts- bzw. Hochwert, bei Magellan-Modellen fehlt der Buchstabe des Breitenbandes. Alle GPS-Empfänger zeigen jedoch UTM-Koordinaten stets bis auf 1 Meter an. Doch Vorsicht: Die Positionsgenauigkeit liegt deshalb keineswegs bei 1 Meter, schließlich besitzt GPS nur eine Genauigkeit von 10–15 Metern!

UTM-GITTER UND KARTE

Was UTM-Koordinaten sind, wissen Sie jetzt: die Entfernung eines Punktes vom Mittelmeridian einer Zone und vom Äquator. Doch wie kann man sie auf der Karte bestimmen? Dazu wird jedes Zonenfeld durch ein rechtwinkliges Gitternetz mit quadratischen Feldern unterteilt, das auf die Karte aufgedruckt ist. Die waagrechten Linien verlaufen parallel zum Äquator, die senkrechten parallel zum Mittelmeridian der entsprechenden Zone. Der Abstand der Gitterlinien beträgt auf Karten für Outdoor-Touren in der Regel jeweils 1 Kilometer (1000 Meter, deshalb auch »Metergitter« genannt), das entspricht im Maßstab 1:25 000 also 4 Zentimeter, im Maßstab 1:50 000 2 Zentimeter auf der Karte. Mit ihrer Hilfe kann man die Koordinaten jedes beliebigen Punktes auf der Karte ablesen. Wie das geht, steht in Kapitel 10.

LOKALE GITTER

Wie bereits oben erwähnt, gibt es zahlreiche weitere geodätische Gitter, die jeweils nur für eine bestimmte Region gelten und nach und nach durch das UTM-Gitter ersetzt werden sollen. Sie unterscheiden sich u. a. in der Breite der Meridianstreifen, dem Ausgangsmeridian oder der zugrunde liegenden Kartenprojektion. Bespiele sind das österreichische Bundesmeldenetz, das Schweizer Gitter oder das früher in Deutschland übliche Gauß-Krüger-Gitter.

Das Gauß-Krüger-Gitter (German Grid)

Das Gauß-Krüger-Gitter findet man teilweise noch auf älteren topografischen Karten, die Umstellung auf das UTM-Gitter ist bundesweit noch nicht völlig abgeschlossen. Beide Gitter ähneln sich stark. Kein Wunder, wurde doch das UTM-Gitter aus dem Gauß-Krüger-Gitter abgeleitet.

Zahlreiche Karten sind bereits auf das UTM-Gitter umgestellt.

Ein wesentlicher Unterschied liegt in der Breite der Zonen, die beim Gauß-Krüger-Gitter nur 3° beträgt. Die Mittelmeridiane befinden sich bei 6°E, 9°E, 12°E und 15°E. Wie beim UTM-Gitter gibt der Rechtswert den Abstand vom Mittelmeridian einer Zone in Metern an, wobei auch hier Werte größer 500000 östlich, Werte kleiner 500000 westlich des Mittelmeridians liegen. Zusätzlich wird dem Rechtswert die Kennziffer des Hauptmeridians vorangestellt (Gradzahl geteilt durch 3). Der Meridian 6°E hat z.B. die Kennziffer 2.

Der Hochwert gibt analog zum UTM-Gitter die Entfernung vom Äquator an. Beide Werte sind allerdings *nicht* identisch, da dem Gauß-Krüger-Gitter eine abweichende Kartenprojektion und ein anderes Kartenbezugssystem (Ellipsoid-Modell der Erde; siehe folgenden Abschnitt) zugrunde liegen.

Die Zugspitze hat beispielsweise folgende Gauß-Krüger-Koordinaten: GK 4423621E, 5254142N. Sie liegt demnach 76 378 Meter (500000 – 423622) westlich (Wert < 500000) des Mittelmeridians 12°E (Kennziffer 4 multipliziert mit 3) und 5 254 142 Meter nördlich des Äquators. GK steht für Gauß-Krüger-Gitter.

Das Kartenbezugssystem (Kartendatum)

Wenn Sie mit GPS navigieren, wird es Ihnen sicherlich irgendwann einmal passieren: Ihre Position in der Karte ist um mehrere hundert Meter falsch. Obwohl der Satellitenempfang optimal ist und obwohl Sie die Koordinaten sorgfältig übertragen haben! Irgendetwas stimmt nicht, aber was? Vielleicht haben Sie das Kartenbezugssystem, auch Kartendatum genannt, in Ihrem Gerät falsch eingestellt. Klingt wie das Herstellungsdatum der Karte, hat damit aber gar nichts zu tun. Stattdessen mit der Kartenprojektion:

Um die dreidimensionale Erde in einer zweidimensionalen Karte so exakt wie möglich darzustellen, muss man zunächst ihre Form möglichst genau kennen. Stark vereinfacht ähnelt die Erde einer Kugel. Ihrer Gestalt schon näher kommt ein Ellipsoid (»dreidimensionale Ellipse«), schließlich ist die Erde an den Polen etwas abgeplattet. Tatsächlich gleicht sie aber einer unregelmäßigen Kartoffel mit »sanften« Dellen und Beulen.

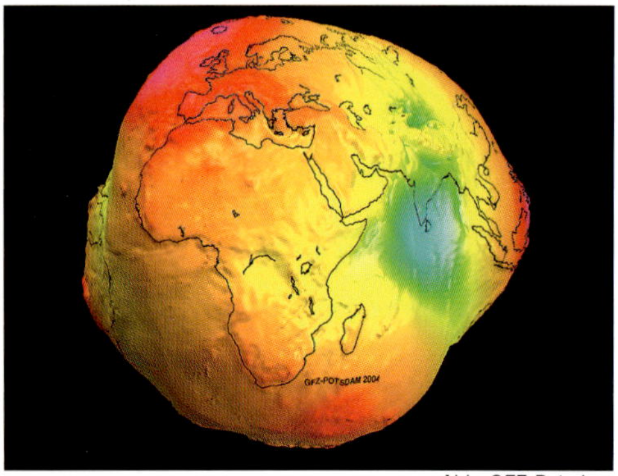

Abb: GFZ Potsdam

Eine »Kartoffel« namens Erde: Das Geoid

Der Grund für ihre ungleichmäßige Gestalt: In unterschiedlichen Gebieten der Erde ist die Schwerkraft und damit die Erdanziehung unterschiedlich stark ausgeprägt. Etwas vereinfacht ausgedrückt kann man diese »Kartoffel« durch ein mathematisches Modell, das so genannte Geoid, ziemlich genau beschreiben. Allerdings ist das Geoid nur sehr schwer zu berechnen. Viel zu kompliziert, um sich als Modell der Erde für die Darstellung in der Karte zu eignen. In der Praxis versucht man deshalb, sich mit Hilfe eines Ellipsoids dem Geoid möglichst exakt anzunähern. Alle Parameter, die dieses Ellipsoid und seine Lage in Bezug zum Geoid beschreiben, werden als Kartenbezugssystem bezeichnet.

Allerdings hat man in der Vergangenheit durch je nach Region bzw. Land unterschiedliche Ellipsoide, die teilweise noch gegenüber dem Erdmittelpunkt verschoben sind, eine möglichst genaue Anpassung für die Kartenherstellung erreicht. Auf diese Weise entstand eine Vielzahl lokaler Kartenbezugssysteme, die sich einerseits im verwendeten Ellipsoid, andererseits in ihrem Bezugspunkt (Mittelpunkt des Ellipsoids, auch Datumspunkt genannt) unterscheiden. Weltweit gibt es über 200 verschiedene Kartenbezugssysteme, die meist nach ihrem Gültigkeitsbereich (z. B. European 1950, Bermuda 1957) oder wie früher in Deutschland üblich nach ihrem Bezugspunkt (Potsdam) benannt sind. Mit dem GPS wurde ein weltweit gültiges, einheitliches Bezugssystem erforderlich, schließlich müssen die mit GPS ermittelten Positionen überall auf der Erde gelten. Das führte zur Einführung des Bezugsystems WGS 84 (World Geodetic System 1984), das die genaueste Anpassung für die Erde als Ganzes liefert. Inzwischen ist es internationaler Standard, auf den alle Karten – sofern nicht schon geschehen – umgestellt werden sollen.

Angepasst: Lokales und globales Ellipsoid (stark vereinfachte Darstellung)

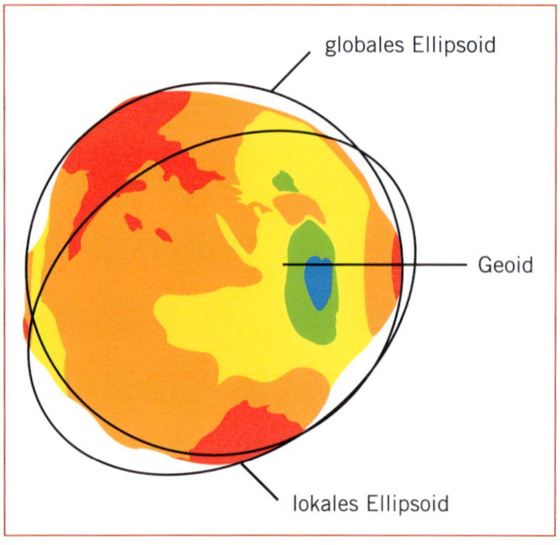

Bedeutung für die Praxis

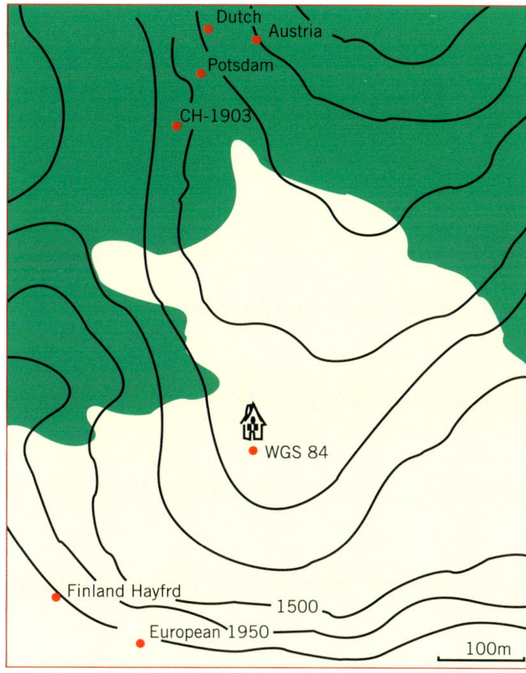

Wie das Beispiel in der Einleitung zeigt, muss im Gerät unbedingt das Kartenbezugssystem der jeweiligen Karte eingestellt sein (siehe Kapitel 9, Abschnitt »Setup«), wenn Koordinaten zwischen Karte und Empfänger übertragen werden. Andernfalls kann die vom Gerät angezeigte Position von der tatsächlichen bis zu mehrere hundert Meter abweichen. Nur wenn Sie das GPS-Gerät ohne Karte benutzen, ist die Einstellung egal.

Das Kartenbezugssystem sollte in der Legende angegeben sein, was vor allem bei älteren Karten leider oft nicht der Fall ist. Eventuell hilft Nachfragen beim Verlag. Falls nicht, können Sie in Kapitel 10 nachlesen, wie sich derartige Karten trotzdem verwenden lassen.

Moderne GPS-Modelle haben meist über 100 verschiedene Kartenbezugssysteme gespeichert. Je mehr, desto vielseitiger ist das Gerät einsetzbar! Manche Kartengitter sind fest mit einem bestimmten Bezugssystem verbunden, wie z. B. das Gauß-Krüger-Gitter mit Potsdam (PD) oder das Schweizer Gitter mit CH-1903. Wählt man ein solches Gitter im Gerät aus, wird bei nahezu allen Modellen automatisch das passende Kartendatum ausgewählt. Oft lässt sich gar kein anderes einstellen. Bei neueren Karten mit UTM-Gitter ist das Bezugssystem in der Regel WGS 84.

Die Positionsabweichungen bei falsch eingestelltem Kartenbezugssystem können beträchtlich sein.

Bei neueren Karten in der Legende angegeben: Das Bezugssystem

7 Kartenkunde

Auch im GPS-Zeitalter bleibt die Karte unentbehrliche Grundlage für jede Tour. Zwar können Sie GPS auch ohne Karte verwenden, allerdings werden Sie dann nur einen Bruchteil der Möglichkeiten, die das System bietet, ausschöpfen können.

Im Umgang mit Karten sind einige Grundkenntnisse nützlich, schließlich liefern sie eine Fülle von Informationen, die über das reine Abbild des Geländes hinausgehen. Nachfolgend werden kurz die für die GPS-Orientierung wichtigsten Punkte angesprochen.

Der Maßstab

Auf Karten ist das Gelände natürlich verkleinert dargestellt. Wie stark, hängt vom Maßstab ab, dem »Verkleinerungsverhältnis«, das in der Kartenlegende angegeben ist, z. B. 1:25 000. Er gibt an, wie viele Zentimeter in der Natur einem Zentimeter auf der Karte entsprechen. Beispiel Maßstab 1:25 000: Hier entspricht 1 Zentimeter auf der Karte 25 000 Zentimetern (250 Metern) im Gelände.

Der Maßstab einer Karte ist umso größer, je größer das Gelände abgebildet wird. 1:25 000 ist ein größerer Maßstab als 1:50 000. Das können Sie sich leicht merken, wenn Sie den Maßstab als Bruch schreiben: 1/25 000 ist größer als 1/50 000. Karten mit größerem Maßstab geben das Gelände in der Regel genauer und detaillierter wieder, weil bei kleinerem Maßstab das Kartenbild für die Darstellung vereinfacht (»generalisiert«) werden muss. So kann z. B. nicht mehr jede Windung eines Weges genau eingezeichnet werden.

Outdoor-Touren, egal ob mit oder ohne GPS, erfordern Karten mit möglichst detaillierter Geländedarstellung. In Frage kommen deshalb vor allem Karten in den Maßstäben 1:25 000 und 1:50 000.

Die Kartenlegende

Sie enthält nicht nur die Erklärung der auf der Karte verwendeten Zeichen, sondern (hoffentlich) auch alle für die GPS-Navigation nötigen Angaben.

Kartenbezugssystem und Kartengitter

Zweifelsohne der wichtigste Punkt im Zusammenhang mit GPS-Navigation ist das Kartenbezugssystem, das – siehe Kapitel 6 – am Gerät eingestellt werden muss, wenn man mit Karte und GPS arbeitet. Auch sollte das verwendete Kartengitter angegeben sein.

Auf Karten mit einem lokalen Gitter sind manchmal die Differenzen zum UTM-Gitter aufgeführt, was nützlich ist, wenn ein GPS-Gerät ein bestimmtes Gitter nicht besitzt. Man stellt dann das auf jedem Empfänger vorhandene UTM-Gitter ein und rechnet die Werte entsprechend um.

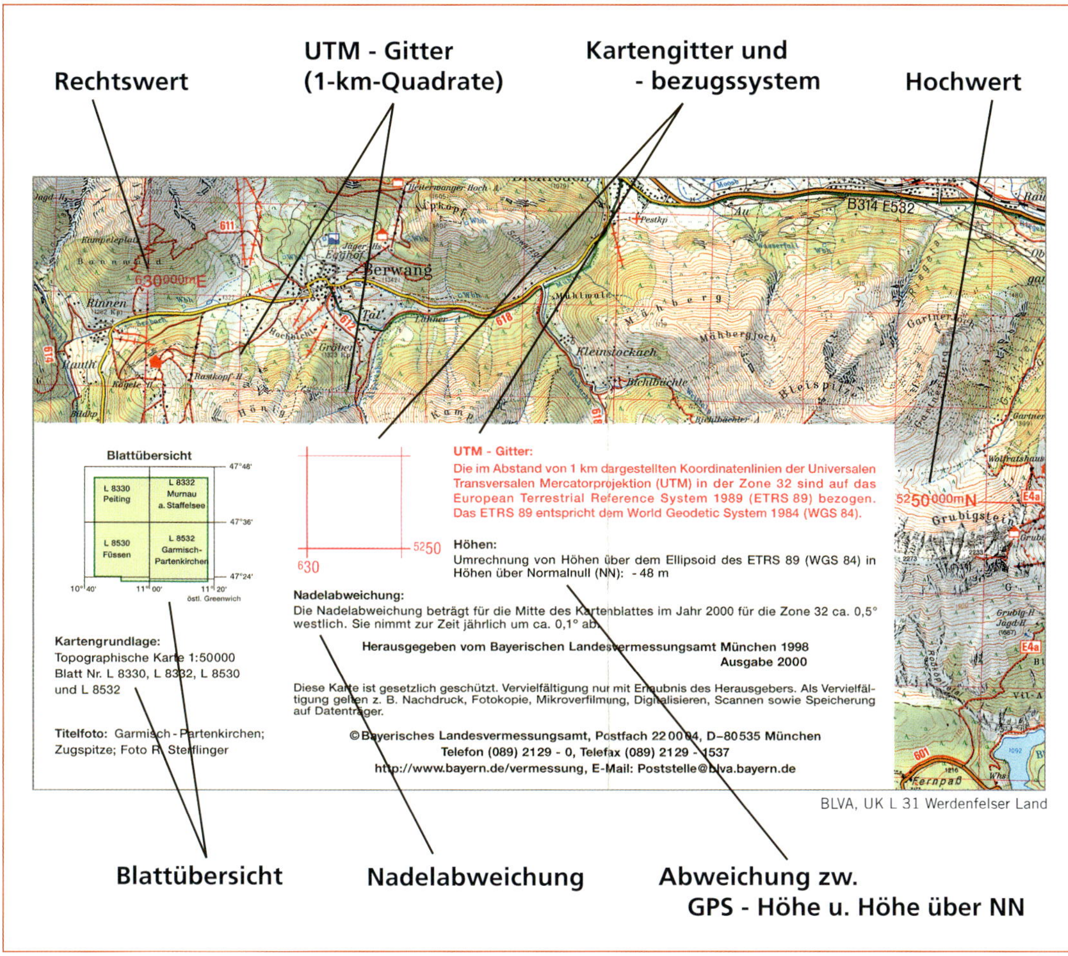

BLVA, UK L 31 Werdenfelser Land

Die Ellipsoidhöhe

Die Kartenlegende enthält auch für die GPS-Navigation wichtige Angaben.

Auf guten Karten, wie z. B. topografischen oder Alpenvereinskarten, ist in der Legende auch die Abweichung zwischen der Ellipsoidhöhe und der auf Landkarten angegebenen Höhe über Normalnull (bezogen auf den Meeresspiegel) vermerkt. GPS-Geräte ermitteln die Höhe immer in Bezug auf das Ellipsoid (siehe Kapitel 6). Die Abweichungen sind je nach Region verschieden. In Bayern liegen sie bezogen auf das WGS 84-Ellipsoid bei ca. 50 Metern über der Höhe ü. NN.

Folge: Der vom GPS ermittelte Höhenwert müsste eigentlich korrigiert werden, was inzwischen aber nahezu alle Outdoor-Modelle automatisch erledigen. Allerdings gelten die im Gerät gespeicherten Korrekturfaktoren immer für ein größeres Gebiet, sodass in der Praxis

TIPP

Die Abweichung der vom GPS-Gerät angezeigten Höhe kann man unterwegs leicht an Punkten mit bekannter NN-Höhe und gutem Satellitenempfang (freies Gelände, Gipfel etc.) selbst bestimmen und falls nötig berücksichtigen. Der Wert gilt aber immer nur für ein begrenztes Gebiet wie z. B. ein Kartenblatt.

In weglosem Gelände ein Muss: detailierte Karten

kleinere Abweichungen auftreten. Bei Garmin-Modellen z. B. beträgt die Differenz nach meiner Erfahrung (optimalen Empfang vorausgesetzt) in Europa meist nicht mehr als etwa ±3–5, maximal ±15 Meter, was für Touren unerheblich ist.

Kartenzeichen

Viele Objekte wie Kirchen, Ruinen, Schlösser oder Denkmäler lassen sich in Karten aufgrund ihrer geringen Größe meist nicht maßstabsgerecht einzeichnen. Sie werden deshalb als Zeichen dargestellt (Kartenzeichen), die zumindest ausschnittsweise in der Kartenlegende aufgeführt sind.

Jedes Kartenzeichen besitzt einen Bezugspunkt, der den exakten Standort des jeweiligen Objekts angibt, entweder in der Mitte des Zeichens (z. B. bei Gebäuden) oder in der Mitte der Grundlinie (z. B. beim Zeichen »Höhle«). Koordinaten sollten Sie immer genau an diesem Punkt ablesen. Weil die Zeichen meist 1–2 Milimeter groß sind, können sonst Lageungenauigkeiten auftreten, die sich bei der GPS-Navigation durchaus bemerkbar machen (1 Millimeter entspricht im Maßstab 1:50 000 bereits 50 Metern, 2 Millimeter 100 Metern!).

Nordrichtungen

Nord ist nicht gleich Nord. Insgesamt gibt es drei verschiedene Nordrichtungen: Geografisch, Magnetisch und Gitter-Nord, die auf guten Karten (oft als Diagramm) angeben sind und auch bei der Navigation mit GPS eine Rolle spielen können.

Geografisch Nord (GeN)

Dies ist die Richtung zum geografischen Nordpol. Auf Karten mit geografischem Gitter zeigen die Längengrade in Richtung oberer Kartenrand nach Geografisch Nord. Bei deutschen und österreichischen topografischen Karten werden auch die seitlichen Kartenränder von Meridianlinien begrenzt, verlaufen also ebenfalls in Nord-Süd-Richtung. Charakteristisch für derartige Karten ist, dass rechtwinklige (geodätische) Gitter wie z. B. das UTM-Gitter schief zum Kartenrand stehen und die Karte oben etwas schmaler ist als unten. Auch die Alpenvereinskarten gehören zu dieser Art von Karten (siehe Abb.).

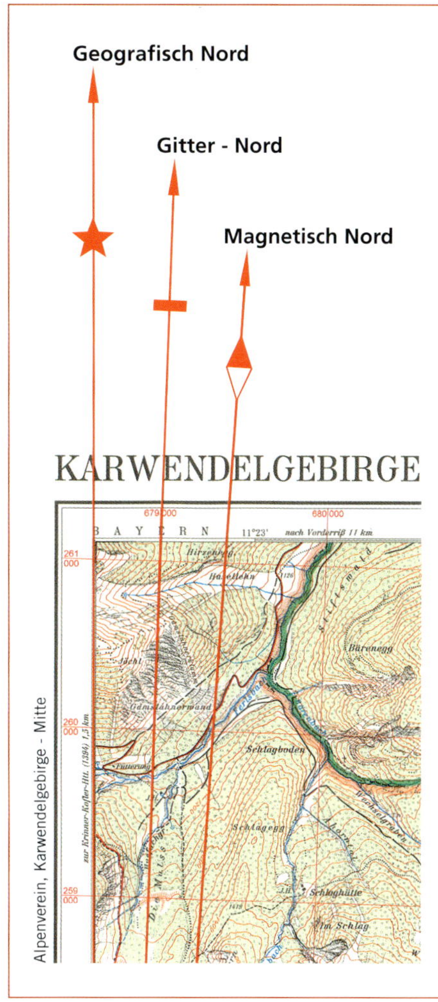

Unterschiedliche Nordrichtungen am Beispiel einer Alpenvereinskarte. (Magnetisch Nord wurde aus Darstellunggründen übertrieben eingezeichnet).

Magnetisch Nord (MaN)

Magnetisch Nord bezeichnet die Richtung, in die eine Kompassnadel zeigt. Allerdings weist die Magnetnadel meist nicht, wie oft fälschlicherweise angenommen, direkt zum magnetischen Nordpol. Vielmehr richtet sie sich nach dem örtlich sehr unregelmäßigen Verlauf der magnetischen Feldlinien aus. Magnetisch und Geografisch Nord fallen nur selten zusammen. Die Abweichung bezeichnet man als Deklination. Sie ist örtlich und zeitlich verschieden, da sich die magnetischen Pole langsam bewegen. Je nachdem, ob der magnetische Pol bezogen auf den eigenen Standort östlich oder westlich des geografischen liegt, spricht man von östlicher oder westlicher Deklination (Werte größer bzw. kleiner null). Die Deklination ist auf guten Karten angegeben und muss berücksichtigt werden, wenn man Kurswinkel zwischen Karte und Kompass bzw. GPS-Gerät überträgt. In Deutschland liegt die Deklination zurzeit um 0°, kann also in der Praxis vernachlässigt werden.

Gitter-Nord (GiN)

Gitter-Nord ist die Richtung, in die die senkrechten Linien in einem geodätischen Kartengitter wie dem UTM-Gitter weisen. Da sie im Gegensatz zu den Längengraden parallel verlaufen, fällt in jeder Zone nur die Gitterlinie des Mittelmeridians mit Geografisch Nord zusammen. Im UTM-Gitter kann man sie am Ostwert 500000mE erkennen (vgl. Kapitel 6). Alle anderen Gitterlinien zeigen umso weniger nach Geografisch Nord, je weiter sie vom Mittelmeridian entfernt sind. Die topografischen Karten vieler Länder wie z. B. der Schweiz oder die schwedischen »Fjällkartan« werden von geodätischen Gitterlinien begrenzt, sind also oben und unten gleich breit.

Auf Karten mit geodätischem Gitter wird statt der Deklination die Nadelabweichung angegeben, also die Differenz zwischen Magnetisch und Gitter-Nord bezogen auf die Blattmitte.

MISSWEISUNG

Deklination und Nadelabweichung werden oft unter dem Begriff »Missweisung« zusammengefasst. So spricht man z. B. auch bei Kompassen, bei denen die Deklination bzw. die Nadelabweichung eingestellt werden kann, von Missweisungsausgleich.

Sie muss ebenfalls beim Übertragen von Winkeln auf Kompass oder GPS-Gerät beachtet werden.

Wann welche Nordrichtung bei der GPS-Navigation sinnvoll ist, können Sie in Kapitel 9 im Abschnitt »Setup« nachlesen.

Der Kartenrahmen

Am Kartenrahmen sind die Linien des jeweiligen Kartengitters bezeichnet, das bei GPS-fähigen Karten in der Regel das UTM-Gitter sein wird. Je nach Karte sind die Gitterlinien unterschiedlich angegeben:

- Auf den amtlichen topografischen und vielen anderen Karten sind jeweils die ersten 3 Stellen des Rechts- und die ersten 4 des Hochwerts aufgedruckt (Kilometer-Angaben), wobei die Tausender- und Zehntausender-Stellen größer und ev. fett dargestellt werden. Beispiel: 6**69**E bzw. 55**08**N steht für die Gitterlinie 669000mE bzw. 5508000mN.
- Bei Freizeit- und Umgebungskarten der Landesvermessungsämter ohne Kartenrand ist mindestens je eine waagrechte und eine senkrechte Linie vollständig bezeichnet. Weitere Linien werden wie oben abgekürzt (siehe Abb. S. 75).
- Alpenvereinskarten geben den Rechts- und Hochwert in Metern an, wobei der Hochwert um 5000000 vergrößert werden muss. Beispiel: 259000 steht für 5259000mN (Abb. S. 77).

Neben dem UTM-Gitter können weitere Gitter angerissen sein, bei den amtlichen topografischen Karten z. B. das Gauß-Krüger- und das geografische Gitter. Bei Letzterem werden die Gitterlinien auf Karten im Maßstab 1:25 000 und 1:50 000 meist im Abstand von einer Minute (vgl. Kapitel 6, Abschnitt »Geografische Koordinaten«) eingezeichnet (siehe Abb. S. 77).

Beim Übertragen von Winkeln zwischen Karte und Kompass muss die Missweisung berücksichtigt werden.

8 Karten für die GPS-Navigation

Nicht alle Karten eignen sich gleich gut für die Navigation mit GPS. Optimal sind Karten mit geodätischem Gitter, am besten dem UTM-Gitter, auf denen Koordinaten leicht und schnell abgelesen werden können. Karten mit geografischem Gitter sind in dieser Hinsicht weit weniger komfortabel.

Allerdings muss eine gute Karte noch eine Reihe weiterer Anforderungen erfüllen. So sollte sie einerseits ein möglichst genaues Abbild des Geländes liefern, andererseits auch Wege und wichtige Punkte wie Hütten, Zeltplätze oder Wasserstellen lagerichtig darstellen. Vorgaben, die besonders die topografischen Karten der Landesvermessungsämter, aber auch einige

GPS-fähige Karten

	Topografische Karten		Alpenvereins-karten	Wanderkarten
Herausgeber	**Landesvermessungs-ämter**	**Landesvermessungs-ämter**	**Alpenverein**	**Kompass**
Karte	Topografische Karte 1:25 000 (TK25) und 1:50 000 (TK50)	Freizeit-/Umgebungs-karten	Alpenvereinskarten	Kompass Wander-karte
Kartenbereich	Deutschland	touristisch interessante Regionen	Ost- und Zentralalpen	Europa
Maßstab	1:25 000 und 1:50 000	meist 1:50 000	meist 1:25 000	meist 1:50 000
Kartengitter	UTM, (Gauß-Krüger, geografisch)	UTM	UTM, (geografisch)	teilweise UTM
Kartenbezugssysteme	WGS 84 (Potsdam)	WGS 84	WGS 84	WGS 84, lokale Bezugssysteme
Wander-/Radwege	nein/nein	ja/ja	ja/nein	ja/ja
Sonstiges	gebietsweise auch Aus-gaben mit Wander- bzw. Radwegen erhält-lich (TK25W).	–	z.T. Skiroutenausgabe erhältlich; sehr detailliert.	Übersicht GPS-fähiger Karten mit Angabe des Bezugs-systems auf der Webseite.
ähnliche Karten	Topografische Karte Österreich (ÖK50, ÖK25V), Schweizer Landeskarten etc.	Wander- und Ski-routenkarten Schweiz	–	Tabacco-Karten (Südtirol, z.T. UTM-Gitter), Freytag & Berndt Wander-karten (nur GPS-Punkte)

andere Karten erfüllen. Die meisten der hier vorgestellten Karten sind übrigens auch als digitale Ausgabe auf CD oder DVD für die Tourenplanung am PC erhältlich (siehe Kapitel 13).

Decken ganz Deutschland ab: Die topografischen Karten der Landesvermessungsämter.

Topografische Karten der Landesvermessungsämter

TK25 und TK50

Die amtlichen topografischen Karten von Deutschland gehören sicherlich zu den wichtigsten Karten für die GPS-Navigation, decken sie doch als einzige das gesamte Bundesgebiet flächendeckend ab. Herausgegeben werden sie von den jeweiligen Landesvermessungsämtern in den Maßstäben 1:25 000 (TK25) und 1:50 000 (TK50). Aufgrund ihrer sehr genauen Geländedarstellung eignen sie sich sehr gut für Outdoor-Touren aller Art.

Die Einteilung der Kartenblätter erfolgt nach einem bundesweit einheitlichen festen Schema (»Blattschnitt«), wobei jede Karte mit einer vierstelligen Nummer und dem Namen der größten Ortschaft auf dem Blatt bezeichnet wird, z. B. »6234 Pottenstein«. Jedes Blatt der TK25 umfasst 10 Längen- und 6 Breitenminuten, was etwa einer Fläche von 12 mal 11 Kilometern entspricht.

Die TK50, die jeweils vier Blätter der TK25 zusammenfasst, ist aufgrund der mit dem kleineren Maßstab verbundenen Generalisierung (Vereinfachung) etwas weniger genau. Beispielsweise sind auf der TK25 Wegverläufe z. T. detaillierter wiedergegeben. Fein: Sowohl TK25 als auch TK50 wurden inzwischen weitgehend auf das UTM-Gitter umgestellt. Das früher übliche Gauß-Krüger-Gitter findet man nur noch auf wenigen, nicht aktualisierten Blättern bzw. blau angerissen am Blattrand der TK25-Neuausgabe. Zusätzlich ist am Kartenrand das geografische Gitter in Abständen von einer Minute markiert.

Je nach Bundesland sind für ausgewählte Gebiete zusätzlich Karten in den Maßstäben 1:10 000, 1:15 000 oder 1:20 000 erhältlich.

So exakt die Geländedarstellung der TK25 und TK50 auch ist, beide haben für Outdoor-Touren auch Nachteile: Das Pfadnetz ist nicht überall komplett erfasst, z. T. fehlen auch Wanderpfade. Für Freizeitaktivitäten besser eignet sich deshalb die »TK25W«-Karten mit eingezeichneten Wander-, teilweise auch Radwegen; sie sind allerdings nicht in allen Bundesländern flächendeckend erhältlich. Ein weiteres Manko der

TIPP

Bei älteren Blättern der TK25 und TK50 mit Gauß-Krüger-Gitter am GPS-Gerät im Setup (siehe Kapitel 9) immer das Kartenbezugssystem »Potsdam« einstellen. Neuere Blätter mit UTM-Gitter basieren dagegen auf »WGS 84«.

TK25: Gerade die für Wanderer, Bergsteiger und Radfahrer interessanten Gebiete sind oft auf viele Einzelblätter verteilt, was höhere Anschaffungskosten und mehr Gewicht im Rucksack bedeutet.

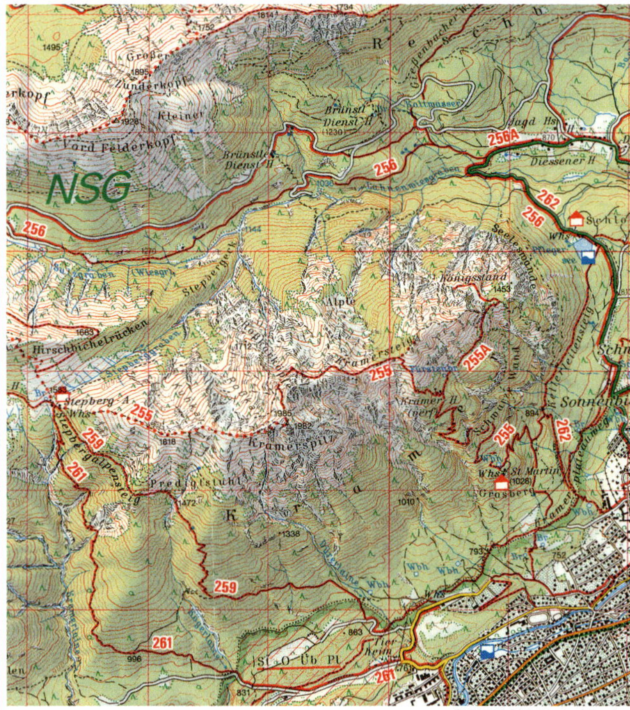

BLVA UK 31 L Werdenfelser Land

Freizeit- und Umgebungskarten (UK)

Die gleichfalls von den Landesvermessungsämtern herausgegebenen Freizeitkarten haben die erwähnten Nachteile der TK25 und TK50 nicht. Auch als Wander- oder Umgebungskarten (UK) bezeichnet, fassen sie touristisch interessante Regionen wie z.B. die Berchtesgadener Alpen oder den Schwarzwald meist in ein bis drei Blättern zusammen. Vor allem enthalten die überwiegend im Maßstab 1:50 000 herausgegebenen Karten auch Wander- und Radwegmarkierungen sowie weitere touristische Infos. Das UTM-Gitter ist bei ihnen Standard, was die Karten zur ersten Wahl für die GPS-Navigation macht.

Interessant für Radler: Von vielen Gegenden sind auch Radwanderkarten im Maßstab 1:100 000 erhältlich, meist ebenfalls mit UTM-Gitter. Infos mit Blattübersichten, auch zur TK25 und TK50, gibt es auf den Webseiten der Landesvermessungsämter (siehe Anhang).

Erste Wahl für die GPS-Navigation: Umgebungs- und Freizeitkarten der Landesvermessungsämter.

Topografische Karten von Österreich

Topografische Karten von Österreich sind ebenfalls in den Maßstäben 1:50 000 (ÖK50) und 1:25 000 (ÖK25V) erhältlich, beide mit Wanderweg-Markierungen. Die ÖK25V ist übrigens nur eine Vergrößerung der ÖK50, die zwar besser lesbar, aber nicht wie die deutsche TK25 detaillierter ist.

Bisher wurde erst ein kleiner Teil der Karten auf das UTM-Gitter umgestellt, auf vielen Blättern findet man noch das Bundesmeldenetz (BMN). Schade: Gebietskarten gibt es abgesehen vom Blatt Schneeberg/Rax im Maßstab 1:25 000 (mit Wanderwegen und UTM-Gitter) bisher nicht.

TIPP

Wer mit Topo-Karten von Österreich unterwegs ist, die noch nicht auf das UTM-Gitter umgestellt sind, muss am GPS-Gerät das Kartengitter »Austrian Grid« sowie das Bezugssystem »Austrian« einstellen. Was bei Magellan-, Silva »Atlas« und Lowrance-Geräten leider nicht möglich ist. Allerdings kann man zumindest bei den Magellan-Modellen im Setup unter »User Grid« bzw. »User Datum« (Kap. 9) die entsprechenden Parameter für Gitter und Bezugssystem eingeben (siehe Anhang).

Bekannt für hohe Genauigkeit: Schweizer Landeskarten.

Schweizer Landeskarten

TIPP

Bei der Verwendung von Schweizer Karten am GPS-Gerät »Swiss Grid« und Kartenbezugssystem »CH-1903« einstellen.

In der Schweiz sind die exzellenten »Landeskarten« im Maßstab 1:25 000 oder 1:50 000 erste Wahl, vor allem die Wander- und Skitourenausgaben mit umfangreichen Touren-Infos auf der Kartenrückseite. Die Einzelblätter werden durch Gebietskarten in beiden Maßstäben ergänzt (»Blattzusammensetzungen«), die allerdings mit Ausnahme der Karte »Saanenland-Simmental« nicht als Wander- und Skiausgabe erhältlich sind. Auf allen Karten ist das geodätische »Schweizer-Gitter« (nicht das UTM-Gitter!) aufgedruckt.

Alpenvereinskarten

Exzellent für Touren in den Alpen sind die vom deutschen und österreichischen Alpenverein überwiegend im Maßstab 1:25 000 herausgegebenen Karten. Die Geländedarstellung liegt durchaus auf dem Niveau topografischer Karten, weshalb sie sich auch bestens für die Orientierung in weglosem Gelände und auf Gletschern eignen. Fein: Neben der normalen Wanderausgabe mit Wegmarkierungen gibt es je nach Gebiet auch Blätter mit Skirouten, was die Karten zur vielseitigen Grundlage für Gebirgstouren macht, egal ob einfache Wanderung oder anspruchsvolle Hochtour.

Die Karten decken die Ost- und Zentralalpen ab, etwa von den Allgäuer bis zu den Eisenerzer Alpen. Sie liegen inzwischen fast alle mit UTM-Gitter vor, auf älteren Ausgaben ist zumindest das geografische Gitter am Kartenrand eingetragen.

Wanderkarten

Zu den Bestsellern unter den Karten gehören zweifellos Wanderkarten. Ihr Vorteil: Sie sind überall erhältlich, notfalls auch am Sonntagnachmittag am Bahnhofskiosk. Und: Neben Wander- und Radwegen enthalten sie eine Fülle weiterer touristischer Infos, vom Wanderparkplatz bis zum Schwimmbad. Dafür sind sie oft weniger genau und detailliert als topografische oder Alpenvereinskarten, für anspruchsvolle Touren abseits markierter Wanderwege also weniger geeignet. Allerdings bekommt man von manchen Gebieten (z. B. Italien) nur mit einigem Aufwand überhaupt topografische Karten, sodass Wanderkarten manchmal die einzige Alternative sind.

Nach und nach werden auch Wanderkarten GPS-tauglich: Viele Verlage, allen voran Kompass, aber z. B. auch Tabacco in Südtirol, statten ihre Neuauflagen mit UTM-Gitter aus. Freytag & Berndt gibt immerhin die GPS-Koordinaten wichtiger Punkte, wie Gipfel oder Hütten, an. Sehr gute GPS-taugliche Wanderkarten für die Schweiz bietet Kümmerly + Frey an.

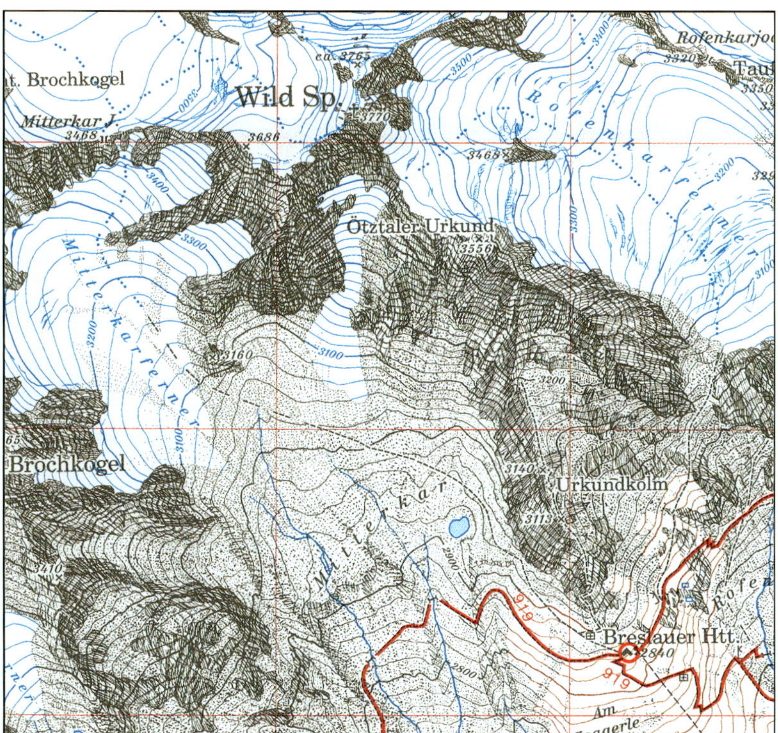

Alpenverein, Wildspitze

Empfehlung für Touren in den Alpen: Alpenvereinskarten.

Unterwegs mit GPS

9 Initialisierung und Setup

Komfortabel und sicher: Navigation mit GPS

Der erste Kontakt – die Initialisierung

Endlich haben Sie Ihr neues GPS-Gerät! Natürlich wollen Sie es gleich ausprobieren. Schnell vor die Haustür und den Empfänger einschalten. Gespannt warten Sie auf die ersten Positionsdaten. Aber: Das Gerät sucht und sucht und sucht nach Satelliten. Eine Minute, 2 Minuten, 5 Minuten oder sogar noch länger. Die Anzeige »Orte Satelliten« (»Acquiring«) will einfach nicht verschwinden. Funktioniert Ihr Gerät vielleicht nicht richtig?

Keine Sorge: Alles in Ordnung! Es kann sogar bis zu 10 Minuten dauern, bis ein GPS-Empfänger beim ersten Gebrauch die Position anzeigt. Jedes Gerät muss zuerst initialisiert werden: Um nach dem Einschalten schnell die Position zu liefern, muss der Empfänger »wissen«, welche Satelliten bezogen auf seinen Standort wo am Himmel stehen. Das ist bei einem neuen Gerät noch nicht der Fall, weshalb es erst mühsam den Himmel nach Satelliten absucht. So kann es einige Minuten dauern, bis es die ersten Positionsdaten liefert.

Optimal für die Initialisierung: Freie Sicht zum Himmel

Hat das Gerät erst einmal Kontakt zu den Satelliten hergestellt, wird sofort die Navigationsnachricht übertragen (vgl. Kapitel 1), die auch den Almanach mit Angaben zur Position und Umlaufbahn der Satelliten enthält. Diese Daten werden im Gerät gespeichert und beim nächsten Einschalten für die Satellitensuche herangezogen, der Empfänger ist initialisiert. Er »weiß«, welche Satelliten sich (bezogen auf seinen momentanen Standort) gerade am Himmel befinden, und kann schon nach kurzer Zeit die Positionsdaten liefern.

Diese automatische Initialisierung (»Autolocate«) lässt sich bei vielen Modellen etwas abkürzen. Dazu gibt man je nach Gerät entweder über eine Länderliste oder über die Kartenseite seinen ungefähren Standort ein sowie oft auch noch Uhrzeit und Datum (»manuelle Initialisierung«). Dann erhält man auch beim ersten Einschalten meist schon nach spätestens 2 Minuten die Positionsdaten.

Neben der ersten Inbetriebnahme gibt es weitere Fälle, in denen Sie Ihr GPS-Gerät initialisieren müssen:

- wenn es drei Monate oder länger nicht benutzt wurde. Die im Empfänger gespeicherten Almanach-Daten sind dann nicht mehr aktuell;
- wenn man sich bei ausgeschaltetem Gerät mehr als rund 800 Kilometer Luftlinie vom letzten Standort entfernt hat (z. B. bei der Fahrt oder beim Flug in den Urlaub);
- wenn der Gerätespeicher vollständig gelöscht wurde (Total Reset).

TIPP

Die Initialisierung immer bei freier Sicht zum Himmel durchführen. Bei starker Abschattung kann im schlimmsten Fall keine Initialisierung möglich sein.

Trekkingreisen in ferne Länder: Auch hier ist zu Beginn eine Initialisierung erforderlich.

TIPP

Kann ein GPS-Gerät (mit gültigen Almanach-Daten) aufgrund von Abschattung nach dem Einschalten keine Position bestimmen, erscheint meist ebenfalls das Initialisierungs-Menü im Display. In diesem Fall *keine* Initialisierung durchführen, sondern eine Stelle mit besserem Empfang suchen. Wegen der schlechten Empfangsbedingungen hätte das Gerät durch eine Initialisierung noch viel größere Schwierigkeiten, die Position zu bestimmen!

INFO

Die komplette Übertragung der Almanach-Daten dauert 12,5 Minuten. Die Ephemeris-Daten werden alle 30 Sekunden ausgestrahlt und sind innerhalb von 8 Sekunden übertragen. Es lohnt sich nach einer Initialisierung also durchaus, das Gerät nicht gleich wieder auszuschalten und zu warten, bis alle Daten übertragen wurden. Umso schneller erfolgt beim nächsten Einschalten die Positionsbestimmung.

Kalt- und Warmstart

Ist ein Gerät erst einmal initialisiert, ermittelt es die Position beim Einschalten sehr schnell. Wie schnell, hängt davon ab, wie lange das Gerät ausgeschaltet war.

WARMSTART

Drückt man schon nach kurzer Zeit wieder auf den Einschaltknopf, erfolgt die Positionsbestimmung besonders fix, meist innerhalb von 15 Sekunden. Möglich machen einen solchen **Warmstart** die »Ephemeris«-Daten, die zusätzlich zum Almanach mit der Navigationsnachricht auf das Gerät übertragen werden und etwa 4–6 Stunden gelten. Sie liefern noch exaktere Bahn- und Positionsangaben als der Almanach, allerdings nur für den Satellit, der sie aussendet. Voraussetzung für einen Warmstart ist deshalb, dass die jeweiligen Satelliten beim Einschalten noch am Himmel stehen.

KALTSTART

Nach etwa 4–6 Stunden sind die Ephemeris-Daten nicht mehr aktuell. Das Gerät hat dann nur die etwas ungenaueren Almanach-Daten zur Verfügung und braucht beim Einschalten für die Positionsbestimmung etwas länger, je nach Modell bis zu 1 Minute. Man spricht dann von einem Kaltstart.

Die jeweiligen Zeiten für Initialisierung, Kalt- und Warmstart sind übrigens im Geräte-Handbuch angeben. Allerdings gelten sie nur für optimale Empfangsbedingungen mit freier Sicht zum Himmel. Über die Empfangsleistung unter schwierigen Bedingungen, wie z. B. im Wald, geben sie keine Auskunft.

Einstellungssache – das Setup

Die wichtigsten Geräte-Einstellungen werden im Setup vorgenommen.

Geschafft! Ihr Gerät ist initialisiert! Jetzt aber los, oder? Noch nicht ganz: Bevor Sie zum ersten Mal navigieren können, müssen eine Reihe von Grundeinstellungen vorgenommen werden, mit denen Sie das Gerät an die verwendete Karte und Ihre persönlichen Bedürfnisse anpassen. Beispielsweise müssen Kartengitter und -bezugssystem oder die verwendeten Einheiten eingegeben werden, aber auch die Displayeinstellungen und der Betriebsmodus des Geräts.

All das wird im Setup (»Einstellungsmenü«) vorgenommen, das normalerweise auf der Hauptmenü-Seite zu finden ist (vgl. Kapitel 4).Das Setup ist dazu in eine Reihe von Untermenüs unterteilt, in denen die jeweiligen Einstellungen – vom Display bis zu den Einheiten – zusammengefasst sind.

Untermenü System

Hier werden Einstellungen vorgenommen, die das Gerät selbst betreffen, allen voran die Betriebsart. Weitere Optionen umfassen WAAS bzw. EGNOS, die Sprache und den verwendeten Batterietyp, Alkali-Mangan oder Akku. Damit wird die Anzeige dem unterschiedlichen Entladeverhalten angepasst. Wenn man z. B. Akkus bei Einstellung »Alkali-Mangan« verwendet, warnt die Anzeige nicht rechtzeitig vor leeren Zellen und das Gerät schaltet sich relativ unvermittelt ab.

DIE BETRIEBSART

Je nach Gerät kann man zwischen unterschiedlichen Einstellungen wählen:

- Im **Normal-Modus** aktualisiert das Gerät die Position jede Sekunde, d. h. die angezeigten Koordinaten sind stets aktuell, Trackaufzeichnungen sehr exakt.
- Im **Stromspar-Modus (Battery Save)** wird die Position wesentlich weniger oft berechnet, je nach Gerät nur alle 2–10 Sekunden, bei Lowrance- und Silva-Atlas-Geräten kann man das Intervall sogar einstellen. Damit lässt sich die Batterielaufzeit im günstigsten Fall verdoppeln. Das dann nicht ständig die »genauen« Standort-Koordinaten angezeigt werden, kann man auf Outdoor-Touren meist leicht verschmerzen.

Ob zu Fuß oder mit dem Rad: Im Wald und in engen Tälern im Normal-Modus navigieren!

Stromsparen hat aber auch einen Nachteil: Durch die geringere Update-Rate geht unter schwierigen Empfangsbedingungen wie z. B. im Wald, in Schluchten oder in engen Straßen leichter der Satellitenkontakt verloren. In solchen Situationen im Normal-Modus navigieren! Was auch gilt, wenn man Wert auf genaue Trackaufzeichnungen legt.

- Jedes Gerät lässt sich in den **Demo-** oder den **Simulations-Modus** schalten. Damit können viele Funktionen auch ohne Satellitenempfang ausprobiert werden, z. B. beim Kauf im Laden.
- Bei einigen Geräten kann man den GPS-Empfang abstellen (**GPS aus**; GPS Off), z. B. um Batterien zu sparen, während man Wegpunkte oder Routen eingibt bzw. vom PC überträgt. Tipp: Geräte ohne »GPS aus«-Funktion in solchen Fällen in den Demo-Modus schalten.

STROMSPAREN BEI GARMIN

Bei Garmin-Geräten hängt der Einspar-Effekt vom Weg ab: Auf gerader Strecke wird die Position seltener aktualisiert, bei vielen Richtungsänderungen häufiger. Achtung: Wie bei Alan-Geräten ist im Stromspar-Modus kein Empfang von WAAS/EGNOS-Korrektursignalen möglich.

DIE SOFTWARE-VERSION

Das Setup liefert oft als weitere wichtige Information die Software-Version des Geräts. Wie bei PC-Programmen gibt es auf den Websites der Hersteller regelmäßige Updates, in denen Fehler behoben oder Funktionen hinzugefügt werden. Ein Update von Zeit zu Zeit lohnt sich also auf jeden Fall.

Man lädt dazu die neue Version zunächst auf den PC, schließt das GPS-Gerät an und öffnet das Update per Mausklick. Die Übertragung erfolgt dann in der Regel automatisch. Obwohl Geräteeinstellungen und Daten dabei erhalten bleiben, empfiehlt es sich, wichtige Daten vorher auf dem PC zu sichern. Das ist bereits mit einfachen, kostenlosen Programmen aus dem Internet möglich (siehe Kapitel 14 und Anhang).

Die Software-Version wird je nach Gerät auch auf der Titelseite angezeigt, bei Magellan auch als eigener Punkt im Hauptmenü (»Über«). Daneben kann man die Software-Version auch mit vielen PC-Programmen für die Tourenplanung abfragen (siehe Kapitel 14).

TIPPS ZUM SOFTWARE-UPDATE

Unbedingt *nur* Updates für das jeweilige Gerät verwenden, sonst droht Beschädigung der Software. Ebenfalls wichtig: Auf frische Batterien achten! Der Upload benötigt viel Strom. Schaltet sich der Empfänger während des Updates wegen erschöpfter Batterien aus, befindet sich im schlimmsten Fall keine Software mehr auf dem Gerät. Dann hilft nur noch Einschicken an den Service.

Untermenü Einheiten (Units)

Die wichtigsten Einstellungen auf dieser Seite: das **Kartengitter** und das **Kartenbezugssystem**. Beide müssen auf die verwendete Karte abgestimmt werden, wenn man Wegpunkte zwischen Gerät und Karte überträgt. Nur wenn Sie Ihren Empfänger ohne Karte verwenden, sind die Einstellungen egal.

Kartengitter und -bezugssystem müssen im Gerät und auf der Karte übereinstimmen.

WICHTIGE GITTER

Auf jeden Fall sollten am GPS-Gerät möglichst folgende Gitter einstellbar sein: UTM- und geografisches Gitter, Gauß-Krüger-Gitter, Austrian Grid (Österreich) sowie das Swiss Grid (Schweiz).

DAS KARTENGITTER (POSITIONSFORMAT)

Das Kartengitter gibt das Format an, in dem das Gerät die Positionskoordinaten anzeigen soll. Wie bereits erwähnt, muss es mit dem Gitter auf der verwendeten Karte übereinstimmen. Heute verfügen alle Modelle über das UTM- und das geografische Gitter sowie zahlreiche lokale Gitter europäischer wie außereuropäischer Länder (z. B. der Schweiz, den USA oder Australien). In der Regel stehen ungefähr 10–30 Gitter zur Auswahl, wobei es durchaus Unterschiede zwischen den Herstellern gibt: Garmin-Modelle besitzen beispielsweise kein französisches, die von Magellan kein österreichisches Gitter (was ärgerlich ist, weil in Österreich bisher die meisten topografischen Karten noch nicht auf das UTM-Gitter umgestellt worden sind; Abhilfe siehe Kapitel 8, Abschnitt »Topografische Karten von Österreich«).

Bei modernen Geräten kann man zahlreiche Kartengitter und -bezugssysteme einstellen.

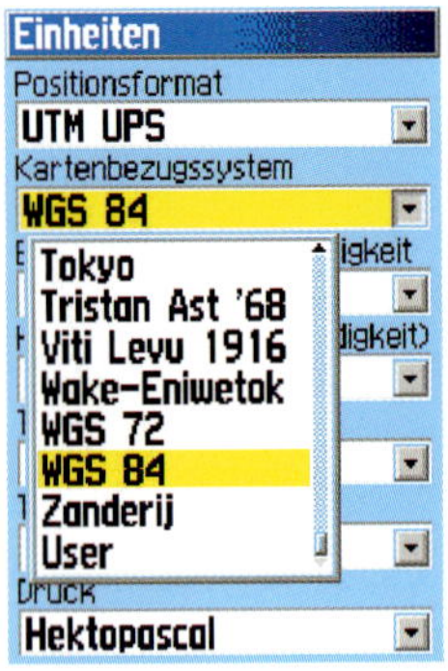

Beim Kauf lohnt sich also ein Blick auf die einstellbaren Gitter, vor allem wenn Sie das Gerät auch in Ländern mit Karten ohne UTM-Gitter einsetzen wollen. Notfalls bleibt nur, auf das etwas »unkomfortablere« geografische Gitter auszuweichen, das auf den meisten Karten aufgedruckt ist. Alternativ kann man versuchen, die Gitterparameter beim jeweiligen Landesvermessungsamt zu erfragen, und als »Benutzer-Gitter« (»User Grid«) eingeben.

DAS KARTENBEZUGSSYSTEM

Man kann es nicht oft genug sagen: Wenn man mit Karte arbeitet, muss im Gerät unbedingt das richtige Kartenbezugssystem eingestellt werden (siehe Kapitel 6). Je mehr Kartenbezugssysteme ein GPS-Gerät besitzt, desto vielseitiger ist es einsetzbar. Heute verfügen alle Modelle über den internationalen Standard WGS 84 und meist mehr als 100 verschiedene lokale Kartenbezugssysteme.

USER-MAP DATUM

Lässt sich an Ihrem GPS-Gerät ein bestimmtes Kartenbezugssystem nicht einstellen, können Sie es über die Option »Benutzer-Bezugssystem« (»User Map Datum«) selbst eingeben. Dazu müssen Sie die Parameter des entsprechenden Bezugssystems kennen. Die finden Sie z. B. für über 200 Bezugssysteme unter *www.kowoma.de*.

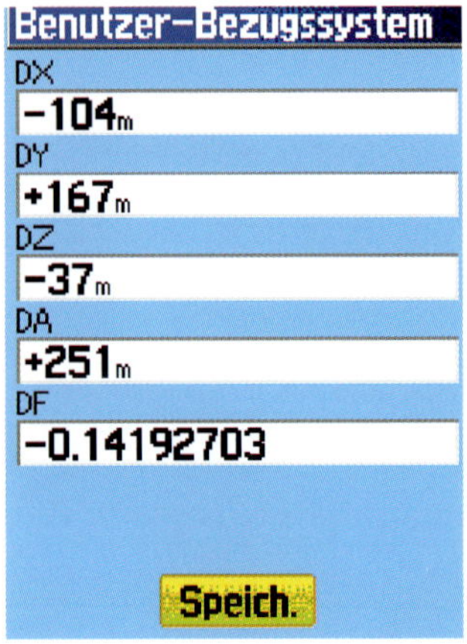

Parameter eines Kartenbezugssystems: Lage des Koordinadenursprungs (DX, DY, DZ) sowie Unterschiede in den »Abmessungen« des verwendeten Ellipsoids (DA, DF) im Bezug zu WGS 84.

WEITERE EINSTELLUNGEN

Vergessen Sie nicht, auch die Einheiten für Entfernung und Geschwindigkeit einzustellen: Neben dem metrischem System (»metric«) können meist auch britische und amerikanische Meilen (»miles«) sowie nautische Einheiten (»nautic«, für Segler) gewählt werden. Bei Modellen mit Höhenmesser gibt man auch die Druckeinheit für das Barometer eingegeben, in Europa meist Millibar bzw. Hektopascal.

Untermenü Richtung (Nordbezug; Heading)

NORDBEZUG

Ein GPS-Gerät zeigt beim Navigieren immer Richtungen an: Beispielsweise gibt der Pfeil auf der Navigationsseite stets die Richtung zu einem ausgewählten Ziel an, der entsprechende Kurswinkel wird in Datenfeldern angezeigt. Jede Richtungsangabe bezieht sich dabei auf Norden. Gehen Sie z. B. genau nach Osten, so beträgt der Kurswinkel 90°.

Im Untermenü Richtung einzustellen: Nordbezug, Einheiten für Kurswinkel und – so vorhanden – der Kompass.

Allerdings gibt es – wie in Kapitel 7 beschrieben – nicht nur eine Nordrichtung, sondern gleich drei, die je nach Region erheblich voneinander abweichen: Geografisch, Magnetisch und Gitter-Nord. Zumindest die ersten beiden können unter »Nord-Referenz« bei allen Geräten eingestellt werden, entsprechend beziehen sich natürlich auch die Kurswinkel (Richtungen) auf die jeweilige Nordrichtung.

Aber ist es nicht eigentlich egal, welche Nord-Referenz man eingestellt hat? Schließlich zeigt der Richtungspfeil unabhängig von der Nordrichtung immer genau zum Ziel. Das stimmt, solange man nur mit GPS-Gerät und Karte marschiert. Sowie man jedoch den vom GPS-Gerät angezeigten Kurswinkel auf einen Kompass überträgt, muss die Nord-Referenz berücksichtigt werden. Das kann nützlich sein, wenn man zeitweise nach Kompass laufen will, um Strom zu sparen. Ebenso ist die Nordrichtung zu beachten, wenn Kurswinkel zwischen Karte und Gerät übertragen werden, wie z. B. bei der Wegpunktprojektion (spezielle Methode zur Ermittlung von Wegpunkten aus der Karte; siehe Kapitel 10).

Je nach Karte oder Kompass muss man folgende Nordrichtung einstellen:

- **Wahr** (True), d. h. Geografisch Nord, wenn man Winkel zwischen dem GPS-Gerät und einem Kompass *mit* Missweisungsausgleich überträgt. Die gleiche Einstellung gilt, wenn Sie Karten mit *geografischem* Gitter verwenden.
- **Magnetisch** (Auto Mag, Auto, Magnetic), wenn man Richtungen vom GPS-Empfänger auf einen Kompass *ohne* Missweisungsausgleich überträgt und umgekehrt. Die Werte für die Deklination sind weltweit für alle Gebiete fest im Gerät gespeichert. In Deutschland spielt es zurzeit allerdings keine Rolle, ob man »Wahr« oder »Magnetisch« einstellt, weil

Wer Kurswinkel zwischen GPS-Gerät und Kompass überträgt, muss die korrekte Nordrichtung einstellen.

die Abweichung unerheblich ist. In Grönland, Alaska oder auch Neuseeland, Island und Teilen Skandinaviens bestehen jedoch beträchtliche Unterschiede!

- **Gitter-Nord** (Grid North), d. h. die Nordrichtung des Kartengitters, wenn man Winkel auf bzw. von Karten mit geodätischem Gitter überträgt. Lässt sich »Gitter-Nord« nicht einstellen, wählen Sie »Wahr«, die Abweichungen sind meist nicht allzu groß.
- Unter Nordbezug »**Benutzer**« (»User«) lässt sich bei Garmin-Modellen die magnetische Deklination auch von Hand eingeben. Das kann in Gegenden mit starken Anomalien hilfreich sein, in denen die im Gerät gespeicherten Werte zu ungenau sind. Die Werte für die lokale Deklination entnimmt man der Kartenlegende oder bestimmt sie mit Hilfe von Karte und Kompass.

TIPP

Sie wollen die Deklination oder Nadelabweichung an Ihrem Kompass einstellen, der Wert ist aber auf der Karte nicht angegeben? Für Besitzer eines Garmin-Gerätes kein Problem: Die Geräte haben die entsprechenden Werte nicht nur gespeichert, sondern zeigen sie auch an.

NORDBEZUG – ANSCHAULICH

Wenn Sie mit Ihrem GPS-Gerät exakt Richtung Norden gehen (Kurs 0°) und als Nordbezug eingestellt haben:

- »Geografisch«, bewegen Sie sich parallel zu den Längengraden auf den geografischen Nordpol zu;
- »Magnetisch«, bewegen Sie sich entlang der magnetischen Feldlinien in Richtung magnetischer Nordpol;
- »Gitter-Nord«, bewegen Sie sich parallel zu den senkrechten Gitterlinien auf Ihrer Karte.

Der Nordbezug wird bei einigen Geräten (z. B. Garmin »eTrex«/»Geko«, Lowrance, Silva »Atlas«) auch im Untermenü Einheiten eingestellt.

WEITERE EINSTELLUNGEN

Bei vielen Geräten kann man noch zwischen verschiedenen Einheiten für Kurs, Sollkurs und Peilung wählen: Üblich sind Grad, je nach Modell lassen sich noch Mil (selten verwendete Einheit, Kreisaufteilung in 6400 Einheiten) oder Himmelsrichtungen einstellen. Beispiel: Kurs Nordost entspricht 45° entspricht 800 Mil.

KOMPASS KALIBRIEREN

Ihr Kompass am GPS-Gerät zeigt falsch an? Vielleicht sogar nach Süden statt nach Norden? Dann muss er unbedingt »kalibriert«, d. h. neu geeicht werden. Das erfolgt ebenfalls im Setup. Elektronische Kompasse sind sehr störanfällig gegen elektromagnetische Felder, z. B. kann schon eine Fahrt im Auto den Kompass »verstellen«. Deshalb den Kompass unbedingt am *Ausgangspunkt* einer Tour kalibrieren (abseits von Stromleitungen etc.!), im Zweifelsfall auch vor einer Peilung.

Bei Geräten mit Kompass lässt sich im Setup festlegen, ob oder wann sich dieser automatisch zuschalten soll, z. B. nach Unterschreitung einer bestimmten Geschwindigkeit oder erst nach einer gewissen Zeit im Stand. Das spart viel Batterie, weil sich der Kompass nicht bei jedem kurzen Stopp wie z. B. einem Blick in die Landschaft, gleich zuschaltet.

Untermenü Display (Anzeige)

In diesem Menü können Sie die Bildschirm-Einstellungen vornehmen: Bei Farbdisplay kann man zwischen verschiedenen Farben wählen, bei Graustufen- und Schwarz-Weiß-Modellen den Kontrast regeln. Auch die Dauer der Hintergrund-Beleuchtung lässt sich anpassen, meist

Stromfresser: Die Display-Beleuchtung nur so lange anschalten wie nötig.

TIPP

Checken Sie vor jeder Tour im Setup, ob alle Einstellungen stimmen, besonders das Kartenbezugssystem!

in mehreren Stufen zwischen 15 Sekunden und einigen Minuten bis zur Dauerbeleuchtung. Unabhängig davon kann man »das Licht« jederzeit von Hand »ausknipsen«. Was man auch tun sollte: Beleuchtung kostet Strom und sollte nicht länger als nötig eingeschaltet sein.

Fein: Bei teuren Geräten mit Farbdisplay lässt sich sogar die Helligkeit, teilweise stufenlos, regulieren. Das spart nicht nur Strom, ein »gedimmtes« Display blendet auch weniger.

Untermenü Zeit (Time)

Jedes GPS-Gerät empfängt von den Satelliten ständig Uhrzeit und Datum. Allerdings arbeitet das GPS-System intern mit der UTC-Weltzeit, die sich auf Greenwich in Südengland bezieht. Damit Ihr Gerät an Ihrem Standort auch die richtige Zeit anzeigt, müssen Sie die jeweilige Zeitzone bzw. die Zeitverschiebung zur UTC-Zeit (»Offset«) einstellen: für Deutschland, Österreich und die Schweiz die Zone »Paris« bzw. ein UTC-Offset von +1. Weitere Einstellungen betreffen das Zeitformat (24 oder 12 Stunden) sowie das Umstellen auf Sommer- bzw. Winterzeit.

Geräte mit Patch-Antenne hält man waagrecht, …

Untermenü Schnittstelle (Interface)

Will man Daten zwischen einem GPS-Gerät und PC, Laptop oder PDA austauschen, muss das richtige Übertragungsprotokoll (das serielle Datenformat) ausgewählt werden:

- Für den Austausch von Wegpunkten, Routen und Tracks (»Offline-Navigation«) ist bei vielen Modellen keine extra Einstellung nötig. Nur bei Garmin-Empfängern ohne USB-Anschluss muss als Schnittstelle »Garmin« gewählt werden.
- Die Einstellung NMEA, ein standardisiertes Protokoll, dient u. a. in Verbindung mit entsprechender Software der Übertragung von Positions- und Satellitendaten auf einen Laptop oder PDA (»Online-Navigation«; siehe Kapitel 14).

Die korrekte Ausrichtung des Geräts

So, Ihr Gerät ist fertig für den ersten Einsatz. Damit Sie unterwegs einen möglichst guten Empfang mit hoher Genauigkeit haben, müssen Sie auch darauf achten, das Gerät richtig zu halten. Um möglichst wenig Satellitensignale mit dem Körper abzuschatten, hält man den Empfänger mit leicht ausgestrecktem Arm: Modelle mit Patch-(Flach-)Antenne möglichst

... Modelle mit Helixantenne aufrecht.

waagrecht, Empfänger mit Quadrifilar-Helix-Antenne um etwa 45° geneigt bis senkrecht. Das Gerät zeigt dabei stets in Gehrichtung. Der Antennentyp ist im Handbuch angegeben, die korrekte Ausrichtung des Geräts leider oft nicht.

Ein bisschen experimentieren lohnt sich durchaus: Die Haltung immer wieder leicht variieren und dabei auf der Satellitenseite beobachten, ob und wie sich der Empfang bzw. die Genauigkeit verändert. Bei schlechten Bedingungen hilft es manchmal, sich mit dem Gerät etwas zu drehen, um je nach Satellitenkonstellation die Abschattung durch den Körper zu verringern.

Alarme/Alarmtöne

Unterwegs weisen GPS-Geräte Sie durch Meldungen, die meist mit einem Warnton verbunden sind, auf die verschiedensten Situationen hin. Dazu gehört schlechter Satellitenempfang ebenso wie der Hinweis auf Abzweigungen. Der Vorteil: Man braucht nicht ständig das Display im Auge behalten.

SCHLECHTER SATELLITENEMPFANG (WEAK SIGNALS, POOR COVERAGE)

Kann das Gerät nach dem Einschalten keine Position bestimmen, erscheint eine Warnmeldung sowie ein Menü mit verschiedenen Optionen für das weitere Vorgehen. Sollte keine Initialisierung nötig sein (»Neue Position«, »New Location«, kann man entweder die Satellitensuche fortsetzen (»Suche weiter«, »Continue Acquiring«), z. B. wenn lediglich eine Abschattung vorliegt, die sich rasch beheben lässt. Ist dies nicht der Fall, schaltet man den GPS-Empfang (»ohne GPS«, »GPS OFF« o. Ä.) oder das Gerät ab, um Strom zu sparen, und versucht es an einer günstigeren Stelle erneut.

Auch unterwegs warnt das Gerät , wenn es den Satellitenkontakt verloren hat oder nur eine 2-D-Positionsbestimmung möglich ist (»Signale schwach«, »Weak Signals« o. Ä.). Die Meldung erscheint meist nicht sofort, sondern zeitlich verzögert (bis zu 30 Sekunden). Andernfalls würde z. B. im Wald, wo der Empfang immer wieder kurzzeitig verloren gehen kann, jedes Mal sofort ein Signal ertönen, was ziemlich lästig wäre. Das Gerät interpoliert stattdessen aus der letzten Bewegungsrichtung und Geschwindigkeit die weitere Position. Das können Sie leicht einmal ausprobieren, indem Sie die Antenne mit der Hand abdecken, während Sie sich bewegen.

ANKUNFTSALARM

Ertönt der Ankunftsalarm, ist man fast am Ziel.

Der Alarm ertönt, sobald man sich dem Ziel auf eine bestimmte Distanz, die man je nach Gerät auch selbst einstellen kann, genähert hat. Den Ankunftsalarm sollten Sie nicht mit dem Annäherungsalarm verwechseln. Letzterer ertönt, sobald Sie sich einem beliebigen, vorher ausgewählten Wegpunkt nähern (siehe Kapitel 4).

WEITERE ALARME

Weitere Meldungen und Alarmtöne weisen auf Abzweigungen, Abweichungen vom Kurs, WAAS/EGNOS-Empfang oder schwache Batterien hin. Je nach Gerät kann man auch selbst einstellen, in welchen Situationen ein Alarm erfolgen soll.

Die einfachste Art Wegpunkte zu ermitteln: Speichern vor Ort

10 Gewusst wo: Wegpunkte

Ein Wegpunkt ist eine im GPS-Gerät als Koordinatenpaar gespeicherte Position, z. B. als geografische Breite und Länge oder als Rechts- und Hochwert im UTM-Gitter. Sobald Sie einen Ort als Wegpunkt gespeichert haben, können Sie ihn mit GPS jederzeit problemlos wiederfinden bzw. sich hinführen lassen. Mehr noch: Wegpunkte bilden auch die Grundlage der Navigation mit Routen, mit denen Sie ganze Touren planen können.

Wegpunkte lassen sich auf zwei Arten bestimmen:

- Entweder speichern Sie mit dem GPS-Empfänger unterwegs die Koordinaten Ihres aktuellen Standorts oder
- Sie ermitteln die Koordinaten eines beliebigen Punkts auf der Karte und geben sie ins Gerät ein. Umgekehrt können Sie die vom Gerät angezeigten Koordinaten auf die Karte übertragen und so Ihren Standort feststellen.

Wegpunkte unterwegs speichern

Nichts einfacher als das: Gerät einschalten, warten, bis genügend Satelliten empfangen werden und die Position ermittelt ist. Dann die Mark- oder Save-Taste drücken und schon öffnet sich das Menü »Wegpunkt speichern«. Angezeigt werden die Koordinaten, die Höhe sowie ein vom Gerät vorgeschlagener Wegpunkt-Name.

Um die Bezeichnung zu ändern, wählt man mit der Pfeiltaste das Namensfeld an und ruft es mit »Enter« auf. Jetzt erscheint ein Panel mit Buchstaben und Zahlen, über das man den neuen Namen eingibt. Zusätzlich kann man jedem Wegpunkt ein Symbol zuweisen. Wie bei Kartenzeichen lässt sich so mit einem Blick erkennen, um welche Art Wegpunkt es sich handelt. Nicht vergessen, den Wegpunkt am Schluss mit »Enter« (bzw. »OK«) zu speichern.

TIPP

Bei den kartenfähigen Modellen lassen sich die Wegpunkte auch auf der Kartenseite durch Scrollen mit dem Cursor setzen, was in Verbindung mit aufladbaren Karten besonders praktisch ist.

Menü »Wegpunkt speichern« beim Garmin »GPSmap CS«.

Wegpunkt-Bezeichnungen

GPS-Geräte nummerieren Wegpunkte einfach durch (z. B. »W133«, »W134« etc.) und wählen ein Standard-Symbol aus. Was einen Nachteil hat: Vor allem, wenn viele Punkte im Gerät gespeichert sind, verliert man leicht den Überblick. Bestimmte Punkte sind nur schwer zu finden.

Vorteilhafter sind z. B. Bezeichnungen, mit denen Sie einen Wegpunkt zumindest einem bestimmten Gebiet zuordnen können. Ich kürze jede Region mit zwei bis drei Buchstaben ab, die ich dem Wegpunkt voranstelle, z. B. KAR für Karwendel. Zusätzlich wähle ich ein passendes Symbol, je nachdem ob es sich um eine Wegkreuzung, Hütte, Parkplatz etc. handelt. Das hält einerseits den Aufwand beim Eingeben in Grenzen, andererseits kann man sich so über die Suchfunktion im Gerät leicht alle Wegpunkte einer Region anzeigen lassen und über die Suche mit Symbol schnell weiter eingrenzen.

Je nach Gerät sind für den Namen sechs bis zehn Zeichen möglich. Allerdings: Je länger die Bezeichnung, desto mehr Platz nimmt sie auf der Kartenseite ein, die Darstellung wird v. a. bei geringer Zoomstufe unübersichtlich. Deshalb: Bezeichnung möglichst kurz halten, zumal sich bei vielen Modellen in einem Extrafeld Zusatzinfos oder Kommentare eingeben lassen wie z. B. der geografische Name. Auch das kann die Suche nach einem bestimmten Punkt erleichtern. Standardmäßig speichern die meisten Empfänger hier das aktuelle Datum mit Uhrzeit.

TIPP

Solange Sie Wegpunkte (bzw. Koordinaten) nicht in eine Karte übertragen wollen, ist das eingestellte Kartengitter (Positionsformat) und -bezugssystem egal. Trotzdem empfehlen sich als Standart-Einstellung UTM und WGS 84.

Ein durchdachtes System bei der Eingabe von Wegpunkten erleichtert das Wiederfinden.

Erhöht die Genauigkeit beim Speichern von Wegpunkten: Mitteln

Tipps für mehr Genauigkeit

Schon mit einem einfachen Kniff können Sie die Genauigkeit unterwegs gespeicherter Wegpunkte enorm erhöhen: mit der Funktion »Mitteln« (Averaging), die sich meist als Option im Menü »Wegpunkt speichern« befindet (siehe Abb. rechts). Dabei bildet das Gerät *vor* dem Speichern

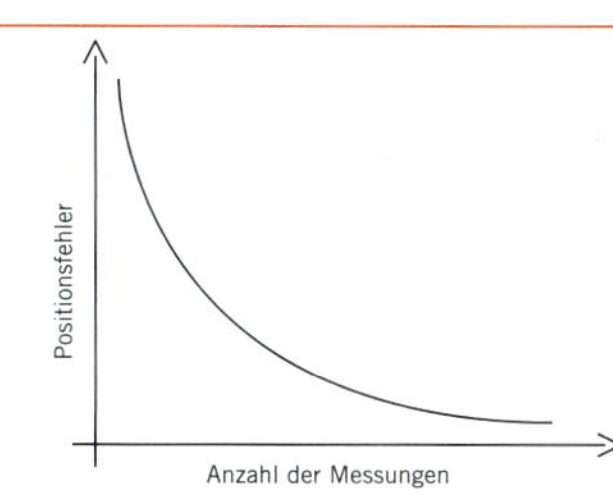

den Mittelwert aus einer beliebigen Anzahl von Positionsmessungen. Sie müssen nur so lange an Ihrem Standort stehen bleiben, bis sich die Genauigkeit nicht oder nur noch unwesentlich verbessert. Das ist meist schon nach kurzer Zeit der Fall: Anfangs steigt die Genauigkeit durch »Mitteln« stark, mit zunehmender Dauer immer weniger. Auch bei Geräten ohne diese Funktion können Sie mit Hilfe der Positionsseite bzw. der Satellitenseite die Genauigkeit erhöhen. Warten Sie einfach so lange mit dem Speichern, bis sich die Positionsanzeige (die Koordinaten) nicht mehr oder nur noch geringfügig ändert bzw. eine möglichst hohe Genauigkeit angezeigt wird. Keinesfalls sollten Sie nach dem Einschalten gleich die erste, meist noch ungenaue Position speichern, die das Gerät ermittelt.

Ansonsten gilt auch beim »Mitteln«: Wegpunkte möglichst abseits von Hindernissen wie Bäumen, Felsen oder Hütten speichern. Bei Abschattung genügen oft ein paar Schritte zur Seite, weg vom Hindernis, oder eine andere Ausrichtung des Geräts. Jeder zusätzlich empfangene Satellit verbessert die Genauigkeit (siehe Kapitel 3).

Übertragen von Koordinaten zwischen Karte und GPS-Gerät

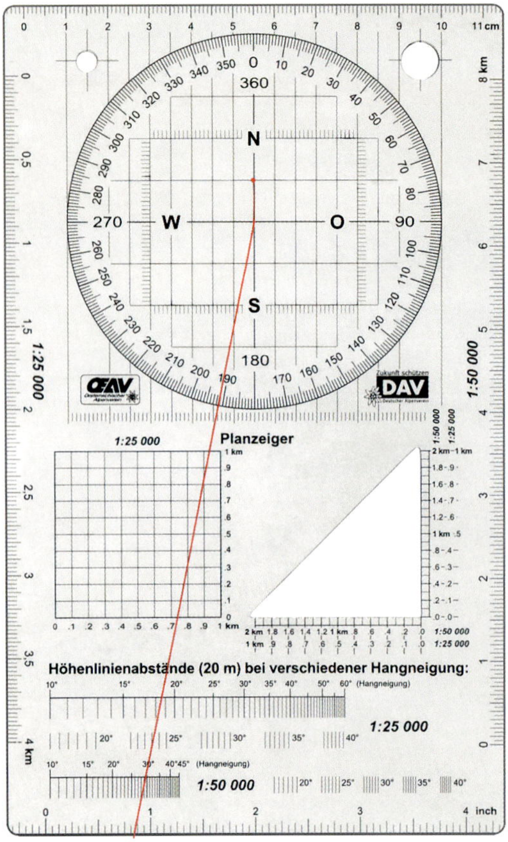

Vielseitig: Mit dem Planzeiger des Alpenvereins kann man nicht nur Koordinaten bestimmen, sondern auch Kurswinkel, die Hangneigung und Entfernungen.

Das Übertragen von Koordinaten zwischen Karte und GPS-Gerät gehört zu den wichtigsten Dingen, die Sie bei der GPS-Navigation beherrschen müssen. Nur dann können Sie Ihren Standort auf der Karte ermitteln, nur dann können Sie Touren im Voraus planen.

Voraussetzung ist eine Karte mit aufgedrucktem Gitter. Im Prinzip bestimmt man nur den Abstand eines Punktes von der nächstgelegenen waagrechten und senkrechten Gitterlinie, ermittelt daraus die Koordinaten und gibt sie ins Gerät als Wegpunkt ein. Falls man umgekehrt Koordinaten vom Gerät überträgt, ermittelt man aus der Entfernung des Punktes zu den Gitterlinien seine Position auf der Karte.

Wie die nächsten Abschnitte zeigen, hängt die Vorgehensweise vom jeweiligen Kartengitter ab, je nachdem ob ein geodätisches, wie z. B. das UTM-Gitter, oder das geografische Gitter vorliegt. Achten Sie in beiden Fällen darauf, *vorher* neben dem Kartengitter auch das richtige Kartenbezugssystem am Gerät einzustellen! Sonst können erhebliche Lagefehler auftreten und Sie finden u. U. Ihr Ziel nie.

Vor allem auf älteren Karten ist das Gitter oft nur am Kartenrand angerissen. Die Gitterlinien müssen dann selbst einzeichnet werden, indem man die entsprechenden Markierungen mit einem feinen Bleistift verbindet.

Auch wenn Ihnen das Bestimmen von Koordinaten anfangs schwer fallen sollte: Lassen Sie sich nicht entmutigen! Mit etwas Übung bekommen Sie schnell Routine!

UTM-Gitter: Koordinaten auf der Karte ermitteln

Das UTM-Gitter wird hier stellvertretend für alle geodätischen Gitter behandelt. Die Vorgehensweise bei lokalen Kartengittern wie dem österreichischen Bundesmeldenetz, dem Gauß-Krüger- oder dem Schweizer Gitter ist die gleiche. Mit geodätischen Gittern lassen sich Koordinaten sehr schnell und einfach aus der Karte ablesen, weil die Gitterlinien senkrecht aufeinander stehen und das Gitter mit Entfernungsangaben verknüpft ist.

Die Koordinaten auf der Karte bestimmt man am besten mit einem Planzeiger, das ist eine Art rechter Winkel mit zwei Skalen aus Klarsichtfolie oder Plastik. Mit seiner Hilfe lassen sich Rechts- und Hochwert gleichzeitig ablesen. Die Länge der Skalen entspricht dabei genau dem Abstand der Gitterlinien auf der Karte.

PLANZEIGER RICHTIG ANLEGEN

Den Planzeiger immer so anlegen, dass der zu bestimmende Wegpunkt rechts und oberhalb der Gitterlinien liegt, an denen abgelesen wird.

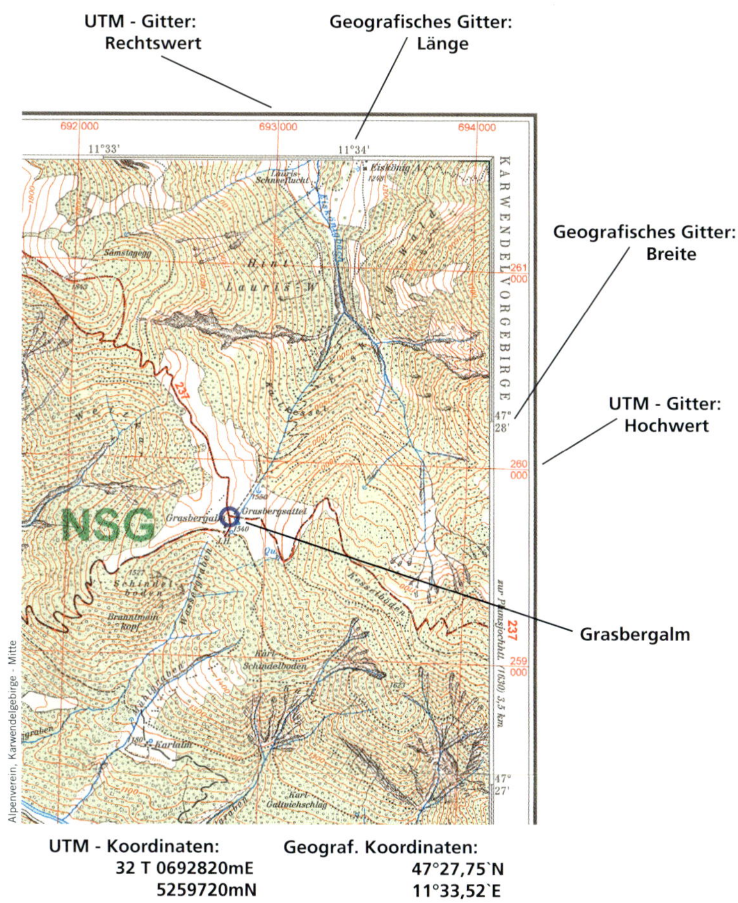

Beispiel für das Bestimmen von UTM-Koordinaten: Eine Wegabzweigung bei der Grasbergalm im Karwendel.

Für jeden Maßstab ist also ein eigener Planzeiger nötig. Oft sind Planzeiger der Karte beigelegt oder auf die Hülle aufgedruckt.

Sehr vielseitige Planzeiger in verschiedenen Maßstäben inklusive Winkel- und Neigungsmesser bieten auch der Alpenverein oder Silva an. Gute Kompasse wie der Eschenbach »Alpin« besitzen ebenfalls Grundplatten mit entsprechenden Skalen im Maßstab 1:25 000 und 1:50 000. Wer sich das Geld sparen will, kann sich auch leicht selbst einen Planzeiger aus Klarsichtfolie herstellen (siehe Abschnitt »Koordinaten im geografischen Gitter ermitteln«).

UTM-KOORDINATEN MIT DEM PLANZEIGER BESTIMMEN

Als Beispiel sollen für eine Tour im Karwendel aus einer Alpenvereinskarte die Koordinaten einer Wegabzweigung bei der Grasbergalm ermittelt werden (in der Abbildung S. 101 als blauer Kreis markiert). Der Abstand der Gitterlinien beträgt einen Kilometer, also 1000 Meter. Wie man auf einen Blick erkennt, liegt die Abzweigung rechts (östlich) der senkrechten Gitterlinie 692000 und oberhalb (nördlich) der waagrechten Linie 5259000 (Achtung: Bei Alpenvereinskarten müssen die aufgedruckten Hochwerte jeweils um 5000000 vergrößert werden).

Um die genaue Position der Abzweigung zu bestimmen, legen Sie den waagrechten Schenkel des Planzeigers so an der Gitterlinie 5259000 an, dass der senkrechte Schenkel gleichzeitig an der Abzweigung anliegt. Jetzt können Sie den Abstand der Abzweigung von den Gitterlinien 692000 und 5259000 ablesen und daraus Rechts- und Hochwert ermitteln:

Für den **Rechtswert** erhalten Sie auf der waagrechten Skala des Planzeigers an der (senkrechten) Gitterlinie 692000 den Wert 8,2. Da der Abstand zweier Gitterlinien 1000 Metern entspricht, liegt die Abzweigung 820 Meter »rechts« (östlich) der Gitterlinie 692000. Sie müssen also nur noch 820 Meter zum Wert der Gitterlinie hinzuaddieren, und schon haben Sie den Rechtswert, 0692820mE. Analog gehen Sie beim **Hochwert** vor: Der Wegpunkt liegt 720 Meter oberhalb (nördlich) der waagrechten Gitterlinie 5259000, hat also den Hochwert 5259720mN.

Fehlt nur noch das entsprechende Zonenfeld, das Sie der Kartenlegende entnehmen, und die UTM-Koordinaten für die Abzweigung sind vollständig: 32 T 0692820mE, 5259720mN.

Je nach verwendetem Maßstab können Sie Koordinaten unterschiedlich genau ermitteln. Einen fein unterteilten Planzeiger vorausgesetzt, erreicht

Ablesen von UTM-Koordinaten mit Planzeiger.

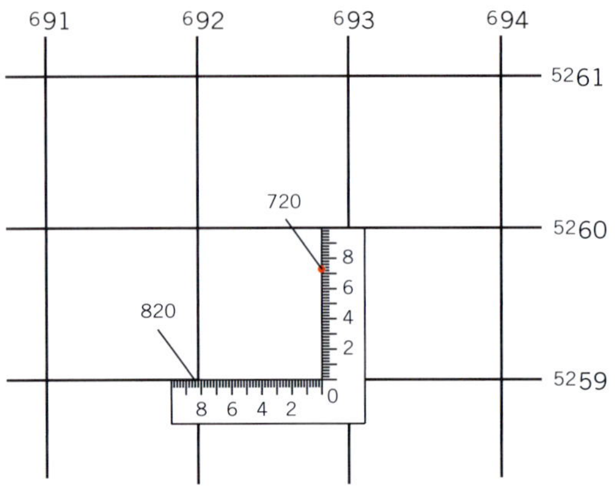

UTM- Koordinaten des Wegpunkts

Rechtswert: 0692000 plus 820 ergibt 0692820mE
Hochwert: 5259000 plus 720 ergibt 5259720mN

HINWEIS

Wie bereits in Kapitel 6 beschrieben, werden auf vielen Karten die Werte für die Gitterlinien nicht wie im Beispiel in Metern, sondern in Kilometern angegeben, also z. B. 693 statt 693000 (vgl. nebenstehende Abb.).

man auf der Karte im besten Fall eine Ablesegenauigkeit von etwa plus/minus 0,5 Millimeter. Das entspricht im Maßstab 1:25 000 gut 10 Metern, im Maßstab 1:50 000 etwa 25 Metern und im Maßstab 1:100 000 ca. 50 Metern. Entsprechend werden die Koordinaten gerundet, im Beispiel der Abzweigung bei der Grasbergalm bei einer Karte im Maßstab 1:25 000 also auf 10 Meter.

Zum Schluss müssen Sie die abgelesenen Koordinaten noch ins Gerät eingeben. Dazu drücken Sie wieder die »Mark«-Taste (Speicher-Taste) und ersetzen die im Menü »Wegpunkt speichern« angezeigten Koordinaten durch die aus der Karte ermittelten. Dabei unbedingt auf das richtige Zonenfeld achten, vor allem wenn Sie schon zu Hause Koordinaten für eine Urlaubstour in einer anderen Zone eingeben. Zwar kann das Gerät aus dem Hochwert automatisch das korrekte Breitenband errechnen (Ausnahme siehe unten), nicht aber die Zone. Hier wählt es normalerweise die Zone, in der man sich gerade befindet bzw. in der es zuletzt eingeschaltet wurde.

TIPP

Für unterwegs sollten Sie jeden Wegpunkte zur Sicherheit auch auf der Karte einzeichnen oder zumindest eine Liste gespeicherter Punkte mit Koordinaten mitführen. Alternativ können Sie die Wegpunkte auch auf eine Klarsichtfolie zeichnen und über die Karte legen. Reicht der Wegpunktspeicher eines Geräts für eine lange Tour nicht aus, müssen Sie unterwegs nicht mehr benötigte Punkte löschen und neue eingeben. Auch das geht schneller, wenn Sie die Koordinaten aller Punkte bereits zu Hause bestimmt haben und als Liste mitführen.

Wer also z. B. in Berlin, in der Zone 33 U, die Koordinaten für die Urlaubstour zur Grasbergalm eingibt und nicht aufpasst, wird nie dort ankommen. Das Gerät ordnet die Koordinaten ohne Korrektur dem Zonenfeld 33 T zu: Statt bei der Grasbergalm landen Sie dann nördlich von Papa, einem Ort in Ungarn.

Geben Sie auf der Nordhalbkugel Koordinaten der südlichen Hemisphäre ein (oder umgekehrt), z. B. vor einem Neuseeland-Urlaub, müssen Sie zusätzlich auf das Breitenband achten. Allerdings genügt die Eingabe eines beliebigen Buchstabens zwischen C und M (bzw. je nach Gerät auch S für südliche Hemisphäre). Das Gerät ermittelt dann aus dem Hochwert automatisch das korrekte Band (im umgekehrten Fall gibt man einen Buchstaben zwischen N und X oder N für nördliche Hemisphäre ein).

Ermitteln von UTM-Koordinaten mit Ecklineal.

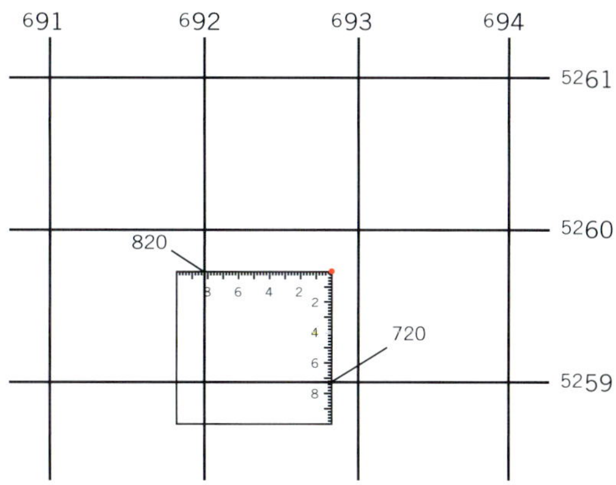

KTM-Koordinaten des Wegpunkts

Rechtswert: 0692000 plus 820 ergibt 0692820mE
Hochwert: 5259000 plus 720 ergibt 5259720mN

UTM-KOORDINATEN MIT DEM ECKLINEAL BESTIMMEN

Eine Alternative zu Planzeigern sind Ecklineale; bei ihnen sind die Skalen jedoch anders angeordnet. Sie werden, wie die nebenstehende Abbildung zeigt, parallel zu den Gitterlinien angelegt. Im Gegensatz zu Planzeigern lassen sie sich weniger leicht ausrichten, vor allem wenn das Gitter schräg zu den Kartenrändern verläuft. Ein Ecklineal findet man z. B. auf den Grundplatten von Kompassen.

UTM-KOORDINATEN MIT DEM LINEAL ERMITTELN

UTM-Koordinaten lassen sich auch leicht mit einem Geodreieck oder Lineal ermitteln. Dabei muss man jedoch den Maßstab der Karte beachten: Bei Maßstab 1:25 000 sind die abgelesenen Millimeter-Werte mit 25, im Maßstab 1:50 000 mit 50 zu multiplizieren (1 Millimeter auf der Karte entspricht 25 bzw. 50 Meter im Gelände).

Wiederum am Beispiel der Abzweigung bei der Grasbergalm soll der Hochwert betimmt werden: Der Abstand der Abzweigung zur Gitterlinie 5259000 beträgt auf der Karte im Maßstab 1:25 000 29 Millimeter. Das entspricht 725 Metern (29 x 25 = 725), für den Hochwert ergibt sich damit 5259725mN. (Die Abweichung von 5 Metern zur Bestimmung mit dem Planzeiger ergibt sich aus der unterschiedlichen Skaleneinteilung von Lineal und Planzeiger und der damit verbundenen Rundung).

UTM-Gitter: Standort (Koordinaten) in die Karte übertragen

Wer seinen Standort ermitteln will, muss die vom Gerät angezeigten Koordinaten in die Karte übertragen. Beispiel: Auf Ihrer Wanderung im Karwendel sind Sie ein Stück weiter marschiert und wollen gerne wissen, wo Sie jetzt sind. Ihr Gerät gibt Ihnen als Position 32 T 0692212,

TIPP

Ist man z.B. auf einem Weg entlang eines Flusses oder einer Küstenlinie unterwegs (Standlinie), reicht es meist, eine Koordinate zu übertragen. Der Standort liegt im Schnittpunkt mit der Standlinie. Oft findet man seine Position auf der Karte sogar ohne Planzeiger. Aus den angezeigten Koordinaten können auf einen Blick die nächstgelegene senkrechte und waagrechte Gitterlinie abgelesen werden. Meist lässt sich dann der eigene Standort schon durch einen Vergleich mit dem Wegverlauf oder der Topografie hinreichend genau ermitteln.

Manchmal genügt es schon, Koordinaten nach Augenmaß in die Karte zu übertragen, um den Standort zu bestimmen.

5260583 an. Wie Sie wissen, handelt es sich dabei um Angaben in Metern: Sie befinden sich 212 Meter rechts (östlich) der Gitterlinie 692000 und 583 Meter oberhalb (nördlich) der Gitterlinie 5260000 (je nach Karte auch mit 692 bzw. 5260 bezeichnet).

Um Ihren Standort auf der Karte zu bestimmen, suchen Sie zunächst diese beiden Gitterlinien. Die genaue Position ermitteln Sie dann mit dem Planzeiger, wobei die vom Gerät angezeigten Koordinaten wieder auf 10 Meter gerundet werden. Dazu legen Sie den Planzeiger mit dem waagrechten Schenkel an die Gitterlinie 5260000 an. Dann verschieben Sie ihn so lange, bis die waagrechte Skala die Gitterlinie 692000 bei 2,1 (entsprechend 210 Meter) schneidet. Jetzt lesen Sie am senkrechten Schenkel den Wert 5,8 ab (entsprechend 580 Metern) und schon kennen Sie Ihren Standort. Der Beispielpunkt liegt übrigens nicht weit entfernt von der Grasbergalm. Haben Sie herausgefunden, wo? (Auflösung im Anhang).

Koordinaten im geografischen Gitter übertragen

Das geografische Gitter verliert im Outdoor-Bereich im Zuge der Umstellung auf das UTM-Gitter zunehmend an Bedeutung. Trotzdem gibt es vor allem in außereuropäischen Ländern noch Karten mit geografischem Gitter. Weil es auf vielen Karten zusätzlich aufgedruckt ist, kann es außerdem von Nutzen sein, falls sich ein bestimmtes lokales Gitter nicht im GPS-Gerät einstellen lässt.

Das Ablesen von Koordinaten im geografischen Gitter ist nicht ganz so einfach wie beim geodätischen Gitter. Die Gitterfelder sind höher als breit und streng genommen nicht rechtwinklig, sondern trapezförmig (was aber bei den Maßstäben von Wanderkarten nicht auffällt). Außerdem hängt der Abstand der Längengrade von der Breite ab, nimmt er doch vom Äquator zu den Polen hin ab (siehe Kapitel 6). Trotzdem, im Prinzip werden Koordinaten im geografischen Gitter nicht anders bestimmt als bei geodätischen.

PLANZEIGER FÜR DAS GEOGRAFISCHE GITTER

Wie bei geodätischen Gittern liest man Koordinaten am besten mit einem Planzeiger ab, den man sich allerdings selbst anfertigen muss. Wie erwähnt, hängt der Rechtswert, die geografische Länge, von der Breite ab. Folge: Man braucht nicht nur wie bei geodätischen Gittern für jeden Kartenmaßstab, sondern auch für jede Breite einen eigenen Planzeiger, der auf den unterschiedlichen Abstand der Längengrade abgestimmt ist.

Einen solchen Planzeiger können Sie sich schnell auf durchsichtiger Folie mit Hilfe eines Strahlenbüschels anfertigen. Das geografische Gitternetz ist auf Karten im Maßstab 1:25 000 und 1:50 000 normalerweise in Minutenfelder unterteilt (siehe Abb. S. 101 und Kapitel 7). Auch bei fast allen GPS-Geräten können geografische Koordinaten in »Grad, Minuten« eingegeben werden, wobei die »Minute« weiter dezimal unterteilt wird (z. B.

TIPP

Sollte Ihr Gerät geografische Koordinaten nur in Grad, Minuten, Sekunden (z. B. 11°33'45,567") akzeptieren, unterteilen Sie beide Skalen im ersten Schritt nur in sechs Teile, die jeweils 10" entsprechen (1' entspricht 60", siehe Kapitel 6). Die weitere Unterteilung erfolgt wieder dezimal.

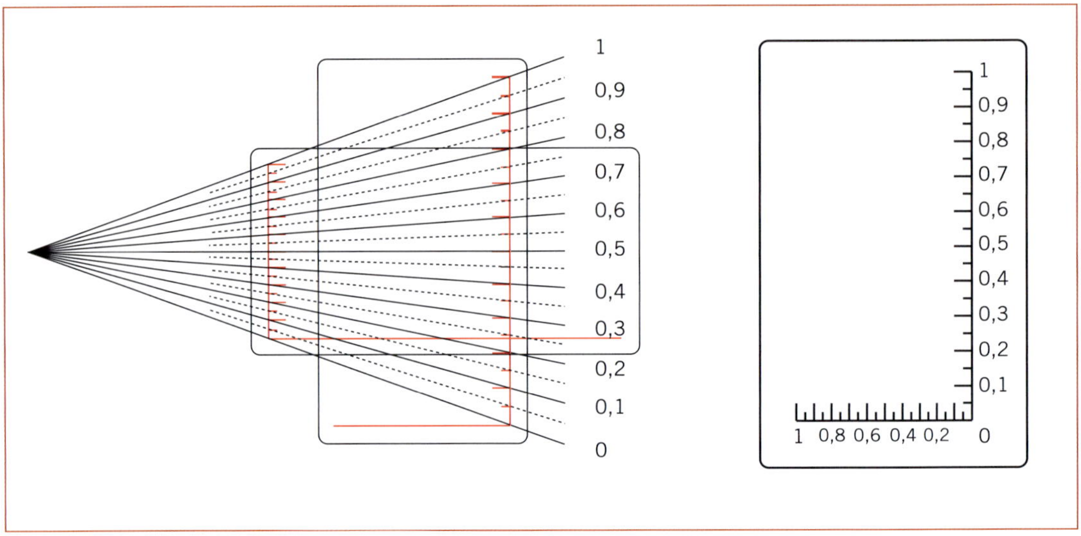

Anfertigen eines Planzeigers für das geografische Gitter.

11°35,123'; siehe Kapitel 6). Folglich unterteilt man auch die Skalen auf dem Planzeiger mit Hilfe eines Strahlenbüschels in zehn Teile. Sie können dazu z. B. das im Anhang abgebildete Strahlenbüschel verwenden oder selbst eins auf Millimeterpapier aufzeichnen.

Für die senkrechte Skala, die Breite, überträgt man zunächst den Abstand zweier Breitenminuten mit wasserfestem Stift von der Karte auf die Folie. Anschließend legen Sie die Folie so auf das Strahlenbüschel, dass Sie die Strecke in zehn gleiche Teile unterteilen können. Je nach Maßstab halbieren oder vierteln Sie die Teilstrecken weiter. Die Breite können Sie dann auf 0,05–0,025' genau bestimmen (was rund 90–45 Metern entspricht).

Entsprechend verfahren Sie mit dem waagrechten Schenkel für die geografische Länge: Zunächst tragen Sie den Abstand zweier Längenminuten ab, den Sie dann weiter unterteilen. Die Genauigkeit hängt hier von der Breite, d. h. dem Abstand der Längenminuten ab.

Auf die beschriebene Weise lassen sich übrigens auch Planzeiger für das UTM-Gitter erstellen. Was einfacher ist, weil beide Schenkel gleich lang sind. Fertige Planzeiger zum Download gibt es auch im Internet, z. B. unter www.maptools.com. Die Vorlage einfach auf Folie ausdrucken, fertig! Besonders pfiffig sind die ebenfalls von Maptools erhältlichen »Latitude/Longitude-Ruler« für geografische Koordinaten, die sich im Gegensatz zu normalen Planzeigern für *jede* Breite verwenden lassen! Alle Planzeiger können auch auf stabilem Kunststoff bei Maptools bestellt werden.

GEOGRAFISCHE KOORDINATEN MIT DEM PLANZEIGER ÜBERTRAGEN

Beim Ablesen geografischer Koordinaten gehen Sie genau so vor wie beim UTM-Gitter. Um beim Beispiel der Abzweigung bei der Grasbergalm zu bleiben: Den waagrechten Schenkel des Planzeigers legen Sie so an die Gitterlinie 47°27'N an, dass der senkrechte genau an der Abzweigung anliegt. Auf diese Weise erhalten Sie die Koordinaten 47°27,75'N, 11°33,52'E. Allerdings gibt es einen wichtigen Unterschied zum UTM-Gitter: Im Bereich

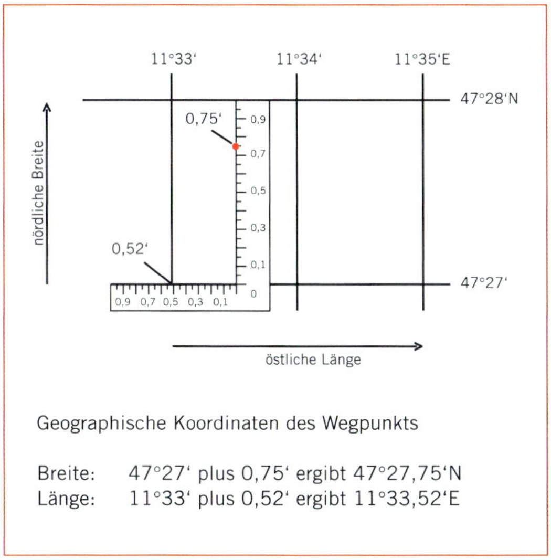

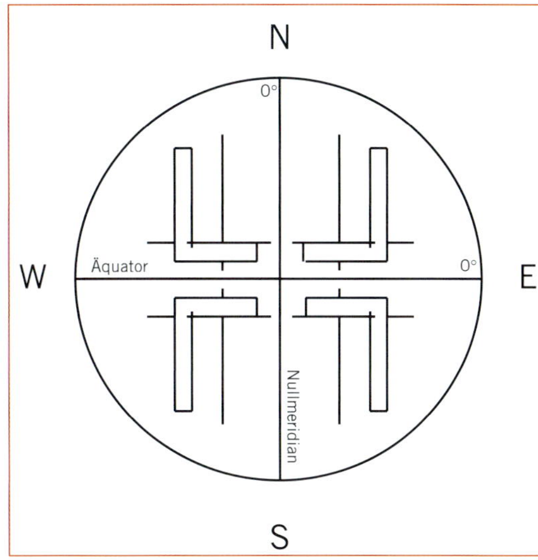

Links: Ablesen von geografischen Koordinaten mit Planzeiger.

Rechts: Je nach Breite und Länge muss der Planzeiger im geografischen Netz unterschiedlich angelegt werden.

südlicher Breite bzw. westlicher Länge muss der Planzeiger umgekehrt angelegt werden, weil die südliche Breite und die westliche Länge in die entgegengesetzte Richtung gezählt werden. Entsprechendes müssen Sie natürlich auch berücksichtigen, wenn Sie Koordinaten vom Gerät auf die Karte übertragen.

GEOGRAFISCHE KOORDINATEN MIT DEM LINEAL BESTIMMEN

Auch geografische Koordinaten kann man mit dem Lineal ermitteln.

Auch geografische Koordinaten kann man ohne Planzeiger mit einem Lineal bestimmen (z.B. auf der Anlegekante von Kompassen). Allerdings ist dazu ein Taschenrechner, wie ihn einige Garmin-Geräte besitzen, von Vorteil. Doch auch ohne Rechner kann man so geografische Koordinaten zumindest näherungsweise im Kopf ermitteln, wenn man keinen Planzeiger zur Hand hat. Im Prinzip ersetzt man dabei nur den Planzeiger durch eine einfache Rechnung.

Wie Sie dabei vorgehen, soll wieder die Abzweigung bei der Grasbergalm veranschaulichen: Zuerst bestimmen Sie auf der Karte die Höhe und die Breite des Minutenfelds, in dem die Abzweigung liegt. Im Beispiel ist das Feld 74 Millimeter hoch und 50 Millimeter breit, d.h. auf der Karte entspricht eine Breitenminute 74 Millimeter, eine Längenminute 55 Millimeter.

Anschließend messen Sie den Abstand der Abzweigung zur unterhalb liegenden Breitenminuten-Linie 47°27', im Beispiel 55 Millimeter. Weil 1 Breitenminute 74 Millimeter entspricht, sind 55 Millimeter gleich 0,74 Breitenminuten (55 : 74' = 0,74'). Diesen Wert zählen Sie – wie beim

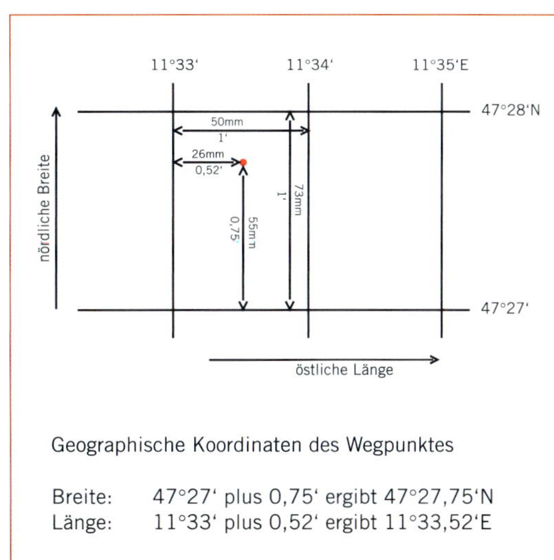

Sorgfalt beim Ablesen von Koordinaten wird mit höherer Genauigkeit belohnt.

Ablesen mit Planzeiger – zum Wert der Gitterlinie hinzu und erhalten damit die geografische Breite der Abzweigung: 47°27' + 0,74' ergibt 47°27,74'N. Entsprechend gehen Sie bei der Länge vor: Hier messen Sie den Abstand zur links gelegenen Minutenlinie 11°33'E und erhalten daraus für die Abzweigung die geografische Länge 11°33,52'E.

In Gebieten mit westlicher Länge bzw. südlicher Breite misst man wegen der umgekehrten Zählrichtung den Abstand zur nächsten Längenminuten-Linie rechts bzw. zur nächsten Breitenminuten-Linie oberhalb des Punktes.

Umgekehrt können Sie mit dieser Methode auch Koordinaten vom Gerät in die Karte übertragen. Die entsprechenden Dezimalminuten in der Positionsangabe des Gerätes müssen dann in Millimeter auf der Karte umgerechnet werden.

Beispiel: Ihr Gerät zeigt die Koordinaten 47°27,632'N, 011°33,710'E an. Die Abmessungen für das Minutenfeld sind die gleichen wie oben, also 74 Millimeter hoch und 50 Millimeter breit. Ihr Standort befindet sich dann in der Karte 47 Millimeter (0,632 x 74 Millimeter) oberhalb der Gitterlinie 47°27'N und 36 Millimeter (0,710 x 50 Millimeter) rechts der Gitterlinie 11°33'E. Der Punkt liegt ebenfalls auf der Abbildung auf S. 101. Wie Sie sicher inzwischen herausbekommen haben, ist es wieder die Weggabelung des Wanderwegs 237 nordwestlich der Grasbergalm.

Die Genauigkeit übertragener Koordinaten

Bei Koordinaten, die man aus der Karte überträgt, hängt die Genauigkeit einerseits von der Karte ab, andererseits davon, wie exakt man die Koordinaten abliest.

KARTENGENAUIGKEIT

Karten sind nie völlig exakt. Zum einen bestehen Unterschiede zwischen den verschiedenen Kartentypen. Wanderkarten sind meist weniger genau als topografische Karten, bei denen die Zeichengenauigkeit, d. h. die Toleranz, mit der ein Punkt in der Karte dargestellt ist, bei 0,2–0,3 Millimeter liegt. Bezogen auf den Maßstab 1:25 000 ergibt das eine Genauigkeit von 5–7,5 Meter, im Maßstab 1:50 000 von 10–15 Metern.

Doch auch bei sehr guten Karten kommt es im Bemühen um ein möglichst gut lesbares Kartenbild zu kleinen Abweichungen. Straßen werden z. B. nicht maßstäblich, sondern breiter dargestellt. Angrenzende Häuser müssen deshalb immer etwas »zur Seite« gerückt werden. Diese Abweichungen machen sich umso stärker bemerkbar, je kleiner der Maßstab ist.

TIPP

Alle aus der Karte ermittelten Wegpunkte unterwegs noch einmal speichern, falls Sie sie für weitere Touren verwenden wollen. Die mit GPS ermittelten Koordinaten sind – guten Empfang vorausgesetzt – fast immer genauer als die auf der Karte abgelesenen.

DIE ABLESEGENAUIGKEIT

Sorgfalt vorausgesetzt, kann man UTM-Koordinaten auf der Karte mit einem Planzeiger bestenfalls auf einen halben Millimeter genau bestimmen. Das entspricht bei Maßstab 1:25 000 im Gelände 12,5 Meter, im Maßstab 1:50 000 sogar 25 Meter. Je kleiner also der Maßstab, desto weniger genau wird man – trotz aller Bemühungen – Koordinaten ablesen können. Sorgfältiges Arbeiten lohnt sich daher immer.

Im ungünstigsten Fall können sich alle Fehler – Kartentoleranzen, Ungenauigkeiten beim Ablesen und die GPS-Systemgenauigkeit – aufsummieren. Ein aus der Karte übertragener Wegpunkt kann deshalb auch bei günstigem Empfang deutlich mehr als 10–15 Meter von der tatsächlichen Position abweichen. Trotzdem werden Sie Ihr Ziel auch dann finden. In der Praxis reicht die Genauigkeit für Outdoor-Touren völlig aus.

Karten ohne Gitter

Wegpunkt-Projektion: Koordinaten per Referenzpunkt bestimmen

Viele Wanderkarten haben einen großen Nachteil: Sie besitzen kein Kartengitter. Kann man sie trotzdem für die GPS-Navigation verwenden? Ja, indem man die Koordinaten per Referenzpunkt bestimmt (Wegpunkt-Projektion): Von einem Standort mit bekannten Koordinaten aus (Referenzpunkt) ermittelt man auf der Karte Richtung und Entfernung zu einem Zielpunkt und gibt sie ins GPS-Gerät ein. Der Referenzpunkt kann z. B. der Ausgangspunkt einer Tour sein oder ein anderer Punkt auf der Karte, der bereits als Wegpunkt im Gerät gespeichert ist.

Alles, was man dazu braucht, ist ein Winkelmesser mit Maßstabsleiste bzw. Lineal, beides z. B. auf den Planzeigern von Alpenverein und Silva vorhanden, oder ein Kompass. Auch muss das GPS-Gerät über die Funktion »Wegpunkt-Projektion« verfügen, was meist der Fall ist.

Dazu wieder ein Beispiel: Unterwegs auf einer Trekkingtour stehen Sie an einer Wegkreuzung und

TIPP

Die Funktion »Wegpunkt-Projektion« findet sich je nach Gerät an unterschiedlicher Stelle: bei Garmin, Silva und Lowrance im Wegpunkt-Menü, bei Magellan als Untermenü auf der Positionsseite.

Kein Gitter auf der Karte? Mit Wegpunkt-Projektion lassen sie sich trotzdem für die GPS-Navigation verwenden.

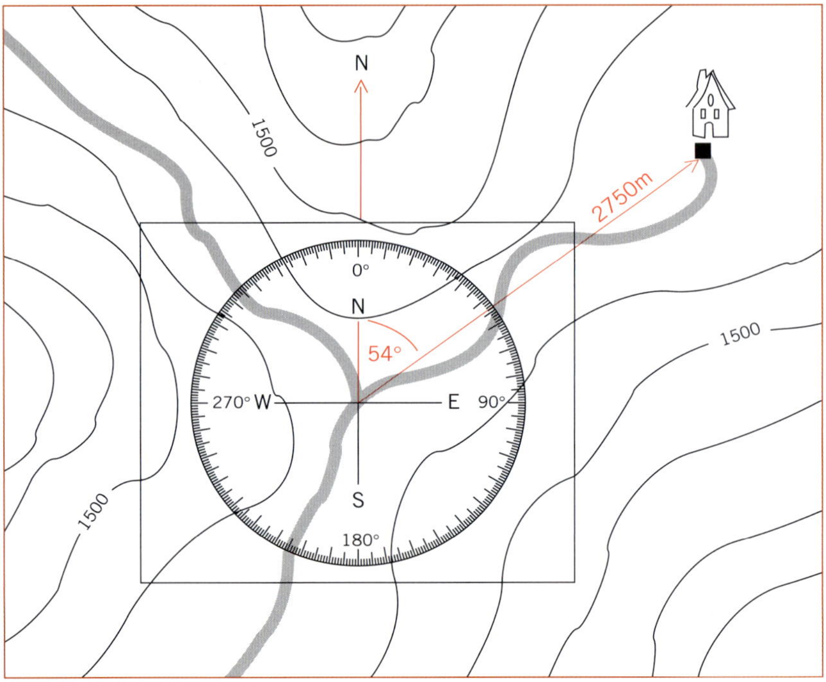

möchten Ihr Tagesziel, eine Hütte, in Ihr GPS-Gerät eingeben. Zunächst speichern Sie die Wegkreuzung als Referenzpunkt. Dann ermitteln Sie mit dem Winkelmesser die Richtung und Entfernung zur Hütte: Dazu legen Sie den Winkelmesser so an der Wegkreuzung an, dass die Nord-Süd-Linie genau nach Norden zeigt, also senkrecht zum oberen Kartenrand bzw. senkrecht zur von Ost nach West verlaufenden Kartenbeschriftung. Nun den Faden des Winkelmessers zum Zielpunkt spannen und auf der Winkelskala den entsprechenden Wert ablesen, im Beispiel 54°. Jetzt bestimmen Sie noch die Entfernung vom Referenzpunkt zum Ziel, im Beispiel von der Wegkreuzung zur Hütte (2750 m), entweder mit einem Lineal oder einer Maßstabsleiste, mit der man sich das Umrechnen der auf der Karte gemessenen Entfernung in tatsächliche Meter spart.

Wegpunkt-Projektion: Eingeben von Richtung und Entfernung zum Ziel. Das GPS-Gerät errechnet daraus die Koordinaten.

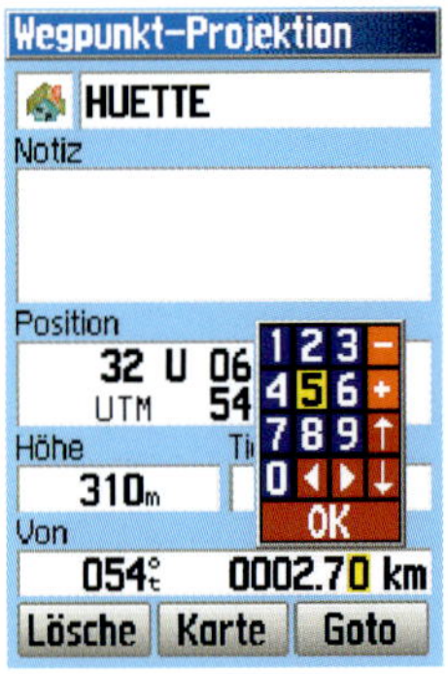

Schließlich rufen Sie im Gerät den gespeicherten Referenzpunkt, die Wegkreuzung, auf und geben über die Funktion »Wegpunkt-Projektion« die Richtung (54°) und die Entfernung (2,75 km) ein. Das Gerät berechnet daraus die Koordinaten der Hütte und speichert sie als Wegpunkt ab. Wichtig dabei: Als Nordreferenz im Gerät muss geografisch eingestellt sein (siehe Kapitel 9). Die Hütte können Sie jetzt wie jeden anderen Wegpunkt als Ziel auswählen (siehe Kapitel 11).

Natürlich lässt sich die Methode auch bei Karten mit Gitter anwenden. Der Winkelmesser wird dann an den Gitterlinien ausgerichtet, entsprechend stellt man am Gerät als Nordreferenz »Gitter« bzw. »wahr« ein, je nachdem ob es sich um ein geodätisches oder ein geografisches Gitter handelt.

Auf diese Weise kann man sogar ganze Routen erstellen, indem man den projizierten Punkt als Referenzpunkt für den nächsten Routenpunkt wählt usw. Um zu vermeiden, dass sich Ablesefehler potenzieren, empfiehlt es sich, zunächst den projizierten Punkt mit GoTo anzusteuern (siehe Kapitel 11) und als Referenzpunkt zu speichern und erst dann Richtung und Entfernung zum nächsten Wegpunkt einzugeben. Alternativ kann man gleich mehrere Wegpunkte vom ersten Referenzpunkt aus projizieren. Grenzen setzt nur die Länge der Maßstabsleiste. Wer Zeit sparen will, bestimmt für alle Wegpunkte Richtung und Entfernung vom jeweiligen Referenzpunkt bereits zu Hause und notiert sie in einer Tabelle. Unterwegs muss man dann nur noch die entsprechenden Werte eingeben.

Liegt das Ziel in Sichtweite des Referenzpunkts, kann man die Richtung auch mit dem Kompass oder GPS statt mit dem Winkelmesser bestimmen. Die Entfernung misst man wieder in der Karte. Besonders fix funktioniert das bei Garmin-Geräten mit Kompass, bei denen sich die angepeilte Richtung mit der Funktion »Sight'N'Go« (auf der Navigationsseite) direkt per Tastendruck in eine Wegpunkt-Projektion übernehmen lässt.

Auf diese Weise lässt sich Wegpunkt-Projektion sogar ohne Karte verwenden, die Entfernung zum Ziel schätzt man dann großzügig. Das kann z. B. hilfreich sein, wenn man im weglosen Gelände ein Ziel aus den Augen verliert, weil man eine Senke durchqueren muss. Hier reicht es vollkommen aus, die Richtung zum Ziel zu kennen, um »auf Kurs« zu bleiben.

Die Methode funktioniert übrigens auch mit Geräten ohne Kompass: Dazu speichert man zunächst den momentanen Standort als Referenzpunkt. Anschließend stellt man die Navigationsseite ein. Jetzt den Zielpunkt anvisieren und einige Meter in seine Richtung gehen, bis sich die Kompassrose korrekt ausgerichtet hat (GPS zeigt Richtungen nur in Bewegung

Ziele in Sichtweite kann man mit Sight'N'Go anpeilen.

Wer mit Karten ohne Gitter unterwegs ist, kann seinen Standort per Referenzpunkt bestimmen.

korrekt an, siehe Kapitel 4!). Das Datenfeld »Kurs« (Heading) gibt jetzt die Richtung zum Ziel in Grad an, die man für die Wegpunkt-Projektion benötigt.

Standort per Referenzpunkt ermitteln

Mit Hilfe eines Referenzpunkts kann man auch leicht auf Karten ohne Gitter seinen Standort bestimmen. Wobei unter Referenzpunkt in diesem Fall ein beliebiger, im Gerät gespeicherter Punkt verstanden wird, den man auf der Karte eindeutig zuordnen kann. Den Referenzpunkt wählt man zunächst mit der Funktion »GoTo« als Ziel aus (siehe Kapitel 11). Das Gerät gibt jetzt Richtung und Entfernung zum Referenzpunkt an, woraus man seinen Standort ermitteln kann.

Ein Beispiel: Sie sind in weglosem Gelände im Nebel mit einer Karte ohne Gitter unterwegs und Sie wüssten gerne, wo Sie sind. Dazu aktivieren Sie »GoTo« zu Ihrem letzten Zeltplatz, den Sie als Wegpunkt gespeichert und auf der Karte markiert haben. Ihr Gerät gibt daraufhin Richtung und Entfernung dorthin mit 45° (Nordost) und 2,35 Kilometer an.

Ihr Standort liegt also vom Zeltplatz aus gesehen in Richtung 225° (45° + 180°) bzw. Südwest. Auf der Karte tragen Sie deshalb vom Zeltplatz mit Winkelmesser und

Maßstabsleiste in Richtung 225° die Entfernung 2,35 Kilometer ab und schon kennen Sie Ihren Standort. Wenn man z. B. auf einem Weg oder Fluss unterwegs ist, braucht man die Entfernung oft gar nicht abzutragen: Der eigene Standort liegt im Schnittpunkt der 225°-Linie mit dem Weg bzw. Fluss.

Bei Karten mit Gitter können Sie den Richtungswinkel natürlich auch mit einem Kompass übertragen. Wichtig dabei: Am GPS-Gerät muss als Nordreferenz je nach Kartengitter Geografisch oder Gitter-Nord eingestellt werden.

TIPP

Wenn die Richtung, die »GoTo« zum Referenzpunkt angibt, kleiner 180° ist, müssen Sie 180° hinzuaddieren, um die Gegenrichtung vom Referenzpunkt zu Ihrem Standort zu erhalten. Ist die »GoTo«-Richtung größer oder gleich 180°, müssen Sie 180° abziehen. Beispiel: »GoTo« zeigt die Richtung zum Referenzpunkt mit 265° an. Davon müssen Sie 180° abziehen, um die Gegenrichtung zu erhalten: 265° – 180° = 85°.

Benutzer-Gitter

Eine weitere Möglichkeit, Karten ohne Gitter für die GPS-Navigation zu nutzen, besteht darin, selbst ein UTM-Gitter zu definieren. Bei den meisten Geräten kann man die entsprechenden Kenngrößen im Setup unter Benutzer-Gitter (»User-Grid«) eingeben. Allerdings ist dazu etwas Erfahrung notwendig. Eine detaillierte Anleitung findet sich z. B. unter http://kanadier.gps-info.de.

Koordinaten übertragen bei Karten mit unbekanntem Bezugssystem

Was ist die Grundvoraussetzung für das Übertragen von Koordinaten zwischen Karte und GPS-Gerät? Richtig: Das Kartenbezugssystem muss auch im GPS-Empfänger eingestellt sein. Doch leider gibt es immer wieder Karten, vor allem ältere, auf denen das Bezugssystem nicht angegeben ist. Trotzdem können Sie mit einem kleinen Trick auch solche Karten mit GPS nutzen. Dazu stellen Sie als Bezugssystem WGS 84 im Gerät ein. Unterwegs ermitteln Sie an einem markanten Punkt, z. B. einer Wegkreuzung, die Abweichung zwischen den tatsächlichen Koordinaten aus der Karte und den vom GPS-Gerät angezeigten und korrigieren entsprechend. Doch Vorsicht: Die Abweichungen dürfen nur für ein begrenztes Gebiet wie die Karte als konstant angesehen werden.

Selbst Karten mit unbekanntem Bezugssystem lassen sich für die GPS-Navigation verwenden.

Dazu wieder ein Beispiel: Auf einer Wanderung entnehmen Sie der Karte die Koordinaten einer Wegkreuzung mit 0647841E, 5496308N. Ihr GPS-Gerät zeigt Ihnen dagegen die Koordinaten 0647951E, 5496131N an. Als Differenz erhalten Sie für den Rechtswert –110 Meter (0647841E – 0647951E = –110 m), für den Hochwert +177 Meter (5496308N – 5496131N = +177 m). Wenn Sie unterwegs Ihren Standort vom GPS-Gerät auf die Karte übertragen wollen, müssen Sie also jeweils vom angezeigten Rechtswert 110 Meter abziehen und zum Hochwert

177 Meter dazuaddieren, um Ihre tatsächliche Position auf der Karte zu erhalten. Wollen Sie umgekehrt Kartenkoordinaten ins Gerät eingeben, müssen Sie den Rechtswert jeweils um 110 Meter vergrößern und den Hochwert um 177 Meter verringern.

Mit einem Planzeiger können Sie die Differenz ganz einfach ohne zu rechnen bestimmen. Zeichnen Sie zunächst die vom GPS-Gerät ermittelten Koordinaten in die Karte ein. Dann legen Sie den waagrechten Schenkel des Planzeigers an der Wegkreuzung an, den senkrechten am eingezeichneten Punkt mit den GPS-Koordinaten (beide Schenkel jeweils parallel zu den Gitterlinien). Jetzt können Sie die jeweilige Differenz für den Rechts- wie den Hochwert ablesen und beim Übertragen von Koordinaten mit dem Planzeiger entsprechend korrigieren.

Es gibt eine zweite Methode, wie Sie Karten mit unbekanntem Bezugssystem verwenden können: Zeichnen Sie zunächst wieder die mit GPS ermittelten Koordinaten in die Karte ein. Mit einem Winkelmesser oder Kompass bestimmen Sie dann die Richtung und die Entfernung dieses Punkts von Ihrem tatsächlichen Standort. Alle weiteren Punkte, die Sie vom Gerät in die Karte übertragen, müssen Sie jetzt um die entsprechende Entfernung in die Gegenrichtung verschieben.

Komfortabel und genau: Wegpunkte per Mausclick mit digitalen Karten ermitteln.

Um bei obigem Beispiel zu bleiben: Wenn also der per GPS ermittelte Punkt auf der Karte 5 Millimeter in Richtung 135° (Südost) von der Wegkreuzung entfernt liegt, müssen Sie alle weiteren Punkte nach dem Übertragen in die Karte 5 Millimeter in Richtung 315° (135° + 180° = 315° = Nordwest) verschieben, um die korrekte Position zu erhalten. Wollen Sie umgekehrt Koordinaten von der Karte ins Gerät eingeben, müssen Sie jeden Punkt in der Karte erst um 5 Millimeter in Richtung 135° verschieben, bevor Sie die Koordinaten ablesen.

Diese Vorgehensweise kann man auch anwenden, wenn sich am GPS-Gerät ein bestimmtes Kartenbezugssystem nicht einstellen lässt. Allerdings besteht für diesen Fall auch eine elegantere Alternative: Man gibt die Parameter des Kartenbezugssystems wie in Kapitel 9 beschrieben als Benutzer-Bezugssystem ins Gerät ein.

Koordinaten (Wegpunkte) mit PC bestimmen

Der einfachste, schnellste und genaueste Weg, um Koordinaten zu ermitteln bzw. Wegpunkte zu erstellen, ist sicherlich per PC. Inzwischen gibt es eine Vielzahl von digitalen Karten für die Tourenplanung, mit deren Hilfe Wegpunkte mit einem Mausklick markiert und auf das GPS-Gerät übertragen werden können. Auch im Internet finden sich umfangreiche Sammlungen mit den Koordinaten unterschiedlichster Wegpunkte, von der Berghütte bis zu Gipfeln. Mehr dazu im Kapitel 14.

11 GPS-Navigation

GoTo, Route, Trackback: GPS kann Sie auf verschiedene Weise zum Ziel führen.

Sie wissen jetzt, wie man Wegpunkte speichert, und sind auch bestens vertraut im Umgang mit Koordinaten. Höchste Zeit also für eine Tour! Ein Ziel auswählen und mit GPS dort hinfinden. Dabei können Sie wählen, auf welche Art die Satelliten Sie ans Ziel bringen:

- mit GoTo, der einfachsten Navigationsart, bei der das GPS-Gerät die Richtung und die Entfernung vom aktuellen Standort zu einem ausgewählten Zielpunkt anzeigt,
- mit Hilfe einer **Route**, einer geplante Strecke, die durch mehrere Wegpunkte festgelegt wird,
- mit einem **Track**, einem vom Gerät aufgezeichneten Weg, den Sie für die Navigation wiederverwenden können.

GoTo-Navigation

Die GoTo-Funktion eignet sich exzellent, um sich mit der GPS-Navigation vertraut zu machen. Dazu müssen Sie lediglich einen beliebigen Wegpunkt als Ziel auswählen. Entweder einen, der bereits im Gerät gespeichert ist, oder einen, dessen Koordinaten Sie aus der Karte

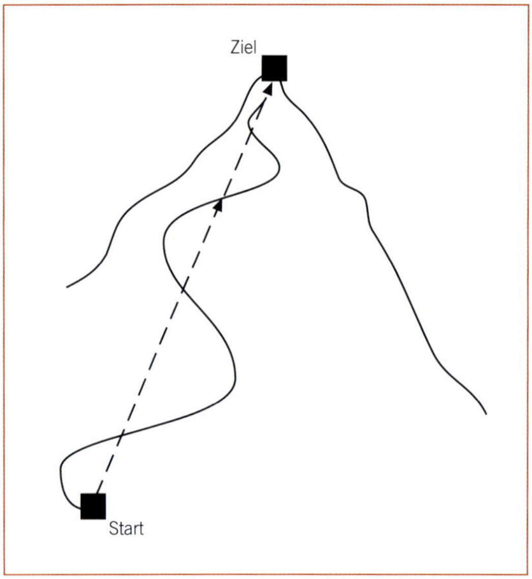

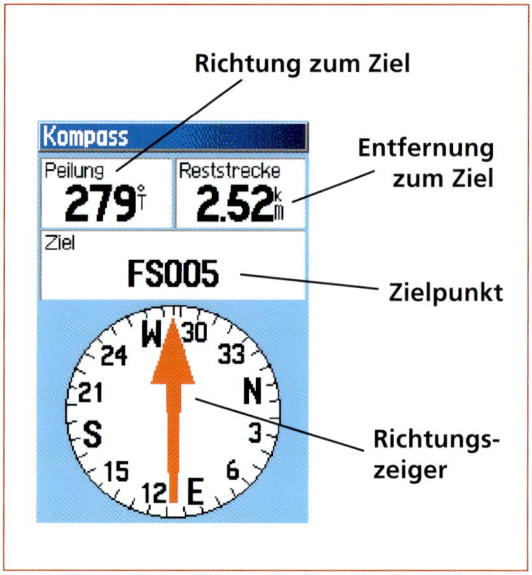

Links: GoTo gibt die Luftlinie zum Ziel an.

Rechts: GoTo: Navigationsseite

bestimmen und eingeben. Rufen Sie den Punkt über die Find-Funktion auf und aktivieren Sie »GoTo« im Wegpunkt-Menü. Noch einfacher geht's bei Magellan-Geräten, die über eine eigene GoTo-Taste verfügen.

Sobald GoTo gestartet ist, gibt Ihnen die Navigationsseite per Pfeil die Richtung an, in die Sie laufen müssen. Zusätzlich können Sie in Datenfeldern die Richtung (den Kurswinkel) und die Entfernung zum Zielpunkt ablesen. Doch aufgepasst: Der Pfeil zeigt – außer bei Geräten mit Kompass – nur in Bewegung die korrekte Richtung an, nicht im Stand (siehe Kapitel 4). Deshalb immer zunächst 5–10 Meter gehen und dann erst die angegebene Richtung einschlagen.

Alternativ können Sie Ihr Ziel auch mit Hilfe der Kartenseite ansteuern. Die Richtung zum Zielpunkt wird dort mit einer »Peilungslinie« (Bearing) angegeben, die Ihren aktuellen Standort mit dem Ziel verbindet (vgl. Abb. S. 45, Kapitel 4). Wie der Richtungspfeil auf der Navigationsseite zeigt sie auch dann zum Ziel, wenn Sie einen Steilabbruch, einen See oder ein anderes Hindernis umgehen und vom direkten Kurs abweichen.

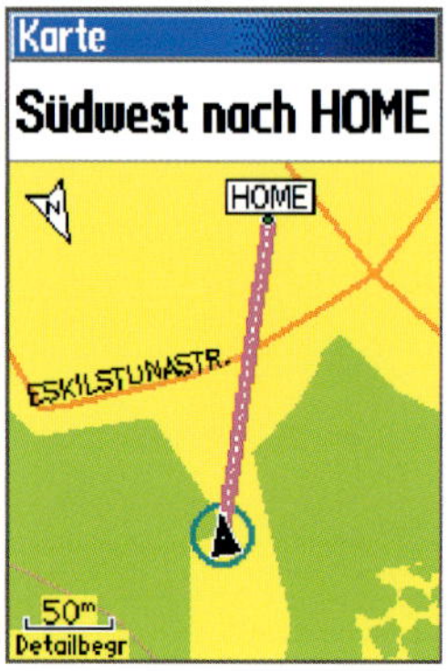

Auf der Kartenseite gibt die Peilungslinie die Richtung zum Ziel vor.

TRAINING VOR DER HAUSTÜR

Ihre erste GoTo-Navigation können Sie direkt vor der Haustür starten. Speichern Sie Ihren Standpunkt als Wegpunkt (z. B. unter dem Namen »Home«) und machen Sie einen kleinen Spaziergang in eine beliebige Richtung. 5–10 Minuten genügen. Rufen Sie den Punkt »Home« auf und starten Sie GoTo. Ihr Gerät zeigt Ihnen jetzt den direkten Weg zurück nach Hause.

GoTo in der Praxis

GoTo ist die ideale Navigationsart für eine Reihe von Situationen. Zum Beispiel, wenn sich Ihnen ein Hindernis in den Weg stellt. Dabei entnimmt man den Zielpunkt der Karte oder peilt ihn, wie z. B. das gegenüberliegende Ufer eines Sees, mit Sight'N'Go an.

Ebenso lässt sich mit GoTo ein nahes Ziel schnell ansteuern. Etwa wenn man kurz vor einer Hütte von Schlechtwetter oder Dunkelheit überrascht wird. Ist man auf einem Weg unterwegs, folgt man dabei an jeder Abzweigung einfach der generellen, vom Gerät angezeigten Richtung.

Sie wollen wegloses, offenes Gelände überqueren? Oder per Boot einen See? Einen bestimmten Punkt am anderen Ufer finden? Auch dafür eignet sich GoTo hervorragend. GoTo lässt sich auch prima ohne Karte einsetzen: Bei Abstechern können Sie den Punkt markieren, an dem Sie Ihre Route verlassen, und mit GoTo problemlos wieder zurückfinden. Was natürlich auch mit dem Startpunkt einer Tour möglich ist, auch wenn sich hierfür je nach Gelände eine Route oder Trackback meist besser eignen.

KURS- ODER PEILUNGSLINIE

Bei manchen Geräten lässt sich im Setup der Kartenseite statt der »Peilungs-« auch eine »Kurslinie« (Course) einstellen. Sie verbindet den *Start*punkt der GoTo-Navigation mit dem Ziel (Sollkurs, vgl. Abb. S. 45, Kapitel 4). In der Praxis wird man allenfalls beim Überqueren einer Ebene oder eines Sees den direkten Weg zum Ziel nehmen, d. h. der Kurslinie folgen können. Entweder weil man Hindernisse umgehen muss oder weil der Weg einen anderen Verlauf hat. Die Peilungslinie ist deshalb fast immer die bessere Einstellung.

Die richtige Anlegestelle finden? Mit GoTo kein Problem

TIPP

Bei der GoTo-Navigation muss das GPS-Gerät nicht ständig eingeschaltet sein. Wie bei der Kompassnavigation können Sie markante Objekte in Gehrichtung (Felsen, einzelne Bäume, Gipfel etc.) anpeilen und nach Sicht laufen. Das spart viel Strom! Oder Sie übertragen den vom GPS-Gerät angezeigten Kurswinkel auf einen Kompass und marschieren danach. Achtung: Auf richtig eingestellte Nordreferenz im GPS-Gerät achten (siehe Kapitel 9)!

Auch in fremden Städten ist GoTo ein praktisches Hilfsmittel. Ein geparktes Auto wiederfinden? Oder zurück zum Hotel? Mit GoTo kein Problem – sofern Sie den Standort vorher gespeichert haben. Lassen sich Karten mit »Points of Interest« (POI) wie Sehenswürdigkeiten, Restaurants, Touristinfos etc. auf ein Gerät laden (siehe Kapitel 4), fungiert es sogar als Tourist-Guide (POIs können wie jeder Wegpunkt als Ziel ausgewählt werden).

Routen-Navigation

Eine Route setzt sich aus mehreren Wegpunkten zusammen.

Eine Route besteht aus einer Folge von Wegpunkten. Wenn Sie mit einer Route navigieren, führt Sie das GPS-Gerät von Punkt zu Punkt. Etwa so, als ob man mehrere »GoTos« aneinander reihen würde. Sobald Sie einen Punkt erreicht haben, zeigt das GPS-Gerät automatisch Richtung und Entfernung zum nächsten an.

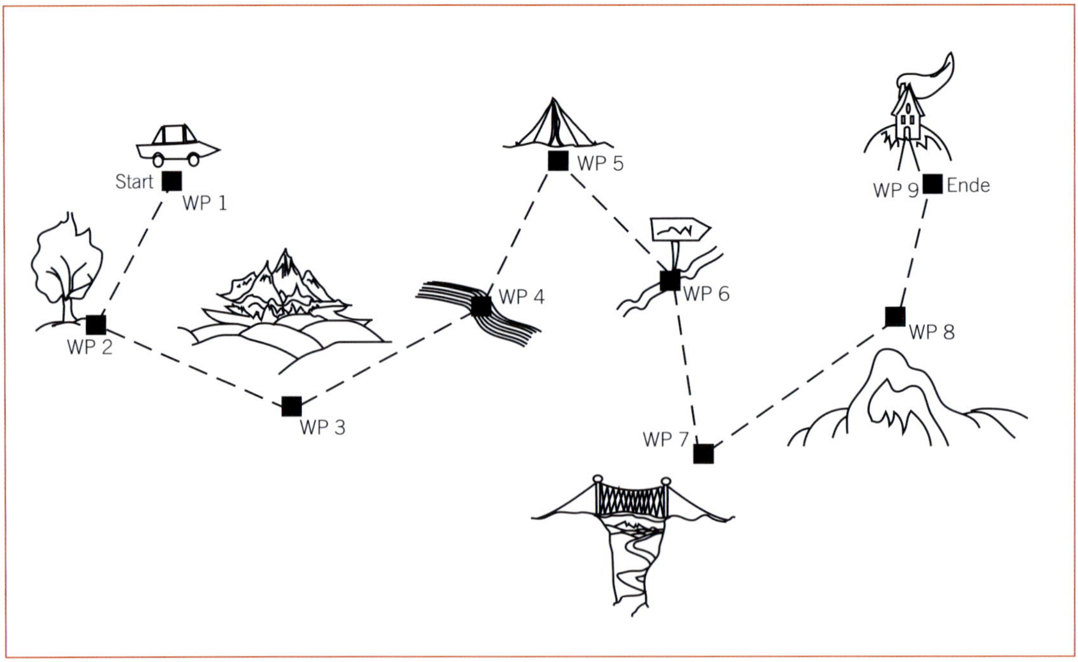

Der Vorteil im Vergleich zu GoTo: Mit einer Route können Sie eine Tour sehr genau festlegen, optimal angepasst ans Gelände und vorbei an Bergen, Steilabbrüchen und sonstigen Hindernissen. GoTo zeigt dagegen nur die »Luftlinie« zum Zielpunkt an, die man allenfalls in freiem Gelände oder über kurze Entfernungen einhalten kann.

Routen erstellen

Routen sind mit jedem Gerät schnell zusammengestellt: Das Menü Route aufrufen (meist im Hauptmenü), zuerst »Neue Route«, dann »Wegpunkt einfügen« anklicken. Es öffnet sich das Wegpunkt-Menü, aus dem Sie nacheinander die jeweiligen Punkte mit »Enter« auswählen und einfügen.

Keine Angst, wenn Sie dabei einen Wegpunkt vergessen oder an der falschen Stelle einfügen. Nachträgliches Ergänzen, Umstellen oder Löschen ist kein Problem. Routen lassen sich sogar umkehren, also auch für den Rückweg einsetzen oder wenn man eine Rundtour kurz entschlossen in die entgegengesetzte Richtung unternehmen will. Bei neueren Garmin-Geräten kann man Routen sogar kopieren, z. B. um Teile für die Planung weiterer Touren zu verwenden.

Auch ums Speichern müssen Sie sich nicht kümmern. Das übernimmt das Gerät automatisch. Jeder Route kann man einen eigenen Namen geben. Was durchaus empfehlenswert ist, nummerieren die meisten Empfänger Routen doch einfach durch. Eine eindeutige Bezeichnung erleichtert das Finden im Routenspeicher aber ungemein. Ich benenne Routen nach dem Ziel bzw. nach dem Gebiet, in dem sie liegen, falls erforderlich abgekürzt wie z. B. »DuskyTr« für Dusky Track, einem Track in Neuseeland.

Routen kann man übrigens auch mit der Pfeiltaste Wegpunkt für Wegpunkt durchgehen. Dabei wird jeweils die Entfernung und die Richtung (der Kurswinkel) zwischen den jeweiligen Wegpunkten angezeigt, also die einzelnen Teilstrecken, aus denen die Route besteht.

Entfernung und Richtung zwischen den Wegpunkten einer Route kann man sich anzeigen lassen.

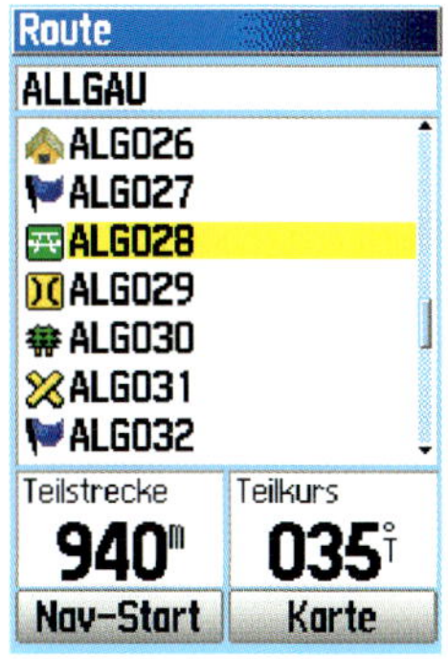

Wegpunkte für Routen

Routen lassen sich nur aus bereits im Gerät gespeicherten Wegpunkten zusammenstellen. Wenn Sie also eine Tour planen, müssen Sie zunächst die Koordinaten aller Wegpunkte aus der Karte bestimmen, ins Gerät eingeben und speichern – was bei längeren Touren durchaus mühsam sein kann. Eine »schnelle«, dazu noch exaktere Alternative ist die Routenplanung am PC mit digitalen Karten (siehe Kapitel 13 und 14).

Egal ob auf der Papierkarte oder im PC, am besten wählt man für eine Route möglichst markante Punkte aus, die man auf der Karte eindeutig identifizieren kann und unterwegs gut erkennt. Beispielsweise Wegkreuzungen und -abzweigungen, Übergänge, Scharten oder auffällige Felsvorsprünge. Das erleichtert die Orientierung unterwegs: Je nach Wegpunkt kann man sogar zeitweise auf Sicht marschieren, was auch Strom spart.

TIPP

Unterwegs fällt die Orientierung leichter, wenn Sie alle Wegpunkte auch in die Karte einzeichnen (bzw. auf eine Klarsichtfolie zum Darüberlegen). So können Sie Ihre Route auch recht gut auf der Karte verfolgen, ohne Koordinaten übertragen zu müssen, schließlich zeigt Ihr Gerät immer an, welchen Routenpunkt Sie gerade ansteuern und wie weit Sie noch davon entfernt sind (siehe Abschnitt »Mit Routen navigieren«).

Markante Wegpunkte sind im Gelände leichter zu finden.

TIPP

Zusätzlich wichtige Wegpunkte wie Abzweigungen, Übergänge, Gipfel, Hütten etc. entlang bzw. im Umfeld der Tour gleich mit eingeben, sodass Sie Ihre Tour bei Bedarf unterwegs jederzeit umplanen können (vor allem bei Notfällen ein Vorteil).

Je mehr Wegpunkte Sie auswählen, desto exakter zeichnet die Route den tatsächlichen Weg nach. Wer Wert auf genaue Entfernungsangaben legt, sollte deshalb möglichst viele Wegpunkte festlegen. Was für die Navigation allerdings nicht immer erforderlich ist: Wenn Sie nur einem markierten Wanderweg folgen, brauchen Sie weniger Punkte als z. B. im weglosen, unübersichtlichen Gelände eines Hochplateaus. Aber selbst hier müssen Sie nicht zu exakt sein: Unterwegs werden Sie Ihre Route ohnehin dem Gelände anpassen und (hoffentlich) nicht immer bedingungslos dem GPS-Gerät folgen. Abzweigungen sollten Sie aber auf jeden Fall eindeutig markieren. Je mehr Touren Sie mit GPS unternehmen, desto mehr Erfahrung bekommen Sie darin, wo und wie viele Wegpunkte nötig sind.

Je nach Modell können die Routen aus 50–250 Wegpunkten bestehen, was für Tagestouren problemlos reicht. Falls nicht, verteilt man die Strecke auf zwei (oder mehr) Routen, wobei der Endpunkt der ersten Route der Startpunkt der zweiten sein sollte usw. Bei Mehrtagestouren erstelle ich – soweit möglich – der besseren Übersicht wegen für jede Tagesetappe eine eigene Route. Reicht die Anzahl der speicherbaren Routen nicht aus, muss man allerdings Etappen zusammenfassen.

Mit Routen navigieren

Damit man einer Route folgen kann, muss sie aktiviert werden: Dazu die Route im Verzeichnis mit »Enter« auswählen, die Option »Navigieren« anklicken, und schon kann’s losgehen. Aber nicht vergessen (es sei denn, Sie besitzen ein Gerät mit Kompass): Erst nachdem Sie

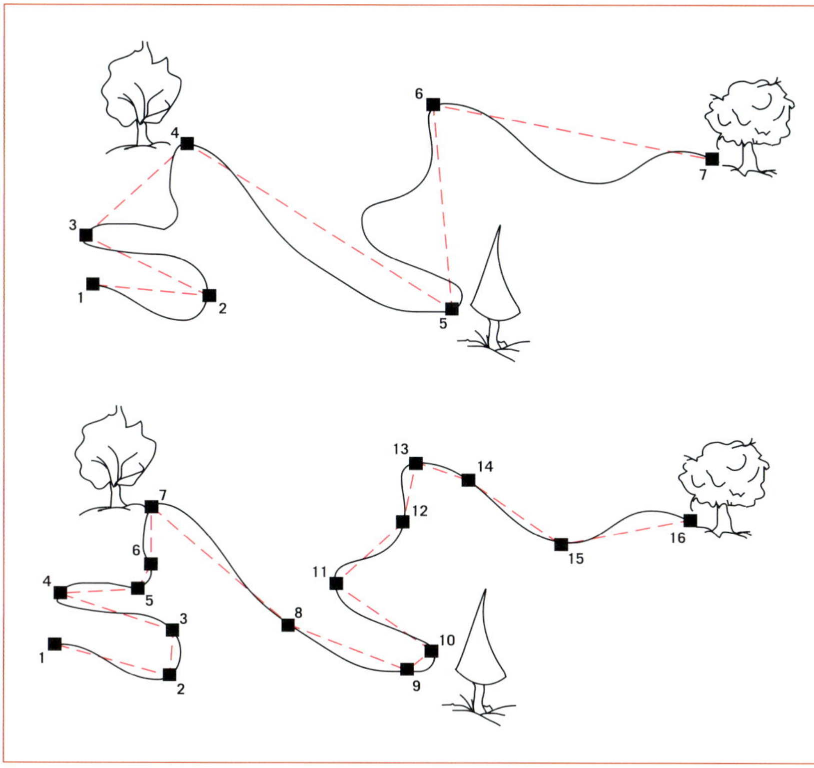

Je mehr Wegpunkte man auswählt, desto genauer folgt die Route dem tatsächlichen Wegverlauf.

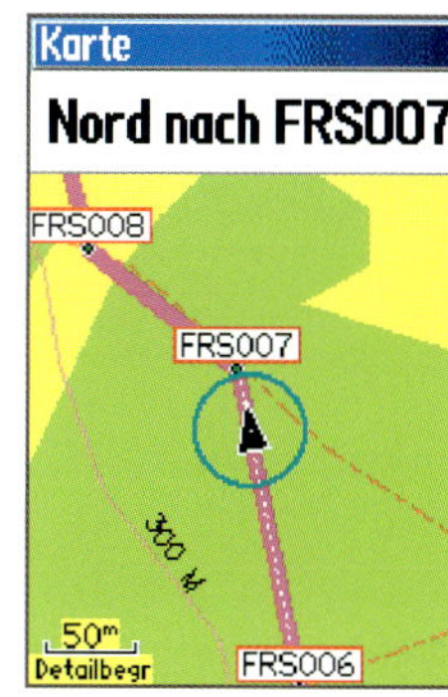

Routen kann man auch mit Hilfe der Kartenseite folgen.

sich einige Meter bewegt haben, zeigt der Richtungspfeil auf der Navigationsseite in die korrekte Richtung. Auch wenn der Kurswinkel und die Entfernung zum ersten Wegpunkt sofort richtig angegeben werden. Ab jetzt müssen Sie nur noch dem Pfeil auf dem Display folgen. Sobald Sie einen Wegpunkt erreicht haben, zeigt er automatisch zum nächsten Wegpunkt etc., bis Sie am Ziel angekommen sind. Zusätzlich werden jeweils Kurs und Entfernung zum nächsten Wegpunkt oder – je nach Einstellung – andere Angaben angezeigt, wie z. B. die voraussichtliche Ankunftszeit oder die Geschwindigkeit.

Alternativ können Sie nach der Kartenseite laufen, auf der die Route und Ihre aktuelle Position als »Wegskizze« dargestellt sind. Der Vorteil, vor allem für Radfahrer: Abzweigungen erkennt man wesentlich früher. Denn nicht alle Geräte kündigen Abbiegungen auch auf der Navigationsseite im Voraus an.

Um Batterien zu sparen, kann man wie bei GoTo mit dem Gerät ein markantes Objekt anvisieren, den Empfänger abstellen und auf Sicht gehen. Oder den Kurswinkel auf einen Kompass übertragen und damit weiternavigieren. Das GPS-Gerät muss dann nur zur gelegentlichen Kontrolle eingeschaltet werden.

TIPP

Läuft man an einem Wegpunkt in einiger Entfernung vorbei, zeigt der Richtungspfeil bei vielen Geräten nicht sofort zum nächsten Wegpunkt, sondern erst nachdem man ein gutes Stück weitergelaufen ist (erkennbar daran, dass die angegebene Entfernung zum Routenpunkt zunimmt und der Richtungspfeil zurück zeigt). Zwischenzeitlich kann man mit der Kartenseite navigieren oder – leider nicht bei allen Geräten möglich – per Hand auf den nächsten Wegpunkt umschalten (im Menü der aktiven Route). Ähnliches ist eventuell auch erforderlich, wenn man die vorgegebene Route verlässt, z. B. eine Abkürzung nimmt, und dann wieder auf die Originalroute trifft.

Egal ob New York oder Moskau, mir einer gut geplanten Route kommen Sie immer ans Ziel.

Routen in der Praxis

Routen wurden bereits in den vorhergehenden Abschnitten ausführlich als Grundlage der Tourenplanung mit GPS behandelt. Aber auch wenn Sie Ihre Tour nicht als Route vorbereitet und Ihr GPS-Gerät nur für Notfälle dabei haben, können Routen nützlich sein. Wie? Speichern Sie einfach unterwegs gelegentlich Wegpunkte: Umso mehr, je komplizierter die Wegführung ist, stets aber an jeder Abzweigung. Im Notfall können Sie dann alle Wegpunkte schnell zu einer Route kombinieren, die Sie sicher wieder zurück an Ihren Startpunkt bringt.

TRACKPUNKTE

Trackpunkte nicht mit Wegpunkten verwechseln! Sie werden automatisch vom Gerät erstellt, im Gegensatz zu Wegpunkten, die man immer selbst eingibt bzw. speichert. Trackpunkte erscheinen nicht im Wegpunktspeicher des Gerätes. Auch können sie nicht für die Routen- oder GoTo-Navigation verwendet werden.

Tracks

Es gibt eine weitere Möglichkeit, mit GPS zu navigieren: Tracks. Jedes GPS-Gerät kann unterwegs automatisch den Weg aufzeichnen, den man zurücklegt. Davon können Sie sich leicht selbst überzeugen: Einfach die Kartenseite einstellen, einige Meter gehen, und schon erscheint auf dem Display eine feine »Spur«, der Track. Mit dieser Wegaufzeichnung können Sie jederzeit wieder navigieren, z. B. um zurück zum Startpunkt einer Tour zu gelangen.

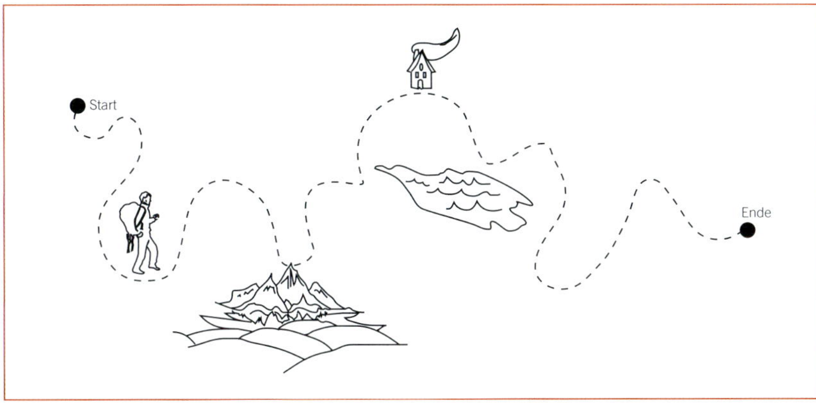

Mit der Trackfunktion kann man ganze Touren aufzeichnen.

Jeder neue Track wird nicht nur auf der Kartenseite angezeigt, sondern in einem speziellen Speicher aufgezeichnet, dem »Track Log« oder »Active Log«. Das Gerät erstellt dabei unterwegs in sehr kurzen Abständen Trackpunkte, mit denen die Position (Koordinaten), Datum und Uhrzeit sowie je nach Modell auch die Höhe gespeichert werden. Tracks geben einen Weg sehr exakt wieder, genauer als jede Route.

Aufgezeichnete Tracks lassen sich im Gerät speichern, wobei allerdings Unterschiede zwischen den Geräten verschiedener Hersteller bestehen (siehe unten). Danach können Sie das Track Log löschen und für die nächste Aufzeichnung verwenden.

Tracks aufzeichnen

Alle Funktionen rund um Tracks finden Sie im Trackmenü, das meist über das Hauptmenü erreicht wird. Dort können Sie die Aufzeichnung starten, Einstellungen vornehmen sowie Tracks speichern oder für die Navigation aktivieren.

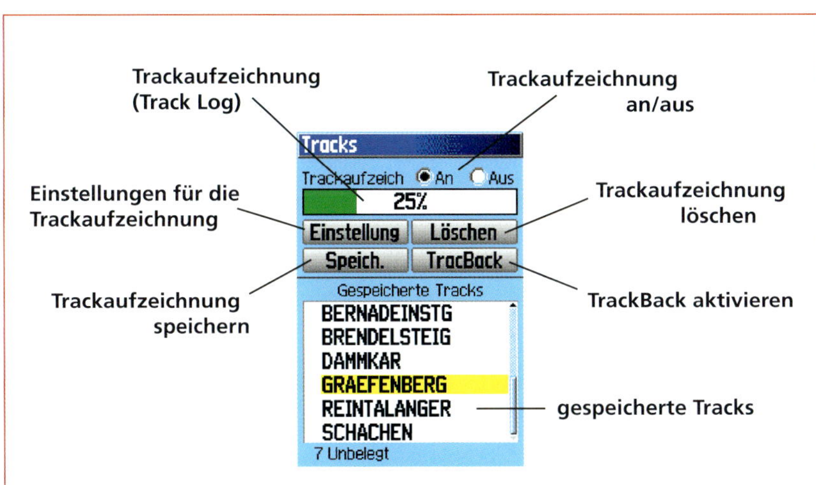

Trackmenü beim Garmin »GPSmap 60CS«

Für die Trackaufzeichnung kann man verschiedene Einstellungen vornehmen. Zunächst die **Aufzeichnungsart**: Hier hat man meist die Wahl zwischen mehreren Möglichkeiten. Im Modus »Auto« setzt das Gerät nur Trackpunkte, wenn sich Richtung, Geschwindigkeit oder Höhe entscheidend ändern. Das spart Speicher, weshalb sich »Auto« als Normaleinstellung empfiehlt. Der Detailgrad lässt sich dabei oft in verschiedenen Stufen von »minimal« bis »maximal« einstellen. Je höher, desto mehr Trackpunkte werden gesetzt und desto genauer gibt der Trackverlauf den zurückgelegten Weg wieder. Allerdings: Desto schneller ist auch das Track Log voll.

Als weitere Aufzeichnungsarten stehen je nach Gerät noch »Entfernung« und/oder »Zeit« zur Auswahl, wobei man das Intervall und damit die Genauigkeit eingeben kann (beim Garmin »Vista C« z. B. Entfernungsintervalle zwischen 10 m und 9 km). Die Option »Zeit« hat einen Nachteil: Vor allem auf Radtouren erhält man wegen der je nach Gelände unterschiedlichen Geschwindigkeit ungleichmäßige Track Logs. Bergauf legt man in der gleichen Zeit eine kürzere Strecke zurück als bergab. Auch werden, im Gegensatz zu den Einstellungen »Auto« oder »Entfernung«, bei Stopps weitere Trackpunkte erstellt, die nur unnötig den Speicher füllen.

TIPP FÜR MAGELLAN-BESITZER

Bei Magellan »SporTrack«- und »Meridian«-Modellen wird die Trackaufzeichnung auf der Kartenseite (Untermenü »Kart-Setup«) ein- und ausgeschaltet bzw. eingestellt.

Ist der Track-Log-Speicher voll, kann das Gerät die Aufzeichnung entweder stoppen oder den Track von Beginn an überschreiben (»wrap«). Aus meiner Sicht empfiehlt sich Aufzeichnungsstopp, denn sonst verliert man den Trackanfang. Um Platz zu schaffen, speichern Sie die Aufzeichnung und löschen anschließend das Track Log. Ein volles Track Log wird meist durch eine Meldung oder ein Signal angezeigt.

Will man unterwegs Tracks aufzeichnen, befestigt man das Gerät am besten mit Clip oder Tasche am Schultergurt des Rucksacks. So hat man die Hände frei und trotzdem meist ausreichend Empfang. Ganz wichtig: Am Beginn einer Tour den Track-Log-Speicher löschen! Kontrollieren Sie dabei gleich, ob die Aufzeichnung eingeschaltet ist.

Am Schluss nicht vergessen, die Trackaufzeichnung auszuschalten und zu speichern (siehe nächsten Abschnitt). Sonst wird, wenn Sie Ihr Gerät an anderer Stelle wieder einschalten, Ihre neue Position ebenfalls im Track Log gespeichert: Das Gerät verbindet dann das Ende Ihrer aufgezeichneten Tour per Luftlinie mit Ihrem neuen Standort!

Track ist nicht gleich Track

Im Gegensatz zu anderen Funktionen bestehen bei Tracks bedeutende Unterschiede zwischen den Geräten verschiedener Hersteller:

- Bei Garmin-Empfängern werden Trackaufzeichnungen auch als Tracks gespeichert.
- Magellan-Modelle wandeln – mit Ausnahme der »eXplorist-Reihe – Trackaufzeichnungen beim Speichern in Routen mit Wegpunkten um.

Beide Systeme besitzen Vor- und Nachteile, die sich auch auf die Navigation mit Tracks auswirken.

Hände frei, guter Empfang – will man unterwegs Tracks aufzeichnen, befestigt man das Gerät am besten am Rucksack-Schultergurt.

TRACKS BEI GARMIN

Wie erwähnt, kann man bei Garmin-Geräten jede Trackaufzeichnung als Track im Gerät speichern (»Gespeicherte Tracks«, »Saved Log«, »Saved Tracks«). Je nach Modell sind 10–20 Tracks mit 250–750 Trackpunkten speicherbar.

Allerdings können alle Gerät wesentlich umfangreichere Tracks aufzeichnen als speichern. Beispielsweise lassen sich mit dem Garmin »eTrex Vista C« Tracks mit bis zu 10 000 Punkten aufzeichnen, aber nur mit maximal 500 speichern. Ein Track Log mit mehr als 500 Punkten wird deshalb beim Speichern reduziert: Das Gerät speichert nur die 500 Punkte, bei denen die Richtungsänderungen am größten sind. Der Track wird »geglättet«.

Doch keine Sorge: Die gespeicherten Tracks geben einen aufgezeichneten Weg immer noch sehr genau wieder. Vor allem wesentlich exakter als Geräte, die Tracks beim Speichern in Routen mit wesentlich weniger Wegpunkten umwandeln. Hier liegt der Vorteil des Garmin-Systems. Weiteres Plus: Mit entsprechender Software wie Fugawi können am PC Touren nicht nur als Routen, sondern auch als Tracks geplant und auf GPS-Geräte übertragen werden (siehe Kapitel 14). Reicht der Routenspeicher eines Geräts für sehr lange Touren nicht aus, steht zusätzlich der Trackspeicher zur Verfügung.

Garmin-Modelle, hier das »Foretrex«, bieten umfangreiche Track-Funktionen.

Je nach Modell können unterschiedlich lange Tracks aufgezeichnet werden. Allerdings: Auch bei Geräten mit kleinem Track-Log-Speicher wird man bei Tagestouren den verfügbaren Platz selten ausreizen. Wer bei Mehrtagestouren auf hohe Genauigkeit Wert legt, kann jeden Tag separat aufzeichnen und speichern (je kleiner die Trackaufzeichnung, desto weniger wird sie beim Speichern reduziert!).

TRACKS BEI MAGELLAN

Ganz anders aufgebaut ist die Track-Funktion bei Magellan »SporTrak«- und »Meridian«-Geräten. Trackaufzeichnungen werden beim Speichern in Routen umgewandelt. Der Vorteil: Man kann die Route bearbeiten, d.h. Wegpunkte ergänzen, verschieben oder löschen. Alle Punkte lassen sich auch in andere Routen einbauen oder per GoTo als Ziel auswählen, was bei den Tracks von Garmin nicht möglich ist.

Allerdings ist die Wegpunktzahl pro Route bei allen Geräten auf 50 begrenzt. Bei der Umwandlung zur Route werden deshalb nur die 50 Trackpunkte mit den größten Richtungsänderungen ausgewählt. Die gespeicherten Routen sind deshalb wesentlich ungenauer als die Tracks von Garmin (z.B. reduziert die »SporTrak«-Reihe im ungünstigsten Fall 2000 Track- auf nur 50 Routenpunkte). Was sich bei der Navigation durchaus bemerkbar macht: Bei Abzweigungen ist manchmal nicht ganz klar, welche Richtung man einschlagen muss. Je länger die Route (bzw. die Trackaufzeichnung), desto häufiger ist man zusätzlich auf die Karte angewiesen.

Die Umwandlung von Track Logs in Routen hat noch einen weiteren Nachteil: Die Routen beanspruchen Platz im Routen- und Wegpunktspeicher, den man vielleicht anderweitig benötigt.

Diese Aspekte waren wohl auch der Grund, warum Magellan die neuen eXplorist-Modelle mit einer verbesserten Track-Funktion ausgestattet hat, die der von Garmin ähnelt. Trackaufzeichnungen können nicht nur als Routen, sondern auch als Tracks gespeichert werden, und das sogar in voller Länge, also nicht wie bei Garmin mit reduzierter Trackpunktzahl! Ähnliches gilt übrigens auch für die »Meridian«-Reihe, wenn man die Tracks nicht im Gerät, sondern auf der *SD-Karte* speichert.

Die SporTrak-Geräte von Magellan wandeln Tracks beim Speichern in Routen um.

Navigation mit Tracks (Trackback, Backtrack)

Mit der Funktion Trackback, auch Backtrack genannt, können Sie jeden aufgezeichneten Track für die Navigation aktivieren. Wieder gibt der Richtungspfeil auf der Navigationsseite die Richtung vor, wobei zusätzlich die verbleibende Strecke zum Ziel (und weitere Daten) angezeigt wird. Alternativ können Sie Tracks mit der Kartenseite folgen. Trotz dieser Gemeinsamkeiten bestehen bei der Track-Navigation wesentliche Unterschiede zwischen Geräten verschiedener Hersteller.

TRACK-NAVIGATION BEI GARMIN

Jede Trackaufzeichnung muss zunächst gespeichert werden. Erst dann kann man ihr mit »TracBack« (Garmin-Bezeichnung für Trackback) folgen, und zwar nicht nur zurück zum Ausgangspunkt, sondern auch zum Ende. Wenn Sie eine als Track aufgezeichnete Tour wiederholen, können Sie also statt mit einer Route auch mit dem genaueren Track navigieren.

Bei einigen Geräten ist es sogar möglich, über die Kartenseite einen bestimmten Trackpunkt als Ziel zu wählen (z. B. »Geko«, »Legend/Vista C«, »GPSmap 60« etc.). Nur bei neueren Modellen wie der »GPSmap 60«-Reihe lässt sich dagegen auch die genauere Track-Log-Aufzeichnung für die Navigation verwenden. Fein: Die meisten Garmin-Geräte kündigen im Gegensatz zur Konkurrenz Abzweigungen wie bei Routen bereits im Voraus an.

Tracknavigation mit Hilfe der Kartenseite

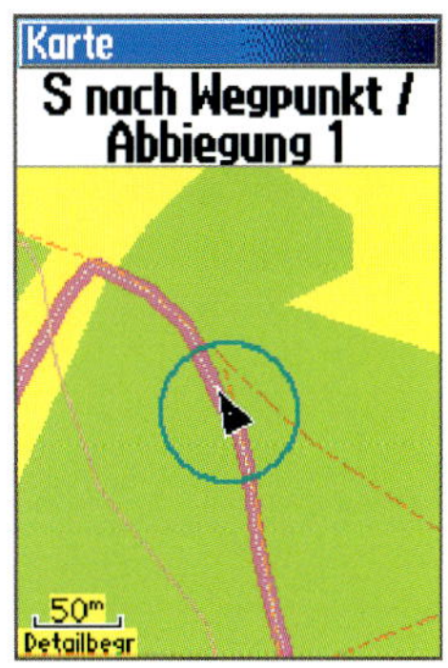

TRACK-NAVIGATION BEI MAGELLAN

Bei »SporTrak«- und »Meridian«-Modellen können Sie per »BackTrack« mit der Aufzeichnung im Track Log zurück zum Ausgangspunkt gelangen, mehr aber auch nicht. Das gilt

> **TIPP**
>
> Aufgepasst: Bei allen Magellan-Modellen wird, solange Sie mit Trackback unterwegs sind, kein Track aufgezeichnet!

auch für die bei »Meridian«-Empfängern auf der SD-Karte gespeicherten Tracks, die sich aber immerhin auch für spätere Touren verwenden lassen. Das ist sonst nicht möglich, es sei denn Sie speichern die Trackaufzeichnung als Route. Vor- und Nachteile siehe oben. Vielseitigere Möglichkeiten bietet nur die »eXplorist«-Reihe, bei der Sie zusätzlich gespeicherten Tracks wie bei Garmin-Modellen in jeder Richtung folgen bzw. sie als Ersatz für Routen verwenden können.

Track-Funktion bei anderen Geräten

Lowrance »iFinder«- und Silva »Atlas«-Geräte speichern Tracks stets in voller Länge, wandeln sie aber für die Navigation in Routen um. Vor- und Nachteile siehe Magellan. Bei Alan-Modellen werden ebenfalls komplette Trackaufzeichnungen gespeichert, entweder im internen Gerätespeicher oder auf CF-Karte. Allerdings besitzen die Empfänger keine Trackback-Funktion: Tracks kann man deshalb nur über die Kartenseite folgen.

Tracks in der Praxis

Tracks zeichnen einen Weg sehr detailliert auf. Was im Notfall ein immenser Vorteil sein kann, z. B. wenn man im Nebel über einen Gletscher zurück muss oder auf einer Wintertour die Aufstiegsspur im Schneetreiben nicht mehr erkennbar ist. In solchen Fällen finden Sie mit

Gletscher: Bei Schlechtwettereinbruch erleichtert Trackback den Rückzug durchs Spaltengewirr.

Trackback schneller zurück als mit GoTo oder einer umgekehrten Route – sofern Sie für die Tour überhaupt eine Route geplant haben.

Für Mountainbike-Touren oft besser als Routen: Tracks

Sie können Tracks mit Garmin- und Magellan »eXplorist«-Modellen natürlich auch jederzeit anstelle von Routen einsetzen, wenn Sie eine Tour oder einzelne Abschnitte wiederholen wollen. Mit entsprechender Software (siehe Kapitel 14) lassen sich sogar Tracks am PC erstellen und auf jedes GPS-Gerät übertragen (in den Trackspeicher oder ins Track Log. Der Vorteil: Tracks können aus wesentlich mehr Punkten bestehen, man kann Touren also genauer planen als mit Routen. Vor allem bei Rad- und Mountainbiketouren ein Plus, weil man dann immer den exakten Streckenverlauf auf dem Display hat. Tracks bieten noch mehr: Man kann Sie mit Freunden austauschen. Wenn Sie eine Tour empfehlen, können Sie die GPS-Daten gleich mitliefern. Mehr als ein kostenloses PC-Programm ist dazu nicht nötig. Und das eignet sich auch bestens dazu, nicht benötigte Tracks auf dem PC zu speichern. Eine Notwendigkeit, will man bei vollem Speicher keine Tracks löschen. Überhaupt sind Tracks eine hervorragende Dokumentation absolvierter Touren. Mit Programmen wie Fugawi oder Touratech QV lassen sich sogar leistungsfähige Tourenarchive aufbauen (siehe Kapitel 14). Inzwischen gibt es auch im Internet zahlreiche Tourenportale, die aufgezeichnete Tracks von Touren aus allen Teilen der Welt zum Download anbieten, oft sogar kostenlos (siehe Kapitel 14).

Ein Nachteil der Trackaufzeichnung soll nicht verschwiegen werden: Das Gerät muss dazu immer eingeschaltet sein, was viel Strom kostet. Für die Track-Navigation genügt dagegen oft eine gelegentliche Positionskontrolle, vor allem wenn man einem Weg folgt.

Navigation mit GPS: Beispiel einer Route

Unterwegs mit GPS

Die praktische Navigation mit GPS soll beispielhaft an einer mehrtägigen Trekkingtour veranschaulicht werden, die typische Situationen unterwegs zusammenfasst. Die Tour führt teilweise weglos über ein unübersichtliches Hochplateau, das bekannt ist für plötzliche Wetterumschwünge bei Stopps. Schnee ist selbst im Sommer keine Seltenheit. Sie haben die Tour im Voraus als Route geplant, Wegpunkte auf der Karte festgelegt und eingezeichnet, die Koordinaten mit Planzeiger ermittelt und ins Gerät eingegeben (siehe Kapitel 10). Dabei haben Sie auch nicht vergessen, auf das richtige Kartenbezugssystem zu achten.

Am Start, einem Parkplatz, kontrollieren Sie noch einmal alle Einstellungen am Gerät (siehe Kapitel 9), löschen das Track Log (siehe oben) und speichern sicherheitshalber Ihren Standort (siehe Kapitel 10). Der erste Abschnitt bis zu einer verlassenen Trapper-Hütte führt durch dichten Wald und ist gut zu finden (Wp 1–5). Sie schalten Ihr Gerät nur hin und wieder an kleinen Lichtungen ein, um Ihren Standort auf der Karte zu überprüfen (siehe Kapitel 10).

In solchen Gebieten erleichtert GPS die Orientierung.

Das nächste Teilstück bis zum ersten Zeltplatz ist schon kniffliger (Wp 6–18). Die Route schlängelt sich durch ein Labyrinth aus Felsblöcken, lichtem Baumbestand und zahlreichen kleinen Seen. Um den Weg genauer nachzuzeichnen, haben Sie die Routenpunkte bei der Planung dichter gesetzt. Weil sich der undeutliche Pfad immer wieder im Nichts verliert, navigieren Sie jetzt mit GPS.

Trotzdem erfordert das Finden der richtigen Route einiges Gespür. Der Wegverlauf ist viel verzwickter, als es die Karte darstellen kann, entsprechend »ungenau« ist Ihre geplante Route. Bei guter Sicht kein großes Problem. Aber bei Schlechtwetter? Oder Nebel und Schnee? Um bei einem Wetterumschwung schneller zurückzufinden, schalten Sie bis zum Zeltplatz die Trackaufzeichnung ein (siehe oben).

Am nächsten Tag führt die Route durch offeneres Gelände über eine Engstelle und einen Übergang zu einer Hütte, Ihrem Ziel (Wp 19–25). Vor allem der markante Übergang ist schon von weitem zu sehen, sodass Sie Ihr Gerät, um Batterien zu sparen, nur zur gelegentlichen Positionsbestimmung einschalten.

Bei der Hütte angekommen, verführt Sie das traumhafte Wetter noch zu einem spontanen Ausflug zu einem benachbarten Gipfel, wo Sie den Sonnenuntergang fotografieren. Den Weg finden Sie auch ohne GPS. Allerdings speichern Sie zur Sicherheit einige Wegpunkte (S1–S4), die Sie zu einer Route zusammenstellen, um bei Dunkelheit wieder zur Hütte zurückzufinden (siehe Kapitel 10 und oben).

Die dritte Etappe führt am nächsten Tag zunächst durch wegloses Gelände zum Nordufer eines kleinen Sees (Wp 26–29). Zu Hause haben Sie bereits bei der Planung auf der Karte die beste Route anhand von Wegpunkten festgelegt (siehe oben), die Sie auch im

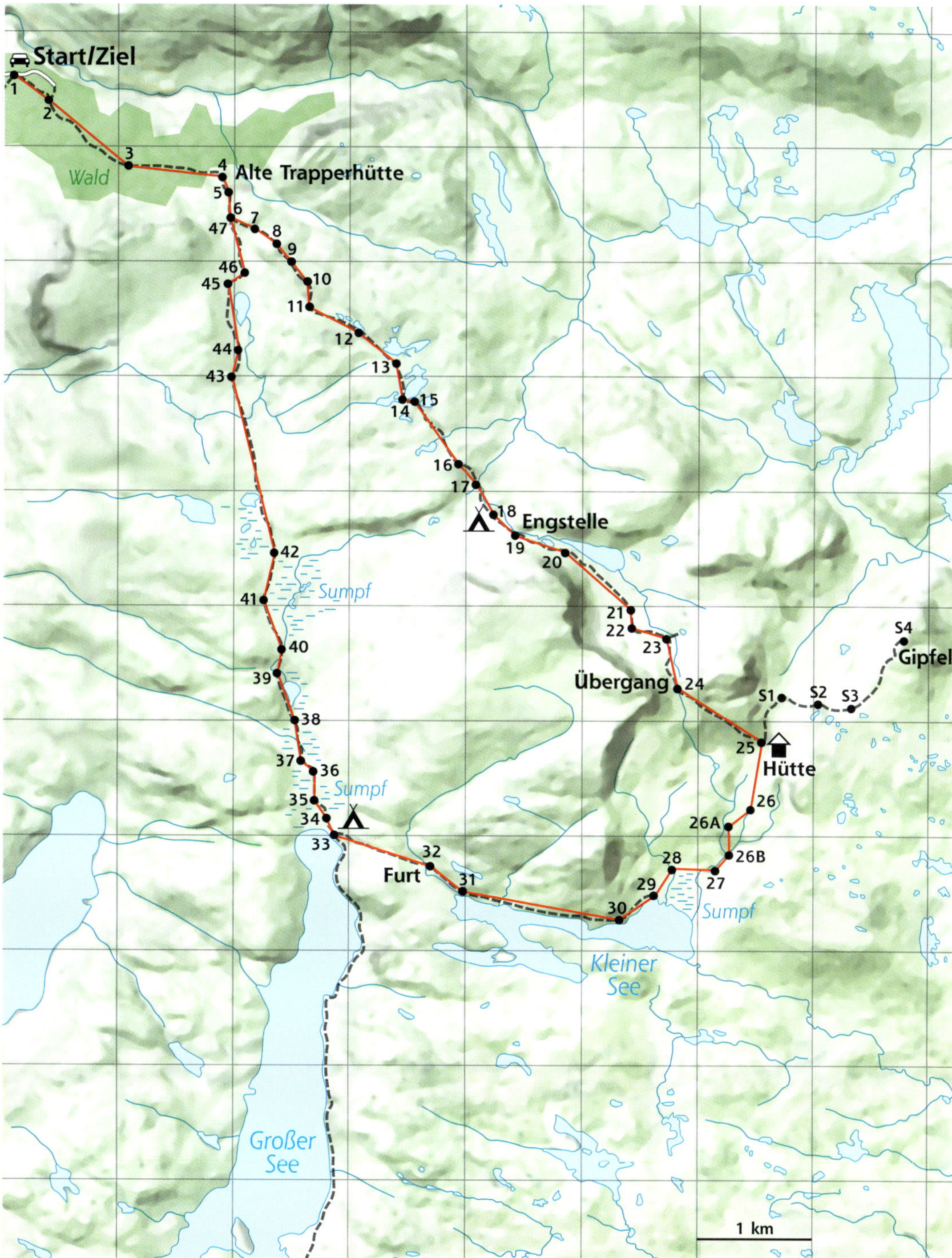
Start/Ziel
1
2
3
Wald
4
Alte Trapperhütte
5
6
47
7
8
9
46
45
10
11
12
13
44
43
14
15
16
17
18
Engstelle
19
20
42
Sumpf
41
21
22
23
40
39
Übergang
24
S1
S2
S3
S4
Gipfel
38
25
Hütte
37
36
Sumpf
35
34
33
26
26A
26B
32
Furt
31
28
27
29
30
Sumpf
Kleiner See
Großer See
1 km

Wintereinbruch: Gut, dass Sie mit GPS unterwegs sind.

Gelände gut wiederfinden (z. B. die Mündung eines Seitentals bei Wp28 oder ein Geländeeinschnitt bei Wp26). Allerdings möchten Sie vor Ort die Route noch etwas anpassen. Dazu bestimmen Sie die Koordinaten von zwei weiteren Wegpunkten (Wp26a, 26b) mit Planzeiger (siehe Kapitel 10) und fügen Sie in die Route ein (siehe oben).

Unterwegs folgen Sie der Route mit der Navigationsseite (siehe Kapitel 4). Dabei gibt Ihnen GPS die generelle Richtung vor, Ihren genauen Weg müssen Sie aber immer wieder den Geländegegebenheiten anpassen. Das gilt besonders für den letzten Abschnitt, wo die Route zunächst durch einen Wald, dann an einem größeren Sumpfgebiet vorbeiführt. Zur Sicherheit zeichnen Sie Ihren Weg wieder als Track auf.

Am nördlichen Seeufer beginnt ein Pfad (Wp29), den Sie mit GPS auch schnell finden. Der weitere Weg entlang des Seeufers ist nicht zu verfehlen (Wp 29–33), Ihr GPS-Gerät bleibt bis zum nächsten Zeltplatz am Großen See in der Tasche. Nur noch einmal zücken Sie den Empfänger, um eine Furt (Wp32) schneller zu finden, weil es bereits recht spät ist.

Am letzten Tag führt der Weg durch ein weites Tal, im Zickzack vorbei an mehreren Moor- und Sumpfflächen (Wp 35–42). Hier haben Sie wieder sehr genau mit vielen Routenpunkten geplant. Zum Glück: Über Nacht schlägt das Wetter um. Im Nebel und dichten Schneetreiben ist kein Weg zu erkennen. Auch zwingen Sie kleine Tümpel und ausgeuferte Bäche immer wieder zu größeren Umwegen. Klar, dass Sie jetzt mit GPS navigieren. So kommen Sie trotzdem recht gut voran. Mit Kompass wäre alles wesentlich zeitraubender und mühseliger.

Am Nachmittag liegen die Sumpfgebiete hinter Ihnen, auch das Wetter hat sich gebessert. Der weitere Wegverlauf ist wieder klar erkennbar (Wp 42–47). Sie peilen mit GPS nur ab und zu die Richtung (siehe Kapitel 10) und laufen weitgehend nach Sicht, bis Sie bei Wp6 wieder auf den Weg treffen, den Sie bereits vom ersten Tag kennen. Hier endet Ihre geplante Route. Wenn Sie auch zurück zum Auto nicht auf GPS verzichten wollen, müssen Sie die Route zuerst umkehren (siehe oben) und dann erneut aktivieren. Ihr Gerät führt Sie dann entlang der Punkte Wp 5–1 zum Parkplatz.

Alles eine Sache der Übung

Das beste und leistungsfähigste GPS-Gerät nützt nichts, wenn Sie im Ernstfall nicht damit umgehen können. Dazu gehört nicht nur die sichere Bedienung des Geräts, sondern auch das ebenso sichere Übertragen von Koordinaten aus und in die Karte. Hier hilft nur eins: Üben, üben und nochmals üben.

Das können Sie auch prima vor der Haustür, in vertrautem Gelände. Besorgen Sie sich eine topografische Karte von Ihrem Wohnort, planen Sie kleine Touren und lernen Sie dabei Ihr Gerät kennen. Nur so erfahren Sie, wie es bei Abschattung reagiert und wie Sie den Empfang verbessern können. Nur so finden Sie heraus, wann Sie im Stromspar-Modus navigieren können und wann nicht oder wie genau die Wegpunkte sind, die Sie aus der Karte übertragen

Vertrautes Gelände eignet sich bestens für erste Erfahrungen mit GPS.

haben. Auch Touren in den Alpen oder Mittelgebirgen sind eine exzellente Spielwiese, um sich mit GPS vertraut zu machen – auch wenn Sie dort problemlos ohne zurecht kommen würden.

Haben auch im Zeitalter von GPS noch lange nicht ausgedient: Karte und Kompass.

Grenzen des GPS

So einzigartig und vielseitig GPS auch ist: Sie sollten sich nie allein darauf verlassen. Wie Höhenmesser und Kompass ist GPS nur ein weiteres Hilfsmittel für die Orientierung, auch wenn es vieles einfacher macht. Keinesfalls sollten Sie immer nur »blind« dem Gerät vertrauen. Ein Fehler beim Ablesen oder Eingeben der Koordinaten, und schon laufen Sie – trotz GPS – in die falsche Richtung. Deshalb: Den Weg immer auch auf der Karte verfolgen!

Vor allem: Unternehmen Sie keine Touren, die Sie sich ohne GPS nicht zutrauen würden. Ein Gerät kann ausfallen, Batterien können erschöpft sein. Wenn Sie dann nicht mit Karte, Kompass und Höhenmesser umzugehen wissen, sitzen Sie schnell in der Klemme!

Apropos Karte: Die gute alte Papierkarte bleibt auch im Zeitalter von GPS unersetzlich. Auch dann, wenn Sie mit aufgeladener Karte im GPS-Gerät unterwegs sind. Nicht nur für Notfälle, siehe oben, sondern auch weil gedruckte Karten eine wesentlich bessere Übersicht bieten. Und: Den richtigen Weg, die Grundlage für jede Route, finden Sie nur auf der Karte.

Tourenplanung am Computer

12 Vorteile der Tourenplanung am PC

Große Auswahl: Software und digitale Karten für die Tourenplanung am PC.

Auf Ihren ersten Touren mit GPS haben Sie diese Art der Navigation sicherlich als eine sehr komfortable und sichere Form der Orientierung kennen gelernt. Allerdings werden Sie auch die Erfahrung gemacht haben, dass die Vorbereitungen dazu mitunter recht mühsam sein können.

So ist das Bestimmen von Wegpunkt-Koordinaten mit Planzeiger umständlich und zeitintensiv, besonders für längere, mehrtägige Touren. Auch schleichen sich leicht Ablesefehler ein. Ähnliches gilt für die Eingabe von Wegpunkten und Routen mit den GPS-Tasten, schließlich besitzen die Empfänger keine Ziffern-Tastatur.

Doch die aufwändige Tourenvorbereitung ist nicht der einzige Nachteil: GPS-Geräte besitzen nur einen begrenzten Speicher für Wegpunkte, Routen und Tracks. Ist dieser voll, müssen Daten gelöscht werden, die man vielleicht auf späteren Touren wieder verwenden möchte. Zwar gibt es Modelle mit wechselbaren Speicherkarten (siehe Kapitel 5), die praktisch »unbegrenzt« Speicher bieten. Allerdings verliert man schnell die Übersicht, wenn sich die zunehmende Datenfülle auf mehr und mehr Speicherkarten verteilt.

Heute Standard bei GPS-Geräten: Der PC-Anschluss.

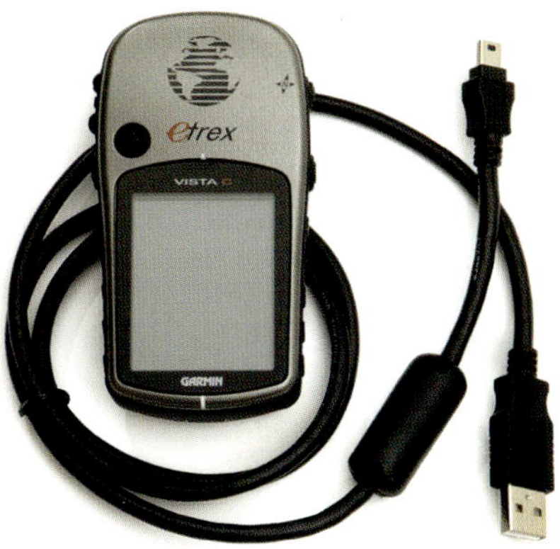

Die Lösung bietet – egal ob Tourenplanung oder Datenmanagement – der Computer. Inzwischen gibt es eine breite Auswahl von Programmen und digitalen Karten, die eine schnelle und effektive Tourenvorbereitung möglich machen. Einige Mausklicks und schon steht die Tour. Selbst lange Routen sind so in kurzer Zeit erstellt und auf das GPS-Gerät übertragen. Umgekehrt können Sie Wegpunkte, Routen und Tracks vom Gerät auf den PC laden und in übersichtlicher Form verwalten. Bei Bedarf genügt ein weiterer Mausklick und schon sind die Daten wieder auf Ihren GPS-Empfänger übertragen.

Die Hardware: GPS-Gerät und PC

Voraussetzung für die Tourenplanung am PC ist ein GPS-Gerät mit Computeranschluss, heute eigentlich Standard. Das nötige Interface-Kabel ist bei den meisten Modellen im Preis inbegriffen, andernfalls als Zubehör erhältlich. Doch aufgepasst: Verschiedene Hersteller verwenden verschiedene Kabel, bei Garmin gibt es sogar je nach Gerät unterschiedliche.

Stecken Sie das Kabel in die Buchse am Gerät und verbinden Sie es mit einem freien seriellen (neunpoligen) Anschluss auf der PC-Rückseite. Jetzt müssen Sie in der GPS-Karten- oder -Planungssoftware nur noch zwei Einstellungen vornehmen, meist im Menü »Einstellungen GPS«:

- Ihren Gerätetyp, also Garmin, Magellan oder einen anderen Hersteller, sowie
- den entsprechenden Anschluss am PC, meist COM 1 oder COM 2, an den Sie das Kabel angeschlossen haben.

PC-ANSCHLUSS BEI GARMIN-MODELLEN

Achtung bei Garmin-Geräten: Als Übertragungsprotokoll muss im Geräte-Setup (siehe Kapitel 9) unter Schnittstelle unbedingt »Garmin« eingestellt werden (außer bei USB-Anschluss, hier erfolgt die Einstellung automatisch).

Manche Programme nehmen die Einstellungen per »Autodetect« auch selbstständig vor. Jetzt können Sie den Transfer von Wegpunkten, Routen und Tracks starten: Einfach auf die Schaltfläche »Senden an« bzw. »Empfangen von GPS« klicken.

Inzwischen sind die ersten Modelle wie die Garmin »GPSmap 60«-Reihe auf dem Markt, die nicht oder nicht nur über einen seriellen, sondern über einen USB-Anschluss mit dem Computer verbunden werden. Dazu muss der entsprechende, auf CD beigelegte Gerätetreiber auf dem PC installiert werden. Der Vorteil der USB-Schnittstelle: Daten werden wesentlich schneller übertragen. Inzwischen unterstützen nahezu alle GPS-Programme das Garmin-USB-Protokoll, auch kostenlose aus dem Internet. Im Zweifelsfall vor dem Kauf beim Hersteller nachfragen.

Die Software: GPS-Programme und digitale Karten

Jetzt fehlt Ihnen nur noch die richtige Software für die Tourenplanung und -archivierung. Hier haben Sie inzwischen die Qual der Wahl, gibt es doch eine Vielzahl von Programmen und Karten mit unterschiedlichen Möglichkeiten:

- **GPS-Planungssoftware (GPS-Karten-Software)**, die Komplettlösung für die Tourenplanung, egal ob mit digitalen Karten von CD oder mit selbst eingescannten. Umfangreiches Datenmanagement ist selbstverständlich. Beispiele: Fugawi, Touratech QV, OziExplorer. Mehr dazu in Kapitel 14.
- **Share-** und **Freeware-Programme** aus dem Internet, die u. a. die Vorbereitung von Touren mit selbst eingescannten Karten ermöglichen. Beispiele: GARtrip, GPS Trackmaker (siehe Kapitel 14).
- Einfache **Daten-Programme wie G7ToWin** zum Eingeben, Bearbeiten und Archivieren von Wegpunkten, Routen und Tracks (siehe Kapitel 14).
- **Digitale Karten** auf CD- oder DVD. Sie bilden nicht nur die Grundlage für Planungsprogramme, sondern enthalten auch eine einfache Software zur Tourenvorbereitung und -archivierung – z. B. die »Top50« der Landesvermessungsämter oder die Kompass »Digital Maps« (Siehe Kapitel 13).
- **Auf GPS-Geräte ladbare Karten** der jeweiligen Gerätehersteller. Für Outdoor-Touren sind vor allem topografische Karten interessant, die auch mit einer einfachen Planungssoftware ausgestattet sind. Beispiele: Garmin »MapSource«- und Magellan »MapSend«-Karten (siehe Kapitel 13).

Mit Computer fällt die Tourenplanung um einiges leichter

Die folgenden beiden Kapitel geben einen Überblick über wichtige digitale Karten und GPS-Programme sowie die umfangreichen Möglichkeiten, die Ihnen damit offen stehen.

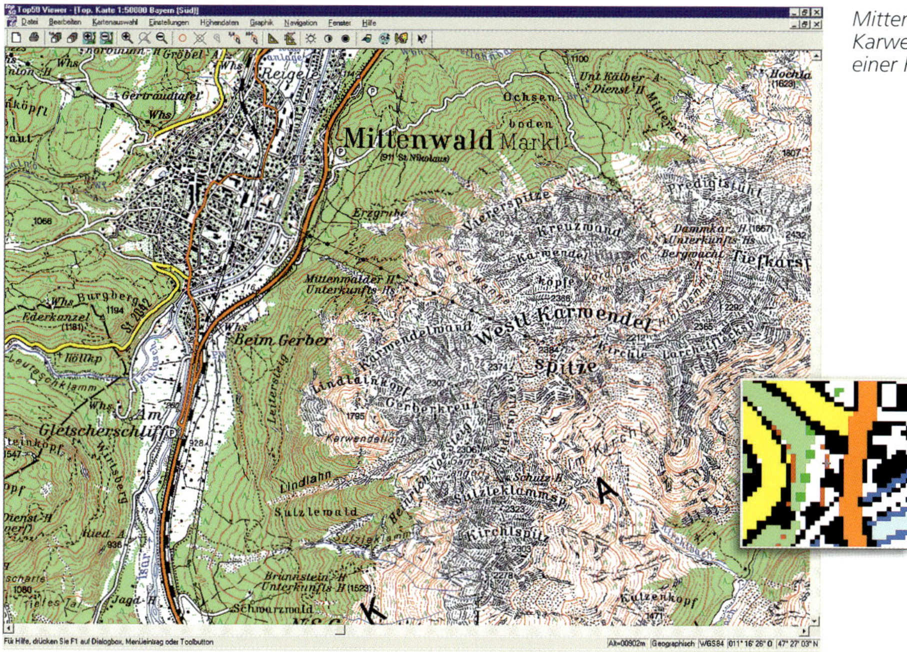

Mittenwald und die Karwendelspitzen auf einer Rasterkarte ...

BLVA, Top50 Bayern Süd

13 Digitale Karten

Karten bilden die Grundlage für jede Tourenplanung. Das ist bei der Planung mit PC nicht anders. Dieses Kapitel stellt daher zunächst die verschiedenen Arten digitaler Karten und ihre Merkmale vor, bevor die für die GPS-Navigation wichtigsten im Einzelnen behandelt werden.

Arten digitaler Karten

Digitale Karten, egal ob topografische oder Straßenkarten, liegen in zwei unterschiedlichen Formen vor: als Raster- und als Vektorkarten. Beide lassen sich für die GPS-Navigation verwenden, allerdings auf unterschiedliche Weise.

RASTERKARTEN

Rasterkarten sind die häufigste Form digitaler Karten. Die ersten Rasterkarten waren nichts anderes als eingescannte Karten. Allerdings liegen bei modernen Versionen wie der Top50 die Daten längst in digitaler Form vor. Mehr noch: Papierkarten werden inzwischen auf Basis dieser Daten erstellt.

Das Kartenbild von Rasterkarten setzt sich aus unzähligen, winzig kleinen Bildpunkten (Pixel) zusammen und gleicht dem von gedruckten Karten. Rasterkarten kann man am Bild

> **WICHTIG!**
>
> Sowohl Raster- als auch Vektorkarten können in diversen Dateiformaten vorliegen. Wenn Sie digitale Karten mit einem GPS-Planungsprogramm verwenden wollen, müssen Sie beim Kauf darauf achten, dass das Programm das jeweilige Kartenformat auch lesen kann.

schirm nur bis zu einem bestimmten Maß vergrößern, sonst leidet die Bildqualität: Die einzelnen Pixel werden zunehmend als kleine Kästchen sichtbar (siehe Abb. S. 137).

Viele Rasterkarten werden mit einer Software ausgeliefert, die nicht nur das Betrachten der Karten, sondern auch eine einfache Tourenplanung und -auswertung ermöglicht. Rasterkarten bilden aber auch die Grundlage für GPS-Planungsprogramme wie Fugawi oder Touratech QV (siehe Kapitel 14). Für Outdoor-Touren sind vor allem die Digitalversionen topografischer Karten interessant, wie die Top50, oder hochwertige Wanderkarten, wie die des Alpenvereins. Um Missverständnissen vorzubeugen: Rasterkarten können *nicht* auf GPS-Geräte geladen werden.

Vektorkarten

Vektorkarten sind weit verbreitet als Straßenkarten, zum Beispiel in den Routenplanern für die Autonavigation. Ihre Bedeutung für Outdoor-Touren: Nur Vektorkarten lassen sich auf kartenfähige GPS-Geräte laden. Ein Aspekt, der zunehmend an Bedeutung gewinnt, seit es auch derartige topografische Karten gibt. Auch die in vielen GPS-Geräten fest gespeicherten Basemaps gehören zu den Vektorkarten.
Vektorkarten unterscheiden sich deutlich von Raster- (und Papier-)Karten: Das Gelände mit Ortschaften, Straßen, Wegen und Flüssen besteht nicht aus Pixeln, sondern wird in ein System von Punkten (Koordinaten) übertragen, die durch Linien miteinander verbunden sind. Heraus

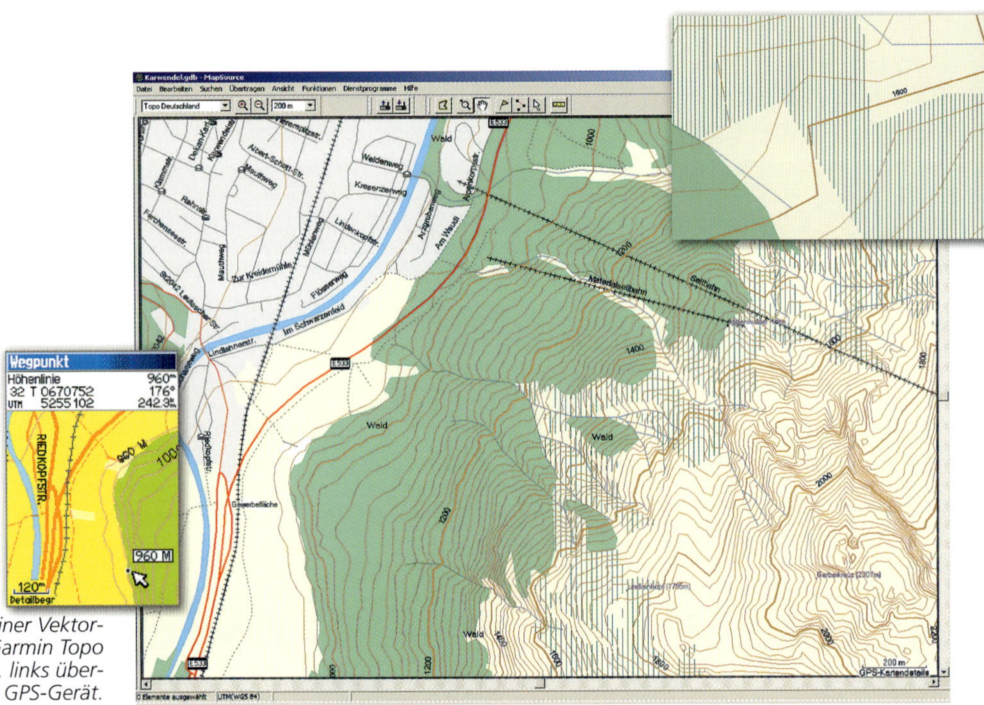

... und auf einer Vektorkarte (Garmin Topo Deutschland), links übertragen auf ein GPS-Gerät.

kommt ein stark schematisiertes Kartenbild mit Linien und Flächen. Typisch: In Vektorkarten gibt es keine »runden« Linien und Begrenzungen, was bei zunehmender Vergrößerung sichtbar wird. Alle Kartenobjekte, egal ob Straße, Fluss oder Höhenlinie, sind bei starker Vergrößerung »eckig« (siehe Abb. S. 138). Zu jedem Kartenelement können Infodaten hinterlegt sein, die beim Berühren mit dem Mauszeiger am Bildschirm sichtbar werden, wie Straßen- und Gewässernamen, Adressen oder Höhenangaben. Interessante Objekte, wie Sehenswürdigkeiten, Hotels, Gipfel und vieles mehr, werden als spezielle Wegpunkte, als »Points of Interest« (POI) dargestellt. Routingfähige Karten für die Straßennavigation enthalten weitere, nicht sichtbare Attribute, mit denen nach der Eingabe eines Zielorts die Fahrtstrecke berechnet wird.

Weiteres Kennzeichen von Vektorkarten: Mit steigender Vergrößerung (»Zoom«) nehmen im Gegensatz zu Rasterkarten die am Bildschirm gezeigten Details zu. Je höher die Zoomstufe, desto kleinere Straßen und Ortschaften werden z. B. gezeigt (vgl. Abb. S. 149). Zusätzlich kann man den Detailgrad meist in mehreren Stufen von »niedrig« bis »hoch« festlegen. Je höher der Detailgrad, desto mehr Informationen werden bei gleicher Zoomstufe eingeblendet. Das Kartenbild entsteht also erst auf dem Bildschirm und ist nicht wie bei Rasterkarten von vornherein festgelegt. Als weiterer Unterschied ändert sich mit zunehmender Vergrößerung die Qualität der Darstellung nicht.

Die Genauigkeit von Vektorkarten hängt von der Erfassung der Vektordaten ab. Sie ist z. B. bei Basiskarten von GPS-Geräten deutlich gröber als bei Karten, die sich auf GPS-Geräte laden lassen. Letztere sind also wesentlich exakter.

Georeferenzierung meist inklusiv: Karten auf CD und DVD.

Georeferenzierung (Kalibrierung)

Um für die GPS-Navigation verwendbar zu sein, muss eine Karte erst georeferenziert (kalibriert) werden. Jedem Punkt (Pixel) auf der Karte wird dabei entsprechend seiner Lage auf der Erdoberfläche bzw. im Kartengitter ein Koordinatenpaar zugeordnet. Anders ausgedrückt: Durch die Kalibrierung wird quasi ein Kartengitter über die Karte gelegt, vergleichbar dem aufgedruckten Gitter bei Papierkarten. Fährt man mit dem Mauszeiger über eine georeferenzierte Karte, werden zu jedem Punkt stets die jeweiligen Koordinaten angezeigt.

Die Kalibrierung ist die Voraussetzung für die Tourenplanung am PC: Nur dann lassen sich Koordinaten als Wegpunkte speichern oder Routen erstellen und auf ein GPS-Gerät übertragen bzw. Wegpunkte, Routen und Tracks, die vom GPS-Gerät heruntergeladen wurden, lagerichtig auf der Karte darstellen. Während auf CD und DVD erhältliche Karten normalerweise bereits georeferenziert sind, muss man selbst eingescannte Karten mit Hilfe von GPS-Planungssoftware wie Fugawi zunächst kalibrieren (siehe Kapitel 14).

Höhendaten (Digitales Geländemodell)

Ein weiteres Plus vieler käuflicher Digitalkarten, insbesondere topografischer, sind die mitgelieferten Höhendaten (»Digitales Geländemodell«, kurz »DGM« oder »DEM«). Fährt man mit dem Cursor über die Karte, wird zu jedem Punkt neben den Koordinaten auch die Höhe

Auch für Biker interessant: Mit DEMs kann man sogar von geplanten Touren Streckenprofile erstellen.

angezeigt. Weiterer Vorteil: Von geplanten Touren kann man schon vorab Höhen- und Steigungsprofile erstellen oder Auf- und Abstiegshöhenmeter ermitteln. Auch 3-D-Darstellungen der Geländeoberfläche, wie z.B. bei der »Top50« oder den »MagicMaps«, werden erst mit Höhendaten möglich.

Höhendaten liegen in verschiedener Genauigkeit (»Auflösung«) vor, die meist in Metern oder Bogensekunden (") angeben wird. Die sehr guten DEMs der Top50 bieten z.B. eine Auflösung von 50 Metern (oder besser). Was nicht heißt, dass Höhenangaben prinzipiell nur auf 50 Meter genau wären. Vielmehr wird das Gelände im DEM mit einem Raster von 50 mal 50 Metern überzogen, wobei für die Kreuzungspunkte exakte Höhenwerte vorliegen. Daraus interpoliert die Kartensoftware auch für jeden Punkt innerhalb des Rasters die Höhe, bei den Top50 meist auf 2–3 Meter genau!

Höhendaten gibt es in verschiedenen Formaten auch kostenlos im Internet, wie z.B. die weltweiten, genauen SRTM3-Daten (Auflösung 3" bzw. 90 m; siehe Anhang). Sie können in Planungsprogramme wie Fugawi oder Touratech QV importiert und dann mit beliebigen Karten (auch selbst gescannten) verwendet werden, um Höhenprofile etc. zu erstellen. Aber Achtung: Nicht jedes Programm kann jedes Datenformat lesen!

Digitale Karten bieten einen günstigen Einstieg in die Tourenplanung am PC.

Digitale Karten im Einzelnen

Inzwischen gibt es eine Fülle digitaler Karten für die GPS-Navigation auf CD und DVD. Und: Die Entwicklung schreitet rasant voran. Waren bis vor wenigen Jahren nur die topografischen Karten der Landesvermessungsämter (Top50) in digitaler Form erhältlich, scheinen inzwischen auch Wanderkarten-Verlage und andere Anbieter das Potenzial, das in GPS steckt, erkannt zu haben. So sind z.B. von Kompass oder vom Alpenverein gut gemachte Karten-CDs erhältlich.

Die für Outdoor-Touren interessanten Karten – egal ob Raster- oder Vektorkarte – bieten einen günstigen Einstieg in die Tourenplanung am PC. Die nötige, wenn auch einfache Software wird gleich mitgeliefert.

AUFGEPASST!

Die meisten Rasterkarten besitzen ausschließlich Schnittstellen zu Garmin-Geräten. Nur einige wie die Top50 lassen sich mit Hilfe von Konvertierungsprogrammen auch mit anderen Modellen verwenden.

Rasterkarten

Sie sind erste Wahl für die Tourenplanung am PC, egal ob für eine Wanderung, eine Trekking- oder Radtour. Das Angebot übersteigt das von Vektorkarten bei weitem. Und: Sie lassen sich auch mit GPS-Planungsprogrammen verwenden. Aber nicht nur: Ohne sind die Möglichkeiten zwar nicht so vielseitig, doch das hat für Einsteiger auch Vorteile. Die Software ist übersichtlich und schnell verstanden.

Rasterkarten sind in der Regel weitgehend identisch mit der jeweiligen Papierversion. So gibt es alle in Kapitel 8 vorgestellten Karten auch auf CD. Mit einigen Vorteilen: Während man gedruckte Karten einzeln kaufen muss, bekommt man auf CD meist komplette Kartensätze – zum wesentlich günstigeren Preis. Beispiel Alpenvereinskarten: Die Digitalausgabe mit allen 49 Karten gibt's für 89 Euro, alle Karten im Papierformat würden zusammen rund 500 Euro kosten. Meist ist die Rasterversion auch etwas genauer, weil Aktualisierungen immer zuerst in den digitalen Daten vorgenommen werden.

Wie bereits erwähnt, sind inzwischen neben topografischen auch digitale Wanderkarten erhältlich. Der Vorteil Ersterer liegt in der sehr exakten Geländedarstellung und der oft vielseitigeren Begleitsoftware. Wanderkarten punkten mit Wegmarkierungen und vielen touristischen Infos. Je nach Land und Region können sie sogar Wanderwege enthalten, die auf topografischen Karten fehlen. Allerdings geben sie das Gelände oft weniger genau wieder. Was nicht für die Alpenvereinskarten gilt, die die Vorzüge beider Kartenarten in sich vereinen.

GRUNDFUNKTIONEN

Für unterwegs lassen sich Ausschnitte digitaler Karten ausdrucken.

Egal ob topografische oder Wanderkarte, alle im Folgenden aufgeführten Karten besitzen einige Gemeinsamkeiten: So kann man

- verschiedene Kartengitter einstellen, in der Regel mindestens das UTM- und das geografische Gitter;
- Kartenausschnitte mit Gitter, Wegpunkten und Routen (bzw. Tracks) für unterwegs ausdrucken;
- alle Karten zoomen, d. h. in verschiedenen Maßstäben darstellen. Vor allem lassen sie sich über den eigentlichen Kartenmaßstab hinaus vergrößern. Koordinaten und damit Wegpunkte können deshalb sehr genau ermittelt werden, exakter als mit Papierkarte und Planzeiger;
- mit allen Karten Höhenprofile von aufgezeichneten Tracks erstellen (sofern das GPS-Gerät die Höhe mit aufzeichnet);
- mit jeder Karte Entfernungen messen, mit einigen wie den Top50 sogar Flächen;
- alle Karten mit den Planungsprogrammen »Fugawi« und »Touratech QV« verwenden.

Die Möglichkeiten, die digitale Karten bereits ohne spezielle Planungsprogramme bieten, sollen ausführlich am Beispiel der Top50 der Landesvermessungsämter beschrieben werden. Zusätzlich finden Sie Kurzporträts weiterer Karten, ergänzt durch eine Übersichtstabelle und Internetadressen im Anhang.

TOP50 (VERSION 4.0)

Der Klassiker! Die topografische Karten der Landesvermessungsämter im Maßstab 1:50 000, kurz Top50 genannt, waren die ersten GPS-tauglichen Karten auf CD, die sich auch für die Outdoor-Navigation eignen. Jedes Bundesland wird mit ein bis zwei CDs abgedeckt, wobei zusätzlich Übersichtskarten des Landes (TÜK 200) und der BRD enthalten sind.

Mehrdimensional: Die Darstellungsmöglichkeiten der Top50

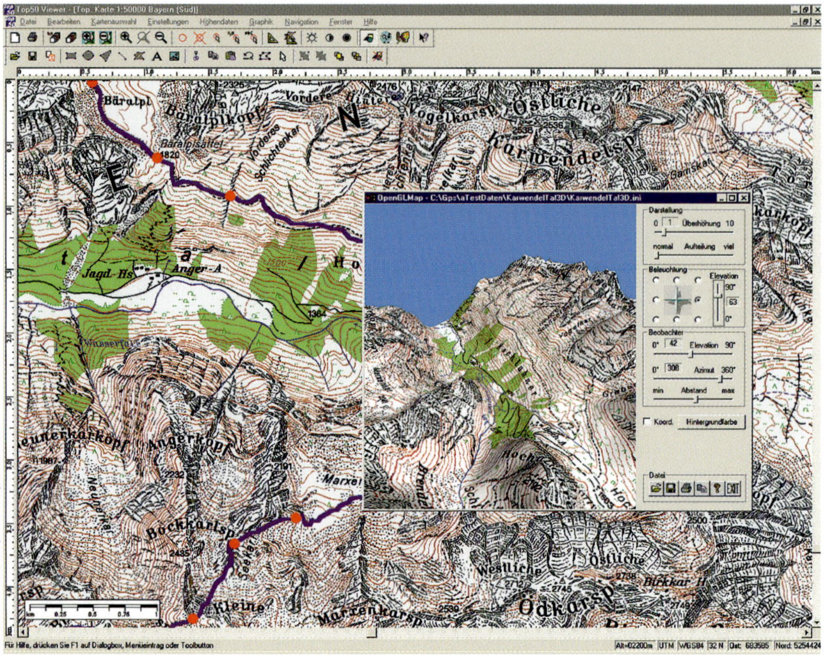

Karte: BLVA, Top50 Bayern Süd

Die Digitalversion ist nicht nur billiger als eine komplette Printausgabe, sondern auch vielseitiger: Neben dem normalen Kartenbild gibt es eine Reihe weiterer, sehr plastischer Darstellungen wie Schummerung, Höhenschichten oder 3-D-Ansichten des Geländes. Die neueste Version 4.0 ermöglicht sogar den virtuellen Flug über die Landschaft (»dynamisch-perspektivische Ansicht«).

Die Top50 bieten noch einige weitere »Bonbons«. Dazu gehört die detaillierte Ortsdatenbank mit Suchfunktion, die selbst kleinste Orte, Gewässer und Berge umfasst. Die Karte lässt sich damit ohne langes Suchen auf einen ausgewählten Ort zentrieren. Zusätzlich kann man eigene Punkte wie Hütten oder Sehenswürdigkeiten in persönlichen Datenbanken archivieren. Ein weiteres Plus sind die sehr genauen Höhendaten.

Mehr als nur eine Karte: Die Top50 bietet bereits vielfältige Möglichkeiten für die Tourenplanung.

Die Tourenplanung gestaltet sich denkbar einfach: Mit der Grafikfunktion »Linie« lassen sich Routen, mit der Funktion »Kreis«, »Rechteck« oder »Dreieck« Wegpunkte als Overlay (siehe Kasten) erstellen.

OVERLAY

Ein Overlay ist eine Zeichen-Ebene, die »über« der Karte liegt und aus – und eingeblendet werden kann (vergleichbar einer Klarsichtfolie über einer gedruckten Karte).

TIPP

Achten Sie darauf, dass die Anzahl der Linien-Punkte nicht die maximale Wegpunktzahl pro Route Ihres GPS-Empfängers überschreitet. Überzählige Punkte werden von »GPSTrans« nicht übertragen.

DATENTRANFER MIT DER TOP50: SO GEHT'S

Overlay im Menü »Datei« als ASCII-Overlay speichern (keinesfalls als binäres Overlay!). Top50 verlassen, »GPSTrans« aufrufen, »Daten auf GPS überspielen« wählen und gespeichertes Overlay im Dateiverzeichnis anklicken. Die Daten werden jetzt übertragen. Achtung: Die überspielten Routen erhalten im Garmin-Gerät die Bezeichnung »Route 000«, »Route 001« etc. Sie müssen zuerst umbenannt werden, bevor man ein weiteres Overlay mit Routen überträgt. Falls nicht, werden sie überschrieben.

TIPP

Im Internet gibt es eine vielseitige Alternative zu »GPSTrans«: das ebenfalls kostenlose »GarFile«. Geplante Routen können damit auch als Tracks auf das Gerät übertragen werden. Das ist z. B. praktisch, wenn der Routenspeicher für sehr lange Mehrtagestouren nicht ausreicht. Und: Sie können die maximale Wegpunkt- bzw. Trackpunktzahl eingeben, die Ihr GPS-Gerät pro Route bzw. Track speichert. Längere Routen und Tracks werden dann automatisch aufgeteilt und nicht wie bei »GPSTrans« gekappt.

Leider besitzen die Top50 nicht wie andere Karten eine Schnittstelle für den direkten Austausch von Wegpunkten und Routen mit GPS-Geräten. Jedes Overlay (mit Routen und Wegpunkten) muss zunächst gespeichert werden und kann dann erst mit Hilfe des beiliegenden Programms »GPSTrans« auf Garmin-Geräte übertragen werden. Umgekehrt lassen sich Routen, Wegpunkte und auch Tracks von Garmin-Geräten auf den PC herunterladen und als Overlay in der Top50 öffnen.

Weiterer Nachteil der Overlays: Wegpunkte, Routen und Tracks existieren nur als Zeichnung, Verzeichnisse und entsprechende Bearbeitungsmöglichkeiten wie bei GPS-Programmen gibt es nicht. Auch lassen sich Routen nur als Linien erstellen, nicht aber aus Wegpunkten, die mit der Funktion Kreis, Rechteck oder Dreieck erstellt wurden.

Doch sonst ist selbst das Erstellen langer Touren sehr komfortabel. Der Wechsel zwischen verschiedenen Kartenblättern erfolgt ohne störenden Kartenrand, die Blätter sind »nahtlos« aneinander gelegt (»blattschnittfreies Scrollen«). Auch lassen sich mehrere Kartenfenster gleichzeitig öffnen und koppeln: So können Sie z. B. im ersten Fenster im Detailausschnitt die Route eintragen, während Sie im zweiten auf einer Übersichtskarte den Verlauf im Blick haben. Verschiebt man einen Kartenausschnitt, verschiebt sich der zweite automatisch mit.

Will man die Top50 mit anderen als Garmin-Modellen verwenden, benötigt man ein Konvertierungsprogramm. Im Internet gibt es dazu zahlreiche kostenlose Tools. Empfehlenswert: »EasyTrans« in Verbindung mit »EasyGPS«. »EasyTrans« wandelt die Top50-ASCII-Overlays ins »EasyGPS«-Format um (und umgekehrt), »EasyGPS« lädt die Daten dann auf das Gerät (bzw. vom Gerät herunter). Eine Übersicht weiterer Tools finden Sie im Anhang.

Dank der bereits erwähnten Grafikfunktionen kann man die Top50 auch durch Overlays mit eigenen Informationen ergänzen, z. B. fehlende Wege als Linien eintragen. Mehr noch: Mit jedem Grafikelement, also auch »Routen« und »Wegpunkten«, lassen sich Multimedia-Dateien wie Bilder, Video- und Tonsequenzen oder ganze Datenbanken verbinden. Ein Mausklick auf das Element und die jeweilige Datei öffnet sich. Die Top50 wird so zum vielseitigen Tourenarchiv.

Bei aller Qualität hat die Top50 aber auch Nachteile: Leider fehlen wie in den Printausgaben je nach Gebiet sogar Pfade, über die Wanderwege führen. Nur wenige Bundesländer wie

z. B. Baden-Württemberg geben auch eine Freizeit-Version mit Wegmarkierungen und touristischen Infos heraus. Andere Bundesländer wie z. B. Bayern bieten im Internet Overlays mit überregionalen Rad- und Wanderwegen zum kostenlosen Download an.

AUSTRIAN MAP (AMAP)

Die AMAP, die digitale topografische Karte von Österreich im Maßstab 1:50 000, basiert auf der gleichen Software wie die deutsche Top50 (»Geogrid Viewer«). Funktionen und Darstellungsmöglichkeiten sind – abgesehen vom 3-D-Flug – vergleichbar. Was auch für den Austausch von Wegpunkten, Routen und Tracks mit GPS-Geräten gilt. Genaue Höhendaten fehlen ebenso wenig wie eine umfassende Ortsdatenbank. Im Gegensatz zur Top50 sind sogar Wanderweg-Markierungen eingetragen.

Die Version 2.0 ist inzwischen vergriffen, im Juli 2005 soll die AMAP 3.0 mit erweitertem Funktionsumfang erscheinen, vergleichbar der aktuellen Top50 V4.0 (u. a. mit 3-D-Flug).

SWISS MAP 50 (VERSION 2.0)

Die Digitalausgabe der exzellenten Schweizer Landeskarten umfasst vier CDs, jeweils mit Ortsdatenbank und Übersichtskarten. Allerdings ist die Swiss Map im Maßstab 1:50 000 kein Schnäppchen: Der Preis pro CD liegt bei 198 CHF, alle vier gibt es im Paket für 595 CHF. Mit der integrierten Software können Wegpunkte und Routen sowie Grafiken und Beschriftungen als Overlays erstellt werden (nicht im Format der Top50 bzw. AMAP!).

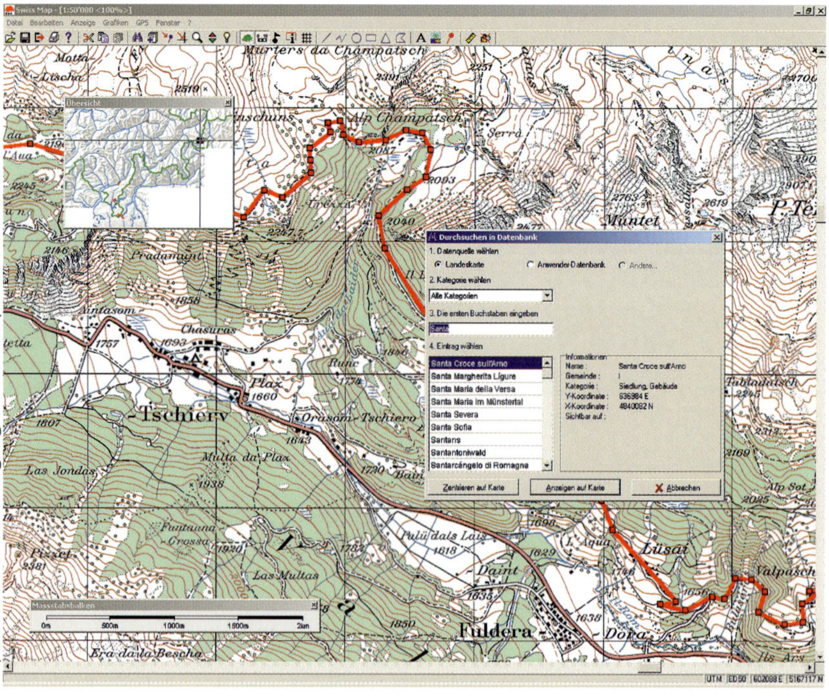

Exakt aber nicht billig: Die Swiss Map 50

Fein: Aus der Swiss Map lassen sich Kartenausschnitte exportieren. Die Karten kann man deshalb auch mit Planungsprogrammen verwenden, die die Swiss Map nicht laden können (z. B. OziExplorer, GPS Trackmaker; siehe Kapitel 14).

Als weitere Besonderheit bieten die Schweizer Präzisionskarten neben der obligatorischen Garmin-Schnittstelle auch eine für Magellan-Modelle. Kleiner Nachteil: Das neue Garmin-USB-Protokoll wird nicht unterstützt. Mit dem »eTtrex Legend C« und »Vista C«, beide ohne seriellen Anschluss, ist die Swiss Map 50 deshalb nur mit Planungsprogrammen wie »Touratech QV« nutzbar (siehe Kapitel 14). Allerdings wird zurzeit eine komplett neue Software entwickelt, die dieses Manko abstellen und sogar auf Macintosh-Computern laufen soll.

TIPP

Die Schweizer Landeskarten gibt es auch im Maßstab 1:100 000 auf CD (»Swiss Map 100 3.0«; 198 CHF), im Gegensatz zu früheren Versionen mit der gleichen Software wie die Swiss Map 50.

TOPOGRAFISCHE KARTEN ANDERER LÄNDER

Auch von einigen anderen europäischen Ländern sind digitale Topo-Karten erhältlich, wie etwa die hervorragenden französischen IGN-Karten im Maßstab 1:25 000 (»CartoExploreur 3). Eine kleine Auswahl ist im Anhang zusammengestellt.

MAGICMAPS

Viel Spaß macht die Tourenplanung mit den MagicMaps. Das Besondere: Sie bieten neben dem normalen zwei- auch ein dreidimensionales Kartenbild. So kann man z. B. schon zu Hause jede Steigung hautnah am PC bewältigen. Oder im virtuellen Flug, gesteuert mit der

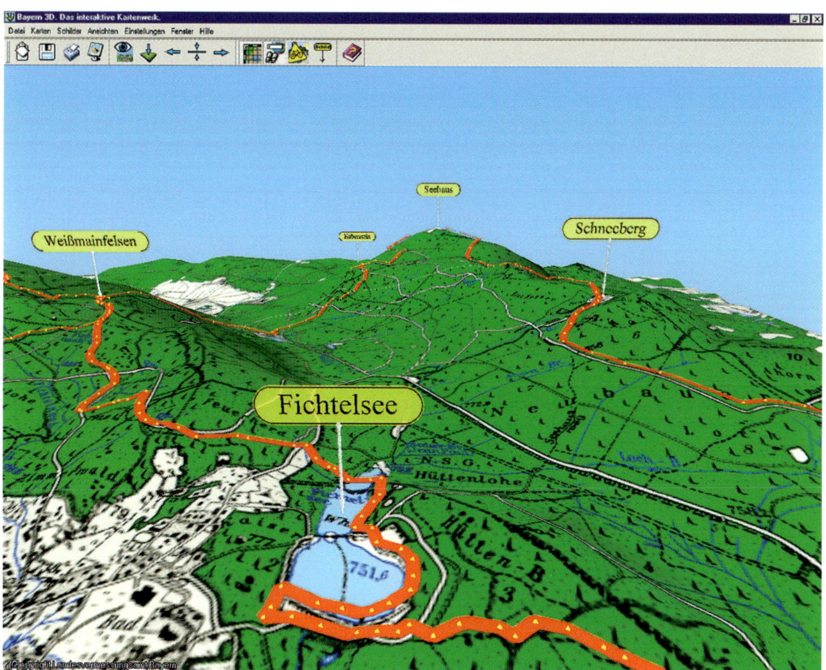

Karte: Magic-Maps Bayern 3D

Tourenplanung in 3D: MagicMaps

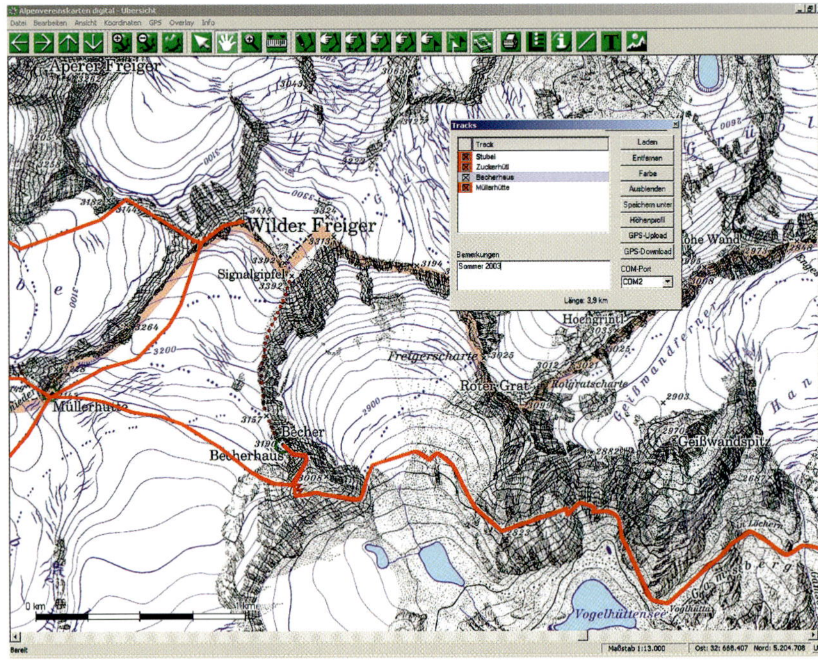

Erste Wahl für Alpintouren: Alpenvereinskarten Digital.

Maus, über die Landschaft fliegen. Die MagicMaps, die nur auf DVD für jedes Bundesland erhältlich sind, basieren auf den amtlichen topografischen Karten im Maßstab 1:25 000 und sind deshalb etwas detaillierter als die Top50. Allerdings: Auch in den Magic Maps fehlen teilweise Pfade, darunter Wanderwege.

Wegpunkte und Tracks können direkt, per Mausklick, mit Garmin-Geräten ausgetauscht oder im ASCII-OVL-Format der Top50 gespeichert (bzw. importiert) werden. Somit steht über Konvertierungstools der Verwendung mit anderen Geräten nichts im Wege (siehe Abschnitt »Top50«). Auch die MagicMaps verfügen über eine detaillierte Ortsdatenbank und ebenso genaue Höhendaten wie die Top50. Die 2-D-Karte kann sogar mit der Erweiterung »Maps2Go« (Freischaltung 24,99 Euro) auf PDAs mit Betriebssystem Pocket PC 2003 geladen werden.

ALPENVEREINSKARTEN DIGITAL

Alle 49 Alpenvereinskarten gibt es auf zwei CDs, allerdings nur die »Wegausgabe« ohne Skirouten. Mit an Bord ist eine einfache Betrachtungs- und Planungssoftware (ähnlich Kompass Digital Maps, s. u.), mit der man schon nach kurzer Einarbeitungszeit Tracks und Wegpunkte erstellen und auf Garmin-Geräte übertragen kann. Umgekehrt lassen sich Tracks – aber keine Routen! – und Wegpunkte vom Gerät herunterladen. Die Karten können bis zum Maßstab 1:5000 gezoomt werden, wodurch sich Wegpunkte und Tracks sehr genau einzeichnen lassen.

Auch die Alpenvereinskarten bieten die Möglichkeit, die Karte in grafischen Overlays mit Linien, Beschriftungen und Wegpunktsymbolen durch eigene Infos zu ergänzen. Selbst Höhenprofile von geplanten Touren lassen sich erstellen.

TIPP

Praktisch: Die Alpenvereinskarten können wie die Kompass Digital Maps ASCII-Overlays der Top50 und AMAP importieren. Dem Austausch von Wegpunkten, Routen und Tracks steht somit nichts im Wege.

Allerdings muss man die Höhenwerte etwas mühsam aus der Karte ablesen und per Hand eingeben, weil Höhendaten fehlen. Bei Tracks, die vom GPS-Gerät übertragen wurden, werden dagegen wie bei allen anderen Karten die vom Empfänger gespeicherten Höhenwerte für die Profile herangezogen.

KOMPASS DIGITAL MAPS

Egal ob Papier- oder Digitalversion: Der Preis für Kompass-Karten ist der gleiche (14,90 Euro). Die sehr hoch auflösenden Digitalkarten lassen sich z. B. in hervorragender Qualität bis zum Maßstab 1:10 000 zoomen, wodurch man auch Details sehr gut erkennen kann. Im Gegensatz zu allen anderen hier vorgestellten Karten können sie auch mit dem Planungsprogramm »OziExplorer« geöffnet werden.

Kleiner Nachteil: Die Kompass-Karten erreichen nicht die Genauigkeit von topografischen oder Alpenvereinskarten, genügen aber für viele Wander- und Radtouren vollkommen. Vor allem gibt es sie auch von Gebieten, von denen sonst keine Digitalkarten vorliegen bzw. ohne weiteres aufzutreiben sind, wie z. B. den Kanarischen Inseln oder Malta.

Mit dabei: Ein einfaches Programm, mit dem Wegpunkte und Tracks auch von Einsteigern in Sekundenschnelle erstellt und auf Garmin-Geräte übertragen werden können. Neuerdings werden die »Digital Maps« sogar mit Höhendaten geliefert.

Je nach Kartenblatt sind zusätzlich Rad- und Skirouten oder Loipen eingezeichnet. Wie bei der gedruckten Version ergänzt ein Kompakt-Guide mit vielen touristischen Infos das gelungene Paket. Insgesamt sind inzwischen mehr als 30 Karten von Amrum bis Teneriffa zu haben, Tendenz steigend.

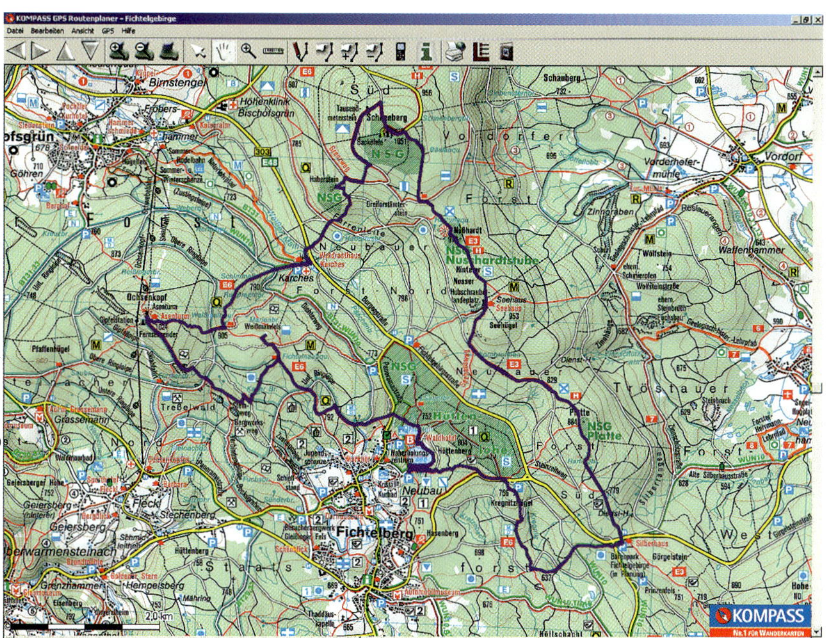

Dank hoher Auflösung bis 1:10 000 zoombar: Kompass Digital-Maps.

KARTEN AUS DEM INTERNET

Wie so oft, ist das Internet auch eine gute Quelle für teilweise kostenlose Karten, überwiegend Raster-, aber auch Vektorkarten, die allerdings nicht die Qualität der auf CD bzw. DVD erhältlichen Karten erreichen. Ohnehin sind vor allem Straßenkarten erhältlich. Eine umfangreiche Linksammlung finden Sie unter http://noegs.de.tf.

Aufladbare Vektorkarten für GPS-Geräte

So exzellent Rasterkarten auch sind, eines ist mit ihnen nicht möglich: Ausschnitte auf kartenfähige GPS-Geräte zu laden. Das geht nur mit speziellen Vektorkarten. Die Karten werden dazu zunächst auf dem PC installiert und dann mit einer enthaltenen Software auf das Gerät übertragen.

Lange Zeit waren ausschließlich nautische und Straßenkarten in diesem Format erhältlich, doch inzwischen gibt es auch ein kleines, stetig steigendes Angebot an topografischen Karten. Was Touren mit GPS um einiges komfortabler macht, kann man damit doch seinen Weg wie auf einer gedruckten Karte verfolgen. Mit einem Vorteil: Der eigene Standort wird ständig angezeigt, der Kartenausschnitt verschiebt sich beim Gehen oder Fahren automatisch mit (»Moving Map«). Ein Blick auf das Display und man weiß, wo man ist, ohne erst Koordinaten mit Planzeiger in eine Papierkarte übertragen zu müssen. Umgekehrt können Wegpunkte und Routen auch direkt auf der geladenen Karte erstellt werden.

Vektorkarten bieten aber noch mehr: Mit der enthaltenen Software lassen sich auch Touren am PC planen. Die Grundfunktionen sind ähnlich wie bei Rasterkarten. So kann man ebenso Wegpunkte und Routen anlegen wie Kartenausschnitte ausdrucken oder Höhenprofile von aufgezeichneten Tracks erstellen.

Kleiner Wermutstropfen: Jeder GPS-Hersteller hat ein eigenes Kartenformat. Sie können deshalb Garmin »MapSource«-Karten *nur* auf Garmin-, *nicht* aber auf Magellan-Geräte laden und umgekehrt. Entsprechendes gilt für Karten anderer Anbieter.

GARMIN »MAPSOURCE«-KARTEN

Was für die GPS-Geräte gilt, gilt auch für aufladbare Karten: Das umfangreichste Angebot kommt von Garmin. Unter dem Sammelbegriff »MapSource« ist eine Reihe von CDs mit topografischen und Straßenkarten erhältlich. Jedes Kartengebiet ist in einzelne Kacheln (»Tiles«) unterteilt, die man durch Anklicken mit der Maus beliebig zusammenstellen und auf das Gerät übertragen kann. Achtung: Der Ausschnitt darf nicht größer als der Gerätespeicher sein, sonst erfolgt kein Transfer.

Zusammen mit den Karten wird zumindest ein Teil der enthaltenen Points of Interest (POIs) übertragen, bei Straßenkarten wie der »MapSource CitySelect« auch Adressen. POIs kann man wie jeden Wegpunkt über die Find-Funktion aufrufen, per GoTo ansteuern oder in Routen einbauen.

Alle »MapSource«-Karten nutzen die gleiche Programmoberfläche. Der Vorteil: Verschiedene Karten lassen sich *zusammen* auf ein Gerät übertragen – was bei anderen Anbietern

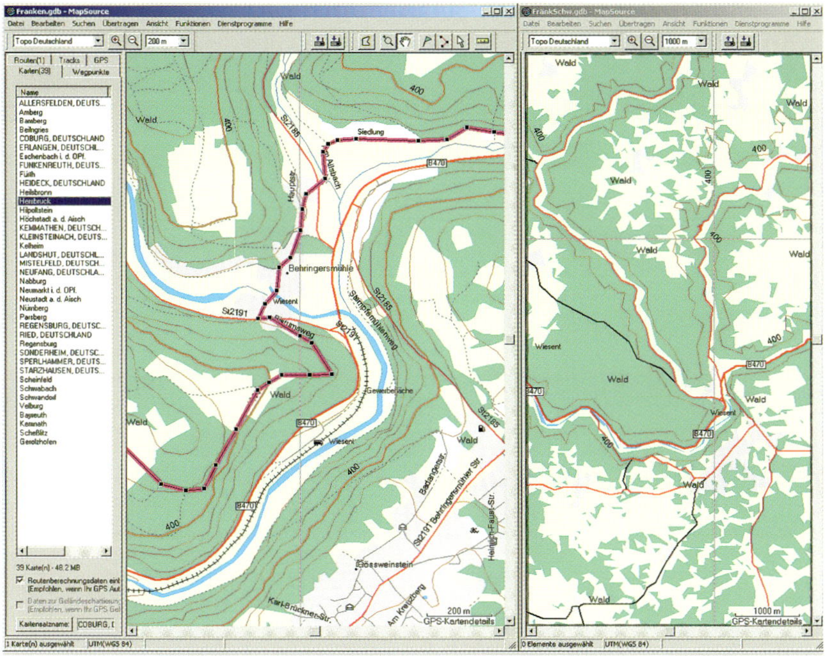

Zweimal Topo Deutschland, unterschiedlich stark gezoomt.

nicht möglich ist. So können Sie z. B. mit der Straßenkarte »City Select« zur Tour anreisen, während Sie unterwegs auf die topografische »Topo Deutschland« vertrauen. Beide Karten werden im Folgenden näher vorgestellt. Eine Übersicht weiterer »MapSource«-Produkte finden Sie auf der Website von Garmin.

»MapSource Topo Deutschland«

Bis vor kurzem war sie die einzige aufladbare topografische Deutschlandkarte: die »MapSource Topo Deutschland« von Garmin im Maßstab 1:25 000, die auf den digitalen Kartendaten der Landesvermessungsämter basiert. Entsprechend genau ist die Geländedarstellung. Neben Ortschaften, Straßen (mit Namen!) und Wegen werden auch Wälder, Gewässer, Berge sowie Höhenlinien (Abstand minimal 20 m) wiedergegeben. Sehr nützlich sind die enthaltenen POIs wie Gipfel, Touristinfos, Liftstationen, Hotels, Restaurants etc., wobei leider nicht alle Kategorien auf das Gerät geladen werden. Gut für Wanderer und Alpinisten: Gipfel sind auch dabei.

Kleines Manko: Pfade und Forstwege sind mit der gleichen Signatur dargestellt. Je nach Region ist das Wegenetz auch unterschiedlich genau erfasst, z. T. fehlen Wanderpfade. Hier weisen die digitalen Ausgangsdaten der jeweiligen Bundesländer Lücken auf (vgl. Abschnitt Top50). Dennoch: Die »Topo Deutschland« ist eine lohnende Anschaffung, die die Möglichkeiten der GPS-Navigation immens erweitert, egal ob auf Wander-, Alpin- oder Radtouren.

Die topografische Deutschlandkarte ist auf zwei CDs, Teil Nord und Süd, erschienen, die sich etwa auf der Höhe von Frankfurt überlappen. Beide CDs sind auch einzeln erhältlich. Daneben gibt es entsprechende »MapSource«-Karten von der Schweiz, von Norwegen, Tschechien, Ungarn und den USA. Österreich ist für Sommer 2005 angekündigt.

Mit »City Select mutieren Geräte wie das Garmin Vista C zum Autonavigationssystem.

»MapSource CitySelect Europe«

Die jüngste Generation von Garmin-Outdoor-Modellen ist sogar routingfähig, d. h. der Empfänger ermittelt wie ein Autonavigationssystem die Fahrtroute zu einem ausgewählten Ziel. Voraussetzung dafür sind entsprechende Straßenkarten wie die »MapSource CitySelect Europe«, die West- und Zentraleuropa umfasst. Die detaillierten Karten sind herkömmlichen Routenplanern durchaus ebenbürtig und bis auf Stadtplanebene zoombar. Hinzu kommen zahlreiche POIs (mehr als bei der »Topo Deutschland«) mit hinterlegter Adresse und Telefonnummer, die auch auf Städtetrips hilfreich sind, kann man sich doch ebenso zur Touristinfo wie zum Hotel führen lassen.

Das Routing ist denkbar einfach: Einfach am PC oder im GPS-Gerät einen Ort, einen POI, eine Adresse oder einen selbst gespeicherten Wegpunkt per Suchfunktion aufrufen und GoTo aktivieren. Das Gerät lässt einem jetzt die Wahl, ob man der Luftlinie (GoTo im herkömmlichen Sinn) oder einer Straßenroute folgen will, wobei die schnellste oder die kürzeste Strecke berechnet werden kann.

Sobald die Route aktiviert ist, kündigt das Gerät Abzweigungen akustisch und mit Abbiegevorschau an. Weicht man wegen Stau oder Umleitung von der Route ab, wird automatisch eine neue Strecke ermittelt. Das ersetzt zwar kein Autonavigationssystem mit Sprachansage, ist für die Anreise zu einer Tour aber durchaus praktisch.

»CitySelect« wird im Paket mit routingfähigen Geräten verkauft, ist aber auch einzeln erhältlich. Die Karten müssen für das jeweilige Gerät freigeschaltet werden. Für nicht routingfähige Modelle gibt es die günstigeren »MapSource MetroGuide Europe«-Karten. Einziger Unterschied: Routing ist nur am PC möglich. (Hinweis: »CitySelect«-Karten lassen sich auch auf nicht routingfähige Modelle laden, nur kann die Routing-Funktion dann nicht verwendet werden.)

FAHRRAD-ROUTING MIT »CITYSELECT«?

Im Geräte-Setup können Sie u. a. auch »Fahrrad« als Verkehrsmittel einstellen. Allerdings: Bei der Routenberechnung werden Radwege und viele für Radfahrer befahrbare Straßen nicht berücksichtigt. Die Folge sind erhebliche Umwege, selbst in der Stadt. Deshalb Radtouren besser selbst planen.

TIPP

Garmin »MapSource«- und Magellan »MapSend«-Karten können Sie auch mit nicht kartenfähigen Geräten zu Tourenplanung und Datenmanagement am PC verwenden. Was auch für die Routingfunktion von »MapSource MetroGuide« gilt: Einfach die Route am PC berechnen und anschließend auf das Gerät übertragen.

WEITERE KARTEN FÜR GARMIN-GERÄTE

»MapSource«-Karten gibt es noch lange nicht von allen interessanten Gegenden der Welt. Findige Tüftler entwickelten deshalb Programme, mit denen man aus gescannten Karten, Luftbildern und/oder Trackaufzeichnungen Vektorkarten für Garmin-Geräte erstellen kann, was allerdings nicht ganz einfach ist.

Wer's trotzdem probieren will: Möglich machen es die im Internet erhältlichen Programme »GpsMapEdit« zusammen mit »cGPSmapper« (auch für Alan »Map500«-Geräte) bzw. »GPS Trackmaker« in Verbindung mit »Map-Dekode«. Auf den entsprechenden Websites finden sich auch ausführliche Anleitungen zum Vorgehen (siehe Anhang).

Es geht aber auch einfacher: Einige Tüftler stellen ihre Karten umsonst zur Verfügung. Es gibt sogar eigene Internetportale, zu denen man auch selbst Karten beitragen kann und sollte. Um die Karten aufs Gerät zu laden, ist nicht einmal »MapSource« erforderlich: Auch hierfür gibt es die Software gratis im Internet (Infos und Links siehe Anhang). Um falsche Erwartungen zu dämpfen: Zu haben sind vor allem Straßenkarten, wobei die Do-it-yourself-Karten meist weniger exakt und vielseitig sind als käufliche. Auch enthalten sie oft keine POIs. Kleine Nachteile, die man bei schmalem Geldbeutel oder für Gebiete, von denen es keine offiziellen Karten gibt, gerne in Kauf nimmt.

Im Internet erhältlich: Topografische Karten von Neuseeland für Garmin-Geräte.

MAGELLAN »MAPSEND«-KARTEN

Magellans Pendant zu den Garmin »MapSource«-Karten mit vergleichbaren Funktionen. Kartenausschnitte werden mit der Maus aufgezogen, wobei auch mehrere nicht zusammenhängende Ausschnitte auf ein Gerät geladen werden können. Grenzen setzt nur der Kartenspeicher. Vorteilhaft sind Empfänger mit SD-Karten wie die »Meridian«- oder »eXplorist 400/500/600«-Modelle, auf die man praktisch beliebig viele Ausschnitte laden kann, je nach Anzahl verteilt auf mehrere SD-Karten.

Wie bei Garmin ist eine Software für die Planung und Auswertung von Touren enthalten. Leider nutzen nicht alle Karten die gleiche Programmoberfläche. Ausschnitte aus topografischen und Straßenkarten lassen sich also nicht gleichzeitig auf ein Gerät laden. Einzige Ausnahme: die Modelle mit SD-Karte, bei denen man verschiedene Speicherkarten für Topo- und Straßenkarten verwenden und je nach Bedarf austauschen kann.

KARTENAUSSCHNITTE – DIE RICHTIGE GRÖSSE

Einige GPS-Geräte kann man mit bis zu 1-GB-Speicherkarten bestücken. Die übertragenen Kartenausschnitte sollten aber wesentlich kleiner sein. Der Grund: Der Prozessor im Gerät kann nur eine begrenzte Datenmenge verarbeiten, beim Magellan »Meridian« z. B. 128 MB. Bei größeren Ausschnitten arbeitet das Gerät sehr langsam oder stürzt ab. Größere Gebiete deshalb auf mehrere Ausschnitte verteilen.

»MapSend Topo 3-D Deutschland«

Auch Magellan bietet zahlreiche topografische Karten an, z. B. von Norwegen, Großbritannien oder den USA. Neu im Mai 2005: die »MapSend Topo 3-D Deutschland« mit ähnlichem Funktionsumfang wie die Garmin-Karte. Trotz des Maßstabs von 1:250 000 soll sie bei entsprechender Zoomstufe detailliert genug für Outdoor-Touren sein. Dank der enthaltenen Höhendaten ist am PC sogar eine 3-D-Darstellung des Geländes möglich, inklusive Flug über die Landschaft. Zusätzlich wurde Straßenkartenmaterial integriert, sodass sich die »Topo 3-D« sehr vielseitig einsetzen lassen dürfte.

TIPP

Egal ob von Garmin, Magellan oder Alan, Straßenkarten werden als Europa-CDs angeboten. Tatsächlich sind aber nur West- und Zentraleuropa enthalten, osteuropäische Länder fehlen größtenteils.

»MapSend DirectRoute Europe«

Für routingfähige Modelle gedacht ist die Straßenkarte »MapSend DirectRoute Europe«, die im Wesentlichen West- und Zentraleuropa abdeckt und auch im Paket mit entsprechenden Modellen verkauft wird. Routing ist am PC oder mit Gerät möglich. Nachteil im Vergleich zu Garmin: Weicht man von der Route ab, muss die Neuberechnung von Hand gestartet werden und erfolgt nicht automatisch. Am Steuer ein klarer Nachteil!

Für nicht routingfähige Empfänger empfiehlt sich u. U. die günstigere »MapSend Europe«-CD« mit – abgesehen vom fehlenden Irland – identischen Karten. Allerdings ist damit auch am PC keine Straßenrouten-Berechnung möglich.

TIPP

Auf der Website von Lowrance gibt es das kostenlose Planungsprogramm »GPS Data Manager«, das auch mit Silva »Atlas«-Modellen kompatibel ist.

AUFLADBARE KARTEN ANDERER HERSTELLER

Aufladbare Straßenkarten von Deutschland und Europa inklusive einfachem Planungsprogramm gibt es auch von Alan, wobei »MapShow & EU 500« für das »Map 500« und »MapShow & EU 600« für das routingfähige »Map 600« gedacht ist. Im Unterschied zu anderen Herstellern können die Karten nur auf das jeweilige Modell übertragen werden. Lowrance und Silva (für »Atlas«-Modelle) bieten jeweils sehr detaillierte Straßenkarten von Deutschland und weiteren Ländern auf MMC-Speicherkarten an (»FreedomMapsTM«), die einfach ins Gerät gesteckt werden. Dies ist allerdings eine im Vergleich zu den Karten-CDs anderer Hersteller teuere Lösung: Für die Deutschlandkarte muss man rund 160 Euro berappen, so viel wie für die »MapSource MetroGuide Europe«-CD von Garmin.

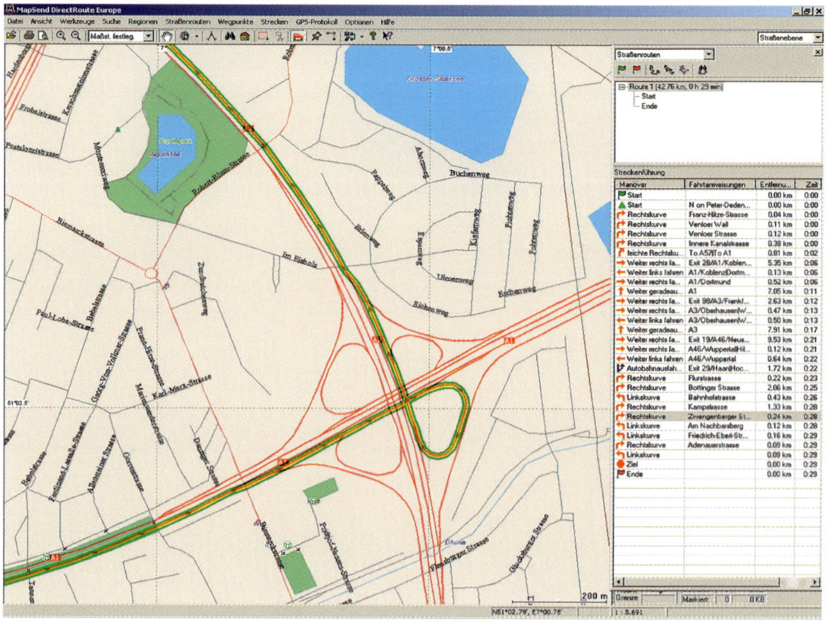

Umfangreich: Die Auswahl an MapSend-Karten für Magellan-Geräte.

Egal ob Trekking-, Ski- oder Radtour, Fugawi und Co. bieten die umfangreichsten Möglichkeiten für die Tourenplanung.

14 GPS-Software

Wer die Wahl hat, hat die Qual: Wie bereits in Kapitel 12 erwähnt, gibt es eine Fülle von GPS-Programmen für den PC. Wo liegen die Unterschiede? Welches Programm eignet sich für die Tourenplanung, welches ist für die Archivierung von Daten ausreichend? Das folgende Kapitel gibt die Antworten.

Planungsprogramme für GPS-Geräte

Die GPS-Planungsprogramme Fugawi, Touratech QV und OziExplorer sind sicherlich das Nonplusultra für die Tourenvorbereitung am PC. Je nach Programm und Ausstattung liegen die Preise bei 99–199 Euro. Eine Menge Geld, wo doch auch digitale Karten im Hinblick auf die Tourenplanung schon einiges bieten. Jedoch lohnt sich die Anschaffung, vor allem wenn man regelmäßig Touren am PC erstellt. Für diesen Fall warten Fugawi & Co. mit einer Reihe von Vorteilen auf:

- GPS-Planungsprogramme bieten wesentlich weitreichendere und komfortablere Möglichkeiten für die Tourenplanung. Im Gegensatz zu digitalen Karten können sowohl Wegpunkte und Routen als auch Tracks erzeugt und auf bzw. von GPS-Geräten geladen werden. Mit der Software digitaler Karten lassen sich oft nur Tracks und Wegpunkte erstellen, die man aber *nicht* zu Routen kombinieren kann.
- Weg- und Trackpunkte werden in Verzeichnissen mit Koordinaten und – je nach Programm – weiteren Angaben wie z. B. der Höhe angezeigt. Sie lassen sich beliebig zu

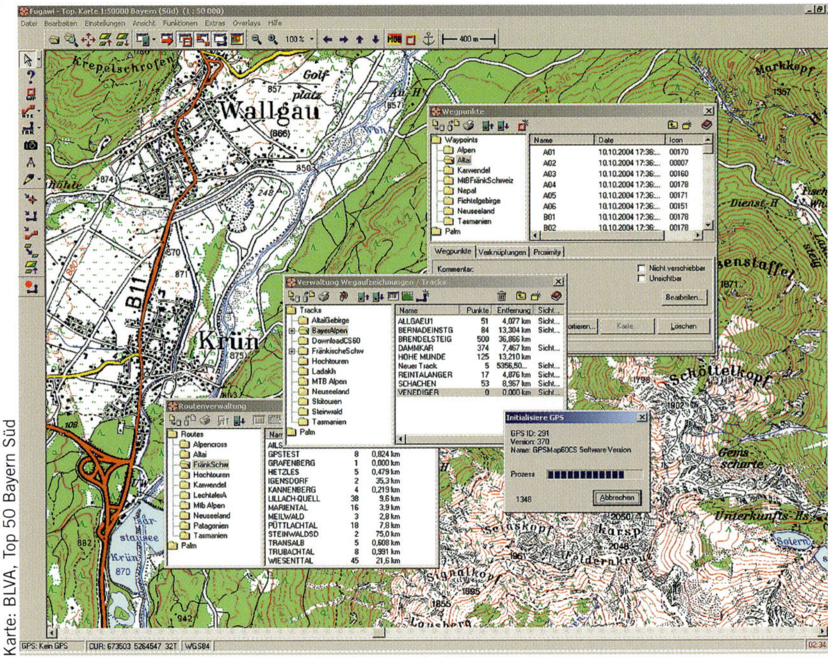

GPS-Planungsprogramme, hier Fugawi, besitzen Schnittstellen zu nahezu allen gängigen GPS-Geräten.

Karte: BLVA, Top 50 Bayern Süd

Routen bzw. Tracks zusammenstellen. Bei digitalen Karten existieren Wegpunkte, Routen und Tracks nur als Zeichnung (Overlay), Verzeichnisse mit entsprechenden Bearbeitungsmöglichkeiten gibt es dagegen nicht.

- Planungsprogramme können viele Formate georeferenzierter Karten auf CD und DVD lesen. Beispielsweise lassen sich alle im Kapitel 13 vorgestellten Rasterkarten mit Fugawi und Touratech QV verwenden. Der Vorteil: Auch wenn Sie mit verschiedenen Karten arbeiten, liegen alle Wegpunkte, Routen und Tracks im gleichen Datenformat vor und können in *einem* Programm verwaltet werden.
- Auch selbst gescannte Karten lassen sich nutzen. Damit ist die Routenplanung am PC praktisch für jedes Gebiet, von dem es eine Papierkarte gibt, möglich.
- Planungsprogramme besitzen Schnittstellen zu allen gängigen GPS-Geräten von Garmin, Magellan, Silva und Lowrance. Digitale Karten sind dagegen meist auf Garmin beschränkt.
- Mit allen Planungsprogrammen können Ausschnitte von Rasterkarten wie der Top50 auf PDAs (Handhelds) übertragen werden. Schließt man ein GPS-Gerät an (sofern der PDA kein eigenes GPS-Empfangsteil besitzt), kann man auch Rasterkarten für die Navigation unterwegs verwenden (siehe Abschnitt »GPS und PDA«).
- Um Missverständnissen vorzubeugen: Die aufladbaren Vektorkarten für GPS-Geräte können *nicht* mit Planungsprogrammen geöffnet werden. Mit ihnen ist eine Tourenplanung ausschließlich mit der enthaltenen Kartensoftware möglich.

Egal ob Fugawi, Touratech QV oder OziExplorer, alle drei Programme besitzen im Wesentlichen die gleichen Grundfunktionen, was das Erstellen von Wegpunkten, Routen und Tracks angeht. Die Unterschiede liegen vor allem im Programmaufbau (Benutzeroberfläche) und den teilweise umfangreichen Zusatzfunktionen. In den folgenden Abschnitten werden die drei Planungsprogramme sowie einige weitere, im Internet erhältliche Programme ausführlicher vorgestellt. Eine tabellarische Übersicht der wichtigsten Merkmale aller Programme und Internetadressen finden Sie wieder im Anhang.

TIPP

Raster- wie Vektorkarten liegen in verschiedenen Dateiformaten vor. Aber nicht jedes Planungsprogramm kann auch alle Formate lesen. Welche jeweils verarbeitet werden können, steht im Software-Handbuch oder auf der Website des Herstellers. Beim Kauf darauf achten!

Touratech QV 3.0 (TTQV)

Touratech QV ist sicherlich eines der vielseitigsten Planungsprogramme. Den Kern der sehr übersichtlich aufgebauten Software bildet der QVX-Explorer, mit dem – ähnlich dem Windows-Explorer – eine sehr effiziente Datenverwaltung möglich ist. So kann man z. B. alle Wegpunkte, Routen und Tracks mit der Karte eines bestimmten Gebietes in einer eigenen Datenbank ablegen und wie von Windows gewöhnt kopieren, einfügen, verschieben, löschen oder als Listen mit Koordinaten, Höhen und weiteren Angaben ausdrucken.

Überhaupt sind Bedienung und Aufbau des Programms so angelegt, dass auch Einsteiger schnell damit klarkommen. Sicherlich auch ein Verdienst des gut gemachten Handbuchs und der integrierten Filme, die die wichtigsten Funktionen anschaulich darstellen. Mit »Easy New« kann man z.B. sofort ohne große Vorkenntnisse Wegpunkte, Routen und Tracks erstellen, die nötigen Ordner legt das Programm automatisch an.

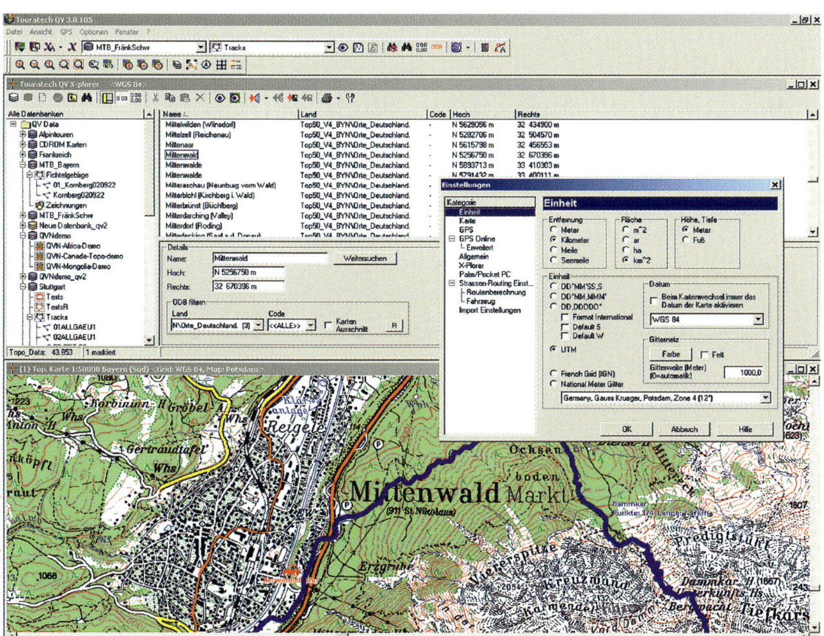

Karte: BLVA, Top50 Bayern Süd

Übersichtlich: Die Datenverwaltung bei Touratech QV.

Hilfreich bei der Planung: Wie bei der Top50 lassen sich mehrere Kartenfenster gleichzeitig öffnen und koppeln. So können Sie eine Route in einer großmaßstäblichen Karte detailliert einzeichnen, während Sie in der ebenfalls geöffneten Übersichtskarte jederzeit den Überblick behalten. Apropos Karten: Natürlich unterstützt Touratech QV neben zahlreichen weiteren Formaten alle gängigen Topo- und Wanderkarten, von der Top50 über die Swiss Map bis zu den Kompass Digital Maps (siehe Tabelle im Anhang).

Tourenstatistiker wird's freuen: Trackaufzeichnungen lassen sich auf vielfältige Weise auswerten, u. a. mit Höhen- oder Geschwindigkeitsprofil. Per »Trackreplay« kann man aufgezeichnete Touren sogar virtuell auf der Karte wiederholen. Auch dem Aufbau eines umfangreichen Tourenarchivs sind keine Grenzen gesetzt: Wegpunkte, Routen, Tracks und Karten lassen sich mit Internetadressen und Multimedia-Dateien (Fotos, Filme, Tonsequenzen etc.) verlinken, eigene Anmerkungen zu Wegen, Hütten und vieles mehr einfügen.

Aufgezeichnete Tracks weisen bei schlechtem Empfang manchmal Sprünge oder größere Ungenauigkeiten auf. Mit Touratech QV kein Problem: Trackpunkte, egal ob vom Gerät geladen oder am PC erstellt, können auf der Karte jederzeit verschoben, gelöscht oder eingefügt werden. So lässt sich jeder Track für das »nächste Mal« optimieren. Zusätzlich kann man überflüssige Trackpunkte mit »Track reduzieren« eliminieren. Dabei werden alle Punkte gelöscht, an denen keine wesentliche Richtungsänderung erfolgte: z. B. bei Pausen oder auf gerader Strecke.

Ein weiteres Plus sind die enthaltenen Höhendaten von Europa. Noch besser: Die sehr exakten DEMs der Top50 und der AMAP können neben diversen weiteren Höhenformaten importiert und mit jeder anderen Karte, auch selbst gescannten, verwendet werden (z. B. um Höhenprofile geplanter Touren zu erstellen). Was auch für die sehr detaillierten und genauen

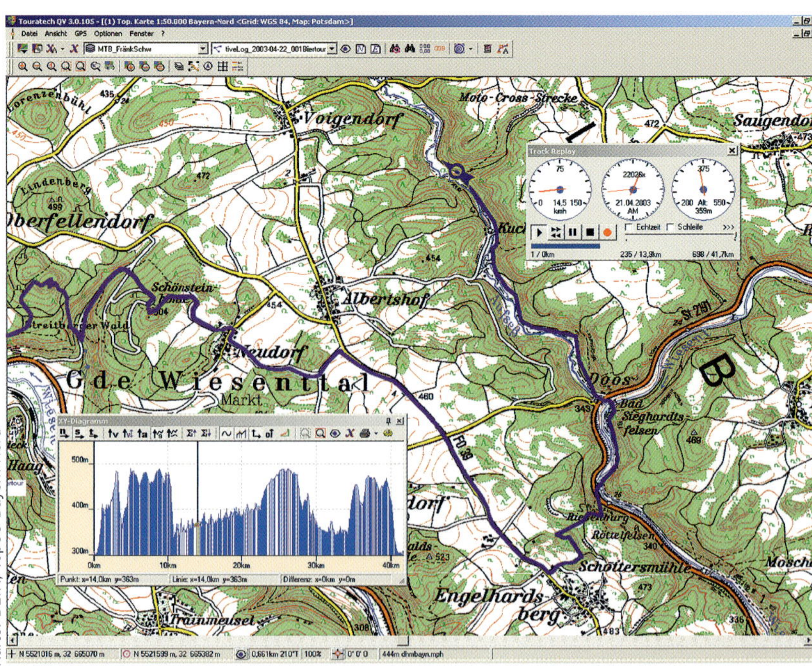

Karte: BLVA, Top50 Bayern Nord

Tourenauswertung mit allen Finessen: Höhenprofil und Trackreplay bei Touratech QV.

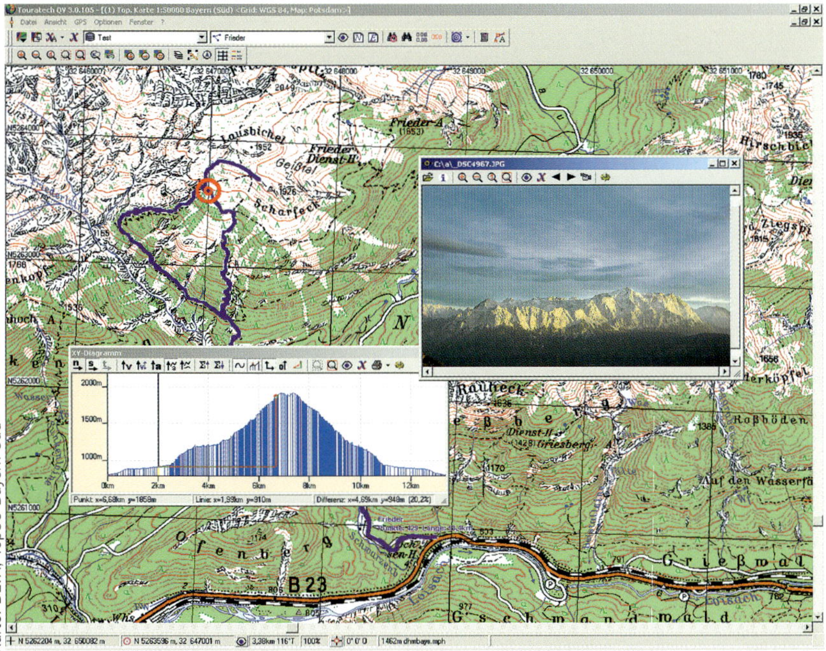

Karte: BLVA, Top50 Bayern Süd

Touratech QV eignet sich auch bestens zum Aufbau eines Tourenarchivs.

Ortsdatenbanken von Top10/50/200 (mit Gipfeln und Gewässern), AMAP und Swiss Map (nur Version 1) gilt. Der Vorteil: Die Datenbanken liefern meist genauere Koordinaten als die integrierte, weltweite Ortsdatenbank.

Weiterer Pluspunkt: Touratech QV kann die Datenformate zahlreicher Programme, Karten und Straßen-Routenplaner lesen (importieren) und schreiben (exportieren), u. a. ASCII-Ovl der Top50, Kompass Digital Maps, Alpenvereinskarten Digital, Fugawi, OziExplorer, Garmin »MapSource« oder Marco Polo Routenplaner. Das erleichtert nicht nur den Datenaustausch mit Freunden, auch eine Vielzahl von Daten aus dem Internet ist ohne weitere Konvertierungstools nutzbar.

Selbst gescannte Karten kann man sehr genau mit bis zu neun Punkten kalibrieren, wobei zahlreiche Kartengitter bzw. -projektionen unterstützt werden (u. a. geografisch, UTM, IGN und viele nationale). Selbst »freie Kalibrierung« von Karten ohne Gitter ist kein Problem. Mehr zur Kalibrierung finden Sie im Abschnitt »Karten scannen und kalibrieren«.

Eine weitere Besonderheit von Touratech QV: Mit speziellen TTQV-Teleinfo- und TTQV-Navtech-Straßen-Vektorkarten fungiert das Programm als Routenplaner für die Autonavigation. Sie können also auch die Anreise zum Urlaubsort am PC erstellen und auf Ihr GPS-Gerät übertragen. Erhältlich sind Straßen-CDs von ganz Europa.

Für Outdoor-User interessanter ist »Pathaway«, eine auf TTQV abgestimmte Zusatz-Software (49 Euro). Mit ihr lassen sich Ausschnitte aller in Touratech QV ladbaren Karten auf einen Handheld-PC (»Palm« oder »Pocket-PC«) übertragen und damit für die GPS-Navigation verwenden (siehe Abschnitt »GPS und PDA«). Touratech QV besitzt noch eine Reihe weiterer Funktionen, die hier aus Platzgründen nicht erwähnt werden können. Dazu gehört u. a. die Möglichkeit, Karten durch Grafiken und Text zu ergänzen oder Ausschnitte in 3-D darzustellen.

TTQV wird in verschiedenen Versionen angeboten: neben der Vollversion auch als Light-Ausgabe zum Download im Internet (ohne Ortsdatenbank, kein Autorouting, keine PDA-Anbindung über Pathaway).

Fugawi 3.0

Das kanadische Programm Fugawi ist die beliebte Alternative zu Touratech QV, dem es in punkto Funktionsumfang in nichts nachsteht. Wie dieses unterstützt es alle gängigen Topo- und Wanderkarten im deutschsprachigen Raum, von der Top50 bis zu den Kompass Digital Maps. Interessant für Skandinavien-Fans: Mit Programmerweiterung (50 Euro) sind auch schwedische Gröna-, Bla- und Röda-Karten lesbar. Überhaupt können zahlreiche weitere Topo-Karten, u. a. von Kanada, den USA, Australien oder Neuseeland, mit Fugawi verwendet werden (Übersicht siehe Website).

Hervorzuheben ist die übersichtliche Datenverwaltung sowie die exzellente Freihand-Zeichenfunktion, mit der man bei gedrückter Maustaste Wege sehr genau auf der Karte nachfahren und als Track oder Route speichern kann. Alternativ lassen sich Routen und Tracks natürlich auch durch Setzen von Punkten per Mausklick erzeugen. Fein: Routen können sogar in Tracks umgewandelt werden und umgekehrt.

Ebenfalls mit dabei ist eine sehr umfangreiche, weltweite Ortsdatenbank. Leider können die Datenbanken der Top10/50/200 und der AMAP nicht importiert werden, was auch für die genauen Höhendaten gilt. Stattdessen ist eine CD mit weltweitem Höhenmodell als Zubehör erhältlich, allerdings mit im Vergleich zur Top50 und AMAP geringerer Auflösung (DTED-

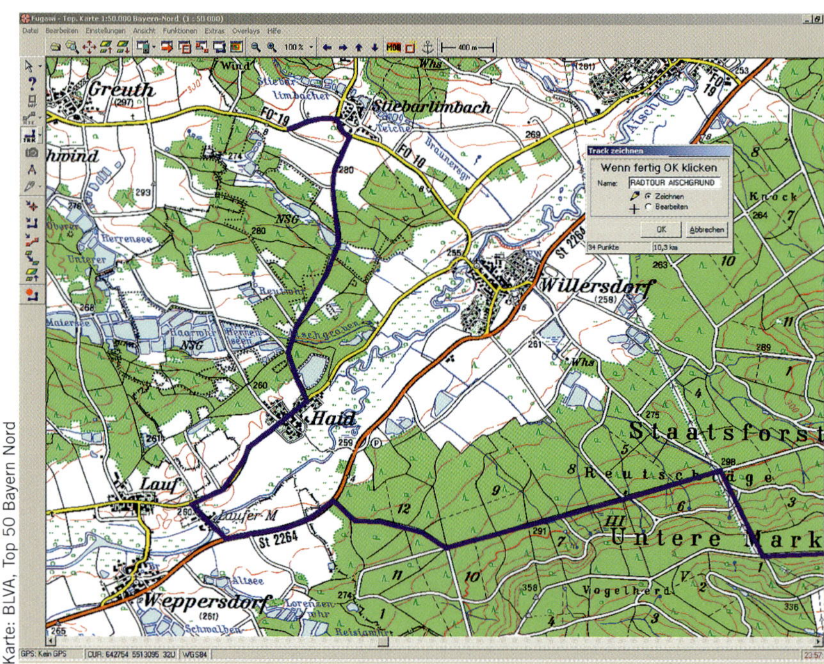

Karte: BLVA, Top 50 Bayern Nord

Exzellent bei Fugawi: Die Möglichkeiten zum Planen von Routen und Tracks.

Format; 19,90 Euro, Auflösung 30" bzw. ca. 900 m). Zusätzlich lassen sich weitere Höhenmodelle in diversen Formaten importieren, z. B. auch die im Internet kostenlos erhältlichen SRTM3-Daten (Auflösung ca. 90 m; siehe Anhang).

Die Höhendaten bilden übrigens auch die Grundlage für eine sehr leistungsfähige 3-D-Funktion, die die plastische Darstellung von Kartenausschnitten, auch selbst gescannten, ermöglicht. So können Sie im virtuellen Flug über die Landschaft schon vorab checken, wo unterwegs die schlimmsten Steigungen lauern.

Auch sonst bietet Fugawi einiges: Aufgezeichnete Tracks lassen sich bearbeiten, reduzieren oder sehr anschaulich als Höhenprofil darstellen. Ebenso ist es möglich, Kommentare und Infos zu Wegpunkten zu hinterlegen oder die Punkte mit Fotos, Videos, Sounddateien und vielem mehr zu verknüpfen.

Selbst eingescannte Karten sind dank einer integrierten Schritt-für-Schritt-Anleitung auch von Neulingen sehr schnell kalibriert. Wie für Touratech QV sind spezielle Vektor-Straßenkarten erhältlich, allerdings ist kein Routing möglich.

Auch mit Fugawi kann man Kartenausschnitte und Daten zwischen PC und Palm- bzw. Pocket-PC-PDAs übertragen und über einen angeschlossenen GPS-Empfänger für die Navigation auf Tour nutzen. Der Vorteil gegenüber Touratech QV: Die nötigen Funktionen sind im Programm bereits integriert (siehe Abschnitt »GPS und PDA«). Übrigens: Sehr gut gemachte Tutorials der wichtigsten Programm-Funktionen gibt es auf der Fugawi-Website zum Download (siehe Anhang).

TIPP

Sie haben ein Gerät, auf das man keine Karten laden kann? Oder Sie sind in einem Gebiet unterwegs, von dem es keine aufladbaren Karten gibt?
Mit der Track-Funktion von Fugawi oder Touratech QV können Sie sich selbst einfache Übersichtskarten am PC erstellen, indem Sie Wege, Straßen, Flüsse oder Küstenlinien auf der Karte nachfahren, und sie auf das GPS-Gerät laden und anzeigen lassen.
Wichtige Punkte wie Gipfel, Übergänge oder Hütten geben Sie als Wegpunkte ein. Bei Modellen mit Farbdisplay können Sie den Tracks noch unterschiedliche Farben geben, z. B. Flüsse blau etc.

OziExplorer 3.95

Ebenfalls sehr leistungsfähig ist das australische Programm OziExplorer, das als Shareware über das Internet vertrieben wird. Größter Nachteil: OziExplorer unterstützt von den für Outdoor-Touren interessanten Digitalkarten nur die Kompass »Digital Maps«. Bleibt nur Papierkarten zu scannen oder Ausschnitte aus digitalen Karten in OziExplorer zu importieren und zu kalibrieren, was mit einigem Aufwand verbunden ist. Tipps zum Vorgehen gibt es z. B. unter www.pocketnavigation.de.

Schade, denn in punkto Funktionsumfang muss sich das Programm keinesfalls hinter Touratech QV oder Fugawi verstecken. Erwähnt seien nur die exzellenten Möglichkeiten, Tracks zu bearbeiten. Gescannte Karten können sehr exakt mit neun Punkten kalibriert werden.

Zudem gibt es interessante Programmerweiterungen: »OziExplorer3D« (30 US$) stellt Kartenausschnitte in 3-D dar, mit

TIPP

Bei der GPS GmbH (www.garmin.de) sind die topografischen Karten TK50 von Bayern und Nordrhein-Westfalen im BSB-Format erhältlich (weit verbreitetes Format für georeferenzierte Karten), das auch OziExplorer unterstützt.

Als Shareware erhältlich: OziExplorer.

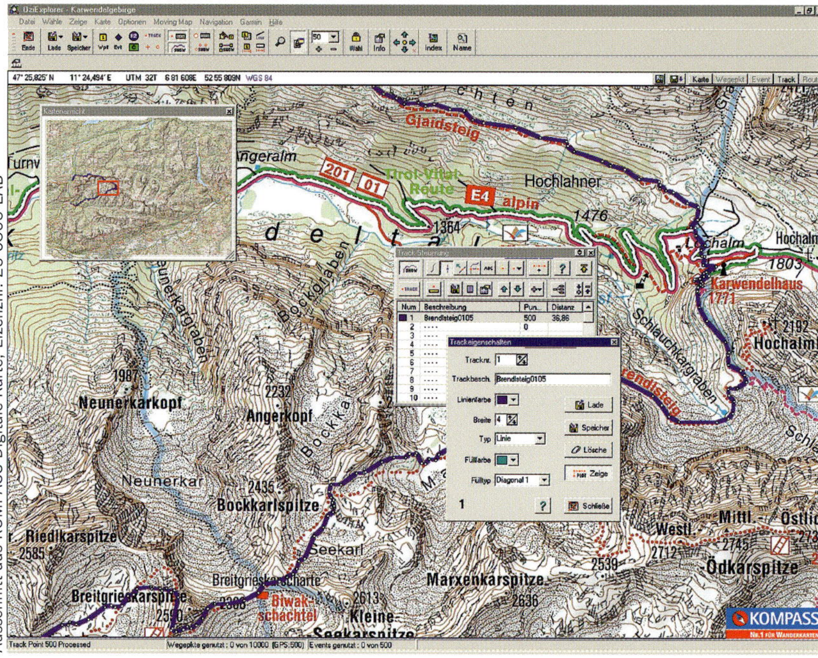

Ausschnitt aus KOMPASS Digitale Karte, Lizenznr. 25-0305-LAB

»OziExplorerCE« (30 US$) steht eine vielseitige Software für die Navigation mit GPS und PDA (Pocket-PC/WindowsCE) zur Verfügung.

Einfache Programme für gescannte Karten

Kein Geld für eine Software à la Fugawi oder Touratech QV? Macht nichts, im Internet gibt es eine große Auswahl an günstigen Share- und Freeware-Programmen. Die bieten zwar nicht den Funktionsumfang von Fugawi & Co., aber doch bereits erstaunlich viele Möglichkeiten für die Tourenplanung. Allerdings: Georeferenzierte Karten von CD wie die Top50 können *nicht* gelesen und müssen wie bei OziExplorer aufwändig importiert werden. Dafür steht der Verwendung gescannter Karten meist nichts im Wege. Der Nachteil im Vergleich zu komplexer Planungssoftware: Karten lassen sich nicht so exakt und komfortabel kalibrieren.

Trotzdem: Die Übergänge zu Fugawi, Touratech QV und OziExplorer sind sicher fließend. Stellvertretend werden an dieser Stelle »GPS TrackMaker« und »GARtrip« vorgestellt, die zu den leistungsfähigsten Free- bzw. Shareware-Programmen gehören. Weitere Programme finden Sie im Anhang »Software«.

GPS TrackMaker

Keine Frage, »GPS TrackMaker« (GPSTM) ist eines der beliebtesten GPS-Programme, bietet es doch ein breites Spektrum an Möglichkeiten: So können Wegpunkte, Routen und Tracks mit allen gängigen GPS-Geräten (außer Alan) ausgetauscht werden – bei Freeware-Programmen

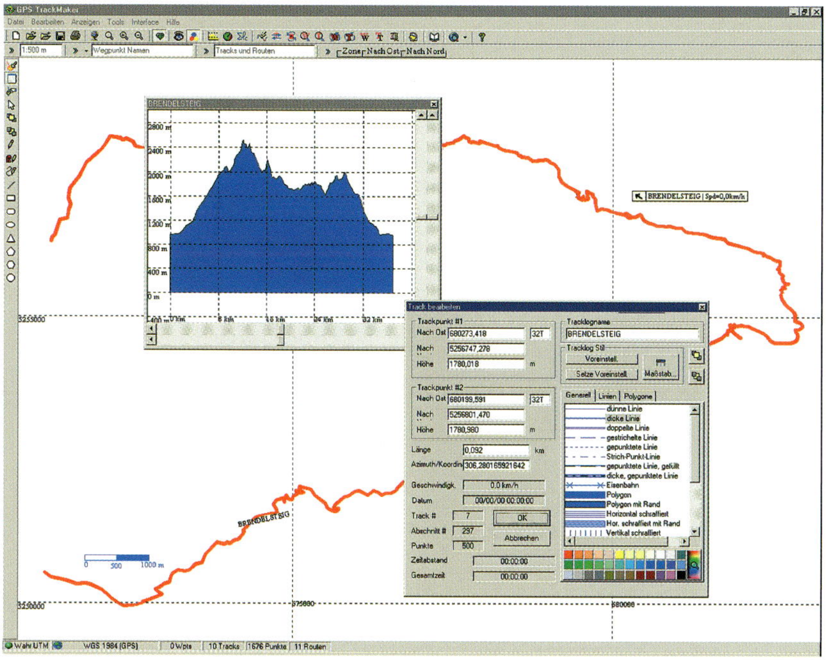

Erstaunlich vielseitig: GPS Trackmaker

keine Selbstverständlichkeit. Aufgezeichnete Tracks lassen sich mit Höhenprofil, Geschwindigkeits-Log oder sogar Replay detailliert auswerten.

Wegpunkte, Routen und Tracks können entweder auf Blankokarten, auf importierten Ausschnitten von Karten-CDs oder auf selbst gescannten Karten erstellt werden, die sich mit Hilfe von zwei Punkten und Feinanpassung relativ gut kalibrieren lassen.

Interessant ist »GPS TrackMaker« auch aufgrund ergänzender Programme anderer Autoren. So stehen mit »GM2TOP« und den Konvertierungstabellen von Ronny Martin zwei kostenlose Tools für die Top50 zur Verfügung, die den Austausch von ASCII-Overlays mit nahezu jedem GPS-Gerät ermöglichen (Infos siehe Anhang). Ebenfalls interessant: Mit »GPS TrackMaker« und »MapDekode« kann man, wie in Kapitel 13 erwähnt, eigene Vektorkarten für Garmin-Modelle basteln.

Ein Nachteil des auch mit deutscher Benutzeroberfläche erhältlichen Programms ist die unübersichtliche Datenverwaltung. Hier hat das ähnliche »GARtrip« die Nase vorn.

TIPP

Blankokarten mit Wegpunkten, Routen und Tracks können Sie für unterwegs auf Folie ausdrucken und über die Karte legen.

GARtrip

»GARtrip« für Garmin- und Magellan-Modelle und mit deutscher Menüführung gehört ebenfalls zu den leistungsfähigeren unter den einfachen Planungsprogrammen. So lassen sich z. B. Routen in Tracks umwandeln und umgekehrt. Sogar die Dauer von Routen kann man bei Vorgabe der Geschwindigkeit berechnen.

Ähnlich umfangreich sind die Optionen bei der Analyse aufgezeichneter Tracks, egal ob Höhenprofile oder Geschwindigkeits- und Steigungswerte. Die Funktion »Tracks trimmen«

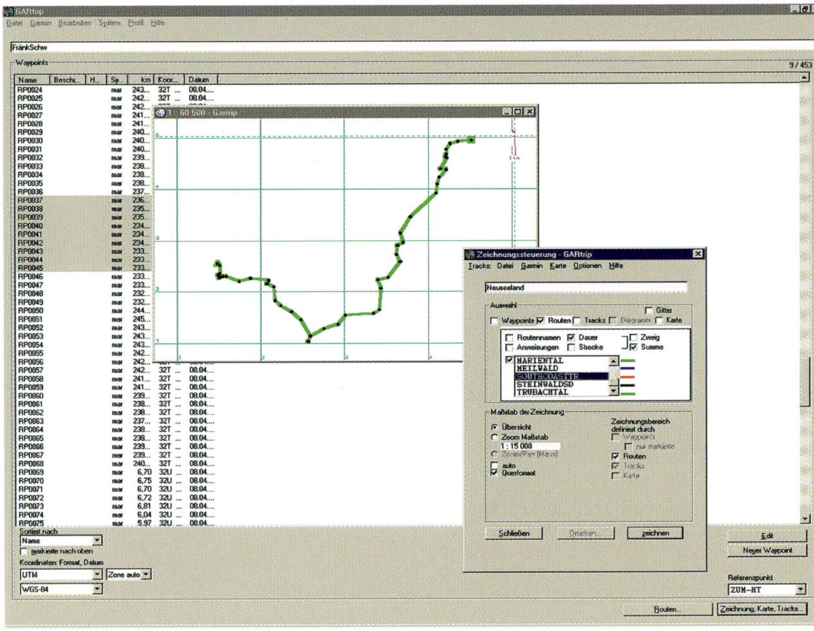

Viel Funktion für wenig Geld: GARtrip.

gleicht Höhen- und Positionssprünge aus, die bei der Aufzeichnung z. B. durch schlechten Satellitenempfang verursacht wurden.

Wegpunkte, Routen und Tracks lassen sich wie bei »GPS TrackMaker« lagerichtig auf einer Blankokarte mit Gitter darstellen. Ebenso kann man importierte sowie selbst gescannte Karten nutzen und mit zwei bis drei Punkten kalibrieren. Fein: »GARtrip« setzt die einzelnen DIN-A4-Scans einer Karte automatisch wieder zusammen.

Daten-Programme

Tourenplanung am PC ist nicht jedermanns Sache. Doch auch wenn Sie mit dem Planzeiger Wegpunkte auf der Papierkarte bestimmen: die Eingabe von Koordinaten ist mit der PC-Tastatur schneller erledigt als mit GPS-Gerät. Alles, was Sie dazu brauchen, ist eine Software für die Datenübertragung auf den Empfänger. Im Internet gibt es eine Vielzahl geeigneter Freeware-Programme, die auch für Computer-Muffel schnell zu durchschauen sind.

Und: Egal, ob groß oder klein, irgendwann ist jeder Gerätespeicher voll. Wer keine Daten löschen will, archiviert Wegpunkte, Routen und Tracks auf dem PC. Auch das ist mit einfachen Programmen ohne großen Aufwand möglich.

G7ToWin

An erster Stelle wäre das übersichtliche »G7ToWin« zu nennen, mit dem man noch einiges mehr kann, als nur Wegpunkte eingeben und zu Routen kombinieren. Beispielsweise lassen sich damit Tracks in Routen umwandeln. Auch viele Tourenportale im Internet nutzen

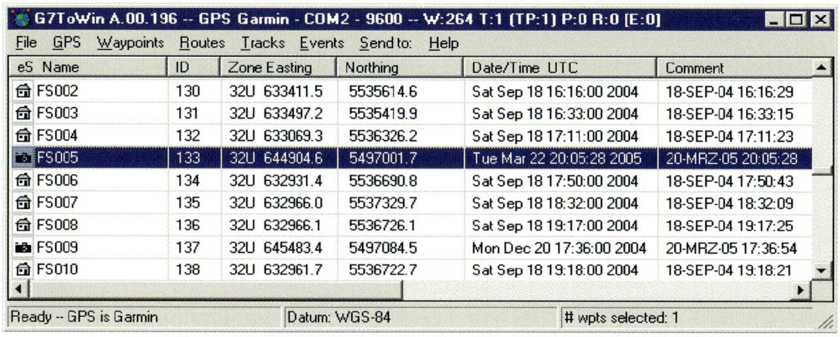
G7ToWin A.00.196 -- GPS Garmin - COM2 - 9600 -- W:264 T:1 (TP:1) P:0 R:0 (E:0)

File GPS Waypoints Routes Tracks Events Send to: Help

eS Name	ID	Zone Easting	Northing	Date/Time UTC	Comment
FS002	130	32U 633411.5	5535614.6	Sat Sep 18 16:16:00 2004	18-SEP-04 16:16:29
FS003	131	32U 633497.2	5535419.9	Sat Sep 18 16:33:00 2004	18-SEP-04 16:33:15
FS004	132	32U 633069.3	5536326.2	Sat Sep 18 17:11:00 2004	18-SEP-04 17:11:23
FS005	133	32U 644904.6	5497001.7	Tue Mar 22 20:05:28 2005	20-MRZ-05 20:05:28
FS006	134	32U 632931.4	5536690.8	Sat Sep 18 17:50:00 2004	18-SEP-04 17:50:43
FS007	135	32U 632966.0	5537329.7	Sat Sep 18 18:32:00 2004	18-SEP-04 18:32:09
FS008	136	32U 632966.1	5536726.1	Sat Sep 18 19:17:00 2004	18-SEP-04 19:17:25
FS009	137	32U 645483.4	5497084.5	Mon Dec 20 17:36:00 2004	20-MRZ-05 17:36:54
FS010	138	32U 632961.7	5536722.7	Sat Sep 18 19:18:00 2004	18-SEP-04 19:18:21

Ready -- GPS is Garmin | Datum: WGS-84 | # wpts selected: 1

Auch von vielen Tourenportalen genutzt: G7ToWin.

»G7ToWin«: Wegpunkte, Routen oder Tracks werden im »G7ToWin«-Format heruntergeladen und mit Hilfe des Programms auf das GPS-Gerät übertragen.

Fein: Daten können mit »G7ToWin« in vielen Formaten gespeichert werden, u. a. Fugawi, OziExplorer oder »MapSource«, sodass sich das Programm auch als Konvertierungstool eignet. Kompatibel mit Garmin-, Magellan und Lowrance-Geräten.

EasyGPS

Ebenfalls kostenlos: »EasyGPS«, beliebt vor allem bei Anhängern von »Geocaching«, der »Schatzsuche« mit GPS. Die Koordinaten von »Schätzen« können im entsprechenden Format von den Geocaching-Websites geladen werden (siehe Anhang). Nachteil: Im Gegensatz zu »G7ToWin« lassen sich keine Tracks archivieren. Mit der Erweiterung »EasyTrans« ist auch der Transfer von ASCII-Overlays der Top50 mit allen gängigen Geräten (außer Alan) möglich.

Schon mit einfachen Programmen wesentlich schneller als per Hand: Wegpunkteingabe.

Kauftipps

Das Angebot an GPS-Software und digitalen Karten ist kaum überschaubar. Die folgenden Tipps sollen Ihnen helfen, trotzdem die für Sie richtige Wahl zu treffen.

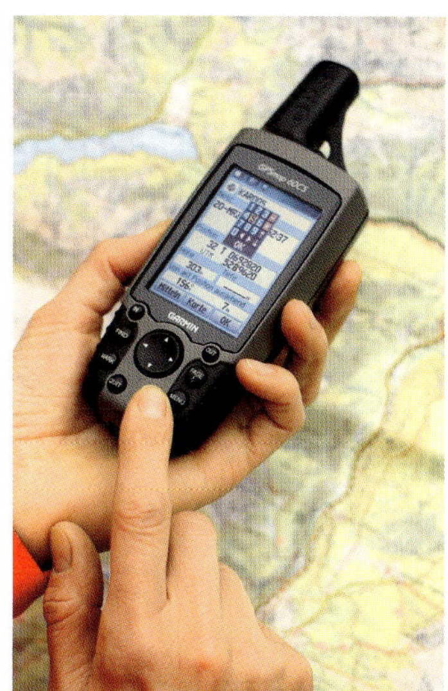

DIGITALE KARTE ODER GPS-PLANUNGSPROGRAMM ODER KEINS VON BEIDEN?

Fugawi, Top50 oder einfach nur »G7ToWin«? Die Wahl der richtigen Software hängt davon ab, wie tief Sie in die Tourenplanung am PC einsteigen wollen: Wenn Sie

- den PC nur als Speicher für Ihre Wegpunkte, Routen und Tracks verwenden wollen oder um Wegpunkte schneller einzugeben, sind einfache Programme zum Archivieren und Datenaustausch wie »G7ToWin«, »EasyGPS« oder »Waypoint+« für Sie ideal.
- Touren auf einfache, überschaubare Art ohne große Einarbeitungszeit planen wollen und das Ganze wenig kosten soll, sind digitale Karten auf CD/DVD wie die Top50 oder die Alpenvereinskarten Digital das Richtige für Sie.

- alle Möglichkeiten der Tourenplanung und -dokumentation nutzen wollen, Karten von CD ebenso wie selbst gescannte oder vielleicht sogar einen PDA, sollten Sie zu einer Planungssoftware wie Fugawi oder Touratech QV greifen. Das gilt auch dann, wenn Sie sich mit aufgezeichneten Tracks – verlinkt mit Bildern und Info-Dateien – ein eigenes Tourenarchiv aufbauen wollen. Die günstige Alternative für Selbstscanner sind Free- und Shareware-Programme aus dem Internet, z. B. »GARtrip«, »GPS TrackMaker« oder »ExpertGPS«.

WAS TUN BEIM KAUF?

Beim Kauf sollten Sie darauf achten, dass sich die digitale Karte bzw. die Software mit Ihrem Gerät auch verwenden lässt. Viele Karten besitzen lediglich eine PC-Schnittstelle für Garmin-Empfänger. Einige Karten können Sie mit Hilfe von Konvertierungstools auch mit anderen Modellen verwenden (siehe Kapitel 13).

Wer sich eine Software wie Fugawi oder Touratech QV für die Tourenplanung zulegt, muss sich darüber keine Gedanken machen. Beide Programme besitzen Schnittstellen für alle gängigen Geräte. Einzige Ausnahme: Alan-Modelle können Sie nur mit Fugawi und dann auch nur mit Konvertierungsprogramm nutzen (siehe Anhang).

Vor dem Kauf eines Planungsprogramms unbedingt über Funktionen, Möglichkeiten und Bedienung informieren. Von allen Programmen sind kostenlose Demoversionen zum Ausprobieren erhältlich. Nutzen Sie diese Möglichkeit unbedingt! Nur so merken Sie, mit welchem Programm Sie am besten klarkommen.

Mit der richtige Software macht nicht nur die Tour, sondern auch die Planung Spaß.

Achten Sie darauf, welche Karten Sie verwenden können: Nur Fugawi und Touratech QV können die (in Deutschland, Österreich und der Schweiz) gängigen digitalen Topo- und Wanderkarten lesen. Eine Übersicht weiterer kompatibler Karten finden Sie auf den jeweiligen Websites der Hersteller.

Egal, ob digitale Karte oder Planungsprogramm, beachten Sie auch die Hardware- und Systemvoraussetzungen (auf der Verpackung abgedruckt). Vor allem Karten mit 3-D-Darstellung wie die Magic Maps erfordern leistungsfähige Rechner.

Für auf GPS-Geräte ladbare Karten gilt: Nur Vektorkarten des jeweiligen Herstellers können übertragen werden. Und: Rasterkarten wie die Top50 lassen sich *nicht* auf GPS-Geräte laden!

WAS KOSTET DER SPASS?

Tourenplanung am PC muss nicht teuer sein: Digitale Karten mit einfacher Software sind schon für 50–60 Euro, teilweise sogar weniger erhältlich. Auch ist das Internet eine Fundgrube für günstige oder kostenlose Software mit erstaunlichen Möglichkeiten. So gibt es z. B. das relativ vielseitige »GPS TrackMaker« zum Nulltarif.

Wer alle Vorteile von GPS und PC nutzen will, kommt um eine Planungssoftware wie Fugawi oder Touratech QV aber nicht herum, die je nach Ausstattung für 150–200 Euro zu haben ist. In der gleichen Preisklasse liegen auf GPS-Geräte ladbare Karten, egal ob topografische oder Straßenkarte.

Do it yourself: Karten scannen und kalibrieren

Oft sind selbst gescannte Karten die einzige Möglichkeit, um Touren am PC zu planen. Von vielen Gebieten, u. a. beliebten Trekkingzielen wie Nepal oder Patagonien, gibt es allenfalls Papierkarten. Weiterer Vorteil: Selbst einfache Programme wie »GARtrip« oder »GPS TrackMaker« können gescannte Karten verarbeiten.Allerdings müssen die Scans erst mit dem jeweiligen Programm kalibriert werden (siehe auch Kapitel 13).

COPYRIGHT

Beim Scannen sollten Sie auf jeden Fall die Copyright-Bestimmungen beachten. Für jede Karten-Vervielfältigung ist eine Genehmigung erforderlich, die für private Zwecke meist problemlos (ohne Kosten) erteilt wird. Gleiches gilt für den Export von Ausschnitten digitaler Karten wie der Top50 in andere Programme!

Karten scannen

Mit den gängigen DIN-A4-Scannern muss man Karten in Ausschnitten scannen (am besten systematisch von oben nach unten bzw. von links nach rechts), die sich etwa 1–2 Zentimeter überlappen sollten. Nur dann können Planungsprogramme Anschlussblätter automatisch laden. Unbedingt darauf achten, dass die Karte möglichst plan aufliegt, sonst entstehen Verzerrungen.

Touren im Himalaya am PC planen? Mit selbst gescannten Karten durchaus möglich.

Beim Scan ist eine Auflösung von 125–150 dpi bei Einstellung 256 Farben ein guter Kompromiss. Einerseits erhält man ein gutes Kartenbild, andererseits nehmen die Dateien nicht zu viel Speicher in Anspruch und lassen sich relativ gut bearbeiten (Arbeitsspeicher-Größe (RAM) des Rechners beachten!). Einige Testscans mit unterschiedlicher Helligkeits- und Kontrast-Einstellung lohnen sich durchaus.

Die Scans können in verschiedenen Dateiformaten gespeichert werden, wobei sich das komprimierte »tif« empfiehlt. Das beliebte »jpg« liefert zwar kleine Dateien, benötigt aber viel Arbeitsspeicher, was die Bearbeitung verlangsamt. Wer will, kann die einzelnen DIN-A4-Blätter mit Software wie PanaVue oder Panoramafactory wieder zusammensetzen (siehe Anhang).

Karten kalibrieren

Die Scans müssen jetzt noch mit dem Planungsprogramm, mit dem Sie sie verwenden wollen, kalibriert werden. Dabei klickt man mit der Maus einige bekannte Punkte auf der Karte an und gibt die entsprechenden Rechts- und Hochwerte ein. Erst dann kann das Programm die Koordinaten für alle Punkte auf der gescannten Karte anzeigen. Je nach Programm lassen sich Karten im geografischen, im UTM- und in verschiedenen lokalen Gittern kalibrieren.

IMPORTIERTE KARTENAUSSCHNITTE

Wie im Abschnitt »Planungssoftware für GPS-Geräte« (OziExplorer) erwähnt, können Sie Ausschnitte von georeferenzierten Karten-CDs, die ein Planungsprogramm nicht direkt lesen kann, beispielsweise als Bitmap importieren. Dabei werden jedoch die Kalibrierungsinfos nicht mit übernommen, weshalb Sie die Ausschnitte neu kalibrieren müssen.

Präzise: Mit Planungsprogrammen, hier Fugawi, lassen sich Karten sehr genau kalibrieren.

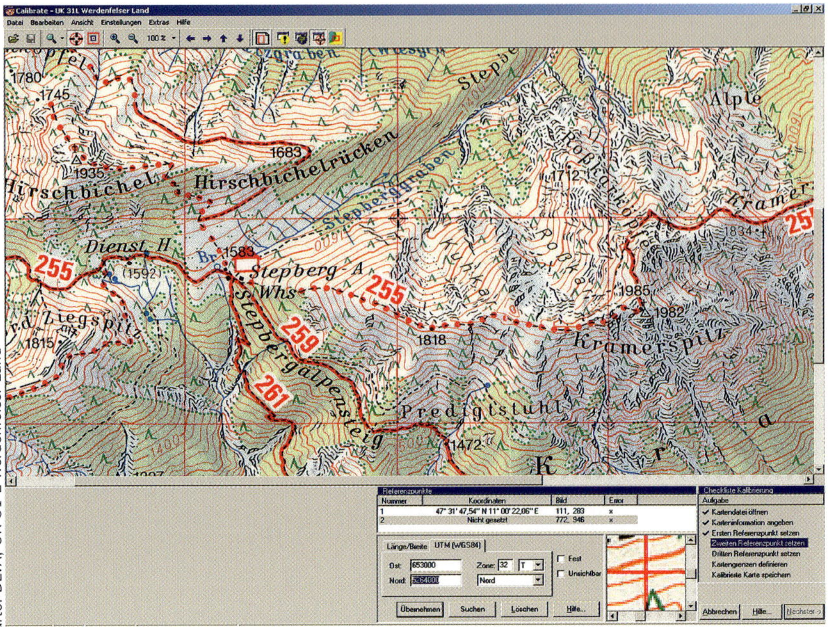

rte: BLVA, UK 31 L Werdenfelser Land

Do-It-Yourself: Karten ohne Gitter müssen mit selbst aufgenommenen Punkten kalibriert werden.

Erforderlich sind dazu mindestens drei Punkte, besser mehr. Denn beim Scannen kommt es meist zu Verzerrungen: einmal durch den Scanner selbst, zum anderen durch die nie ganz exakt plane Lage der Karte (Kartenfalz etc.); sie lassen sich mit mehr Punkten besser ausgleichen. Mit Touratech QV sind z. B. Kalibrierungen mit bis zu neun Punkten möglich.

Bevor man loslegen kann, muss man im Kalibrier-Menü das Bezugssystem und die Projektion der Karte einstellen, d. h. die »Methode«, mit der die dreidimensionale Erdoberfläche in die zweidimensionale Kartenebene übertragen (»projiziert«) wurde. Besitzt die Karte ein verbreitetes Gitter, fällt die Auswahl leicht: Jedem Kartengitter liegt eine bestimmte Projektion zugrunde, Sie müssen im Kalibrier-Menü nur das entsprechende Gitter auswählen. Ist ein bestimmtes Gitter nicht aufgeführt, wählt man die der Karte zugrunde liegende Projektion aus. Wenn sie auf der Karte nicht angegeben ist, hilft eventuell ebenso wie bei unbekanntem Kartenbezugssystem Nachfragen beim Verlag.

Bringt man letzteres trotzdem nicht in Erfahrung, stellt man bei der Kalibrierung WGS 84 ein. Falls es nicht zufällig das richtige Bezugssystem ist, sind alle Wegpunkte auf der kalibrierten Karte gegenüber ihrer tatsächlichen Position im Gelände um einen konstanten Betrag in die gleiche Richtung versetzt, was man bei der Navigation berücksichtigen muss (siehe dazu Kapitel 10, Abschnitt »Koordinaten übertragen bei Karten mit unbekanntem Bezugssystem«).

Welche Punkte auf der Karte wählt man für die Kalibrierung aus? Falls die Karte ein Gitter hat, nimmt man Kreuzungspunkte der Gitterlinien,

WICHTIG!

Die Kalibrierung gilt jeweils nur für das Programm, mit dem sie durchgeführt wurde. Eine mit Touratech QV kalibrierte Karte muss also bei Verwendung mit Fugawi erneut kalibriert werden.

wobei die Punkte gleichmäßig über die Karte verteilt und weit auseinander liegen sollten. Die meisten Programme liefern bei der Auswahl Hilfestellung. Kalibriert man z. B. mit vier Punkten, sollten diese möglichst in den Kartenecken liegen.

Was tun, wenn die Karte kein Gitter besitzt? Dann können Sie frei kalibrieren. Dazu sind die Koordinaten einiger, über die Karte verteilter Punkte nötig, die man vorher mit dem GPS-Gerät bestimmt hat (am besten eindeutig identifizierbare Punkte wie Wegkreuzungen, Gipfel etc.). Auch hier gilt: Die Punkte sollten möglichst in den Ecken liegen.

Zum Schluss wird die Kalibrierung überprüft: Dazu fahren Sie mit dem Cursor entlang der Gitterlinien und überprüfen die angezeigten Koordinaten. Hat man bereits einige bekannte Wegpunkte, so kann man sich diese zur Kontrolle in der Karte anzeigen lassen.

Oder man setzt in der Karte einen Wegpunkt (der nicht in der Nähe eines Kalibrierpunktes liegt), speichert ihn und lässt ihn sich wieder anzeigen. War die Kalibrierung erfolgreich, muss er sich an der gleichen Stelle befinden. Falls nicht, stimmen die Projektionsart und/oder das Kartenbezugssystem nicht.

Bei Karten ohne Gitter kann die Kalibrierung relativ ungenau sein, vor allem wenn man nur wenige Punkte zur Verfügung hat. Hier nimmt man unterwegs weitere markante Punkte mit dem GPS-Gerät auf und passt die Kalibrierung zu Hause an.

Wer eine selbst kalibrierte Karte auf einem zweiten Computer nutzen will, sollte Folgendes beachten: Die Kalibrierungs-Informationen der jeweiligen Karte sind in eigenen Dateien gespeichert (Fugawi »index.fug«, TTQV ».cal«), die mit der Karte auf den neuen Rechner übertragen werden müssen. In Fugawi kann man z. B. die Karten im FX3-Format exportieren, wobei die Kalibrierungsdaten mit übertragen werden.

SCANSERVICE

Das Scannen und Kalibrieren großer Karten erfordern einiges an Zeit, muss doch jeder DIN-A4-Ausschnitt extra kalibriert werden. Hier lohnt es sich eventuell, die Karte scannen zu lassen. Kommerzielle Großformatscanner können ganze Karten auf einmal erfassen, man muss also nur einmal kalibrieren (Infos siehe Anhang).

Mehr als ein PDA: Garmin »iQue3600« mit integriertem GPS-Empfangsteil.

GPS und PDA

Rasterkarten, egal ob von CD oder selbst gescannt, haben einen Nachteil: Man kann sie nicht auf GPS-Geräte laden. Was praktisch wäre, vor allem wenn man sich ohnehin Karten für die Tourenplanung am PC kauft bzw. selbst Karten scannt.

Und doch gibt es einen Weg, Rasterkarten auch unterwegs für die GPS-Navigation einzusetzen: Indem man sie auf einen PDA überträgt, an den ein GPS-Gerät angeschlossen wird. Der GPS-Empfänger übermittelt ständig seine Position, den aktuellen Kurs und die Geschwindigkeit, sodass man seinen Weg auf der Karte verfolgen oder als Track im PDA aufzeichnen kann (GPS-Online-Navigation).

Voraussetzung dafür ist eine Software wie Fugawi oder Touratech QV mit entsprechender Programmerweiterung für PDAs, mit der sich Kartenausschnitte vom PC auf den Kleincomputer übertragen und betrachten lassen. Während bei Fugawi die erforderliche Zusatzsoftware »Fugawi für Palm und Pocket-PC« bereits enthalten ist, muss sie für Touratech QV extra angeschafft werden (»Pathaway«; 49 Euro).

DER PDA

Ein PDA (»Personal Digital Assistant«), auch Handheld-PC genannt, ist ein mobiler Kleinstcomputer. Im Wesentlichen gibt es zwei Typen: den Palm (Betriebssystem »Palm-OS«) und den Pocket-PC (Betriebssystem »Pocket-PC/Windows CE« von Microsoft).

NMEA

NMEA (»National Marine Electronics Association«) ist ein gängiges Protokoll für die Übertragung von GPS-Daten wie Position oder Kurs auf ein Endgerät, z. B. einen PDA oder Laptop (GPS-Online-Navigation). Im GPS-Geräte-Setup müssen Sie dazu unter »Schnittstelle« NMEA sowie die Baud-Rate, die Geschwindigkeit der Datenübertragung einstellen (normalerweise 4800 Baud).

Die zweite Bedingung für die Navigation mit PDA ist ein GPS-Modell mit NMEA-Schnittstelle, was inzwischen Standard ist. Das GPS-Gerät wird entweder mit dem normalen PC- und einem Nullmodem-Genderchanger (»Adapter« zwischen GPS-Kabel und HotSync-Kabel des PDA, erhältlich in Elektronik-Fachmärkten) oder über ein spezielles Kabel mit der seriellen Schnittstelle des PDA verbunden (Bezugsquelle siehe Anhang). Der Datenaustausch zwischen PC und PDA funktioniert mit HotSync-Kabel.

Neben Ausschnitten jeder in Fugawi bzw. Touratech QV ladbaren Karte lassen sich Wegpunkte, Routen und Tracks zwischen PC und PDA übertragen. Mit der Karte auf dem PDA können Sie also jeder Route bzw. jedem Track leicht folgen. Sogar Routennavigation mit Richtungspfeil, wie vom GPS-Gerät gewohnt, ist möglich.

Der PDA bietet sich zusätzlich als erweiterter GPS-Speicher für Mehrtagestouren an, lassen sich doch Wegpunkte, Routen und Tracks auch direkt zwischen PDA und Garmin-Modellen bzw. bei Pathaway auch verschiedenen Magellan-Geräten übertragen (Achtung: Bei Fugawi nur mit Pocket-PC möglich!). Weiterer Vorteil: Unterwegs kann man auf dem PDA schnell und einfach Wegpunkte und Routen erstellen. Touren lassen sich so z. B. bei Schlechtwetter problemlos umplanen. Auch für OziExplorer gibt es eine exzellente PDA-Erweiterung für Pocket-PC (OziExplorerCE) , mit der sogar Routennavigation mit Sprachführung möglich ist. Im Internet kann man ebenfalls fündig werden: Mit dem Freeware-Programm »GPilotS« lassen sich z. B. Palm-PDAs als erweiterter Speicher von Garmin-Geräte nutzen (Up-/Download von Wegpunkten, Routen und Tracks).

Wer mit PDA unterwegs ist, kann Touren bei Schlechtwetter flexibel umplanen.

Die Navigation mit PDA hat auch Nachteile: Die Kleincomputer sind nicht für den Outdoor-Einsatz gedacht, also weder besonders robust noch wasserdicht. Deshalb immer mit Schutzcase verwenden (z. B. von Touratech)! Zudem sind zwei mit Kabeln verbundene Geräte sehr unhandlich. Die Alternative ist ein PDA mit GPS-Empfänger, wie sie in jedem Elektromarkt, oft zusammen mit Routenplanern, angeboten werden. Ebenfalls empfehlenswert: der Garmin »iQue 3200/3600«; er ist als Besonderheit mit ähn-

GARMIN »ETREX LEGEND C/VISTA C«

Beide Modelle besitzen nur einen USB-Anschluss, mit dem Navigation mit PDA nicht möglich ist! Was nicht für die »GPSmap 60«-Reihe gilt, die zusätzlich über eine serielle Schnittstelle mit NMEA-Protokoll verfügt.

TIPP

Für die GPS-Navigation mit PDA empfiehlt sich ein Handheld mit mindestens 4 MB Speicher bzw. wechselbaren Speicherkarten. Vor dem Übertragen des Kartenausschnitts sollten die Farben auf 256 reduziert werden, um Speicher zu sparen. Kleine Ausschnitte wählen, die der PDA besser verarbeiten kann.

TIPP

Egal ob Fugawi, Pathaway oder »OziExplorer CE«, beim Kauf sollten Sie unbedingt die nötigen Hard- und Software-Voraussetzungen beachten. Am besten testen Sie die Software vorab mit Ihrem GPS-Gerät und PDA. Kostenlose Demoversionen gibt es auf den Websites der Hersteller.

PDA oder GPS-Gerät mit aufgeladener Karte? Auch eine Frage des Einsatzbereichs.

lichen GPS-Funktionen ausgestattet wie ein Outdoor-Gerät. Allerdings sind PDAs unhandlicher als GPS-Empfänger, auch ist die Bedienung nur mit einer Hand nicht möglich.

Weiteres Minus: die begrenzte Akkulaufzeit der Handhelds, die im Dauerbetrieb allenfalls für Tagestouren ausreicht. Hier hat die Kombilösung aus Handgerät und PDA Vorteile, kann man doch mit dem GPS-Empfänger navigieren bzw. Tracks aufzeichnen. Der PDA wird nur benötigt, um gelegentlich den Standort auf der Karte zu kontrollieren bzw. um Daten vom/auf das GPS-Gerät zu übertragen.

Die GPS-Navigation mit digitalen Karten, egal ob mit geladenen Karten auf dem GPS-Gerät oder mit PDA, hat zweifelsohne viele Vorteile. Dennoch sollten Sie unterwegs sicherheitshalber nie auf die gute alte Papierkarte verzichten. Nicht nur zur Sicherheit, falls Ihr GPS-Gerät oder PDA ausfällt, sondern auch weil sie einen wesentlich besseren Überblick als jedes GPS- oder PDA-Display bietet.

Tourenplanung am PC in der Praxis

Wie sieht nun die praktische Tourenplanung am PC aus? Zunächst öffnen Sie eine geeignete digitale Karte bzw. laden eine Karte in ein Planungsprogramm. Anschließend legen Sie im Routenverzeichnis eine neue Route an, die Sie dann per Mausklick auf der Karte erstellen. Für die Auswahl der Wegpunkte gilt das Gleiche wie für die konventionelle Vorbereitung mit Planzeiger (siehe Kapitel 10, 11). Nicht vergessen: Eventuelle Abstecher oder Abkürzungen gleich mit eingeben, so sind Sie für alle Fälle gerüstet. Stehen Höhendaten zur Verfügung, können Sie je nach Software noch ein Höhenprofil erstellen und sich die Aufstiegsmeter

Einige Mausclicks und schon steht die Tour: Planung mit Touratech QV.

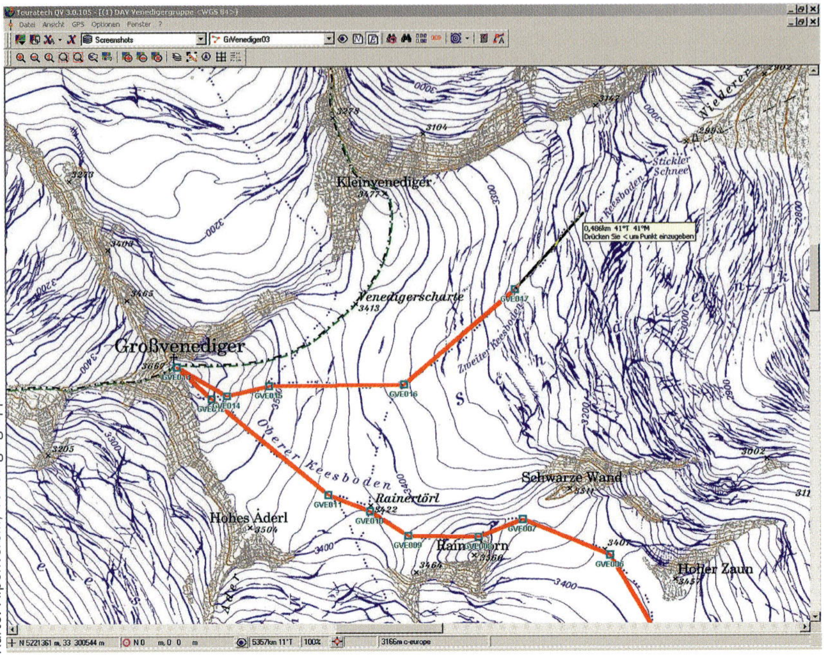

Karte: Alpenverein, Venedigergruppe

> **VORSICHT!**
>
> Auch für die Tourenplanung mit digitalen Karten gilt: Im GPS-Gerät muss beim Austausch von Wegpunkten, Routen und Tracks das Bezugssystem der jeweiligen Karte eingestellt sein. Das Kartenbezugssystem wird meist in der Statusleiste des Programms bzw. der digitalen Karte sowie im Menü »Einstellungen-Positionsangaben« o. Ä. angezeigt.

ausrechnen lassen oder Ihre Tour sogar in 3-D abfliegen. Alternativ können Sie Ihre Tour auch als Track planen. Weil jedes GPS-Gerät wesentlich umfangreichere Tracks als Routen speichert, lässt sich der Wegverlauf genauer nachzeichnen. Ein Vorteil, den vor allem Radfahrer und Mountainbiker zu schätzen wissen.

Anschließend markieren Sie die fertige Route (bzw. den Track) und übertragen sie auf das GPS-Gerät (siehe Kapitel 12). Dabei darauf achten, dass die Route nicht aus mehr Wegpunkten besteht, als der Empfänger pro Route speichern kann. Sonst wird sie je nach Software nicht oder nicht komplett übertragen und das Ende fehlt. Entsprechendes gilt für Tracks.

Zum Schluss drucken Sie den Kartenausschnitt mit Route bzw. Tracks und Wegpunkten aus. Falls Sie mit PDA navigieren wollen, müssen Sie noch den entsprechenden Kartenausschnitt auf ihn übertragen (siehe oben).

Auch für am PC erstellte Wegpunkte empfehlenswert: Vor Ort noch einmal speichern, wenn Sie die Wegpunkte wieder einmal verwenden wollen. Auch wenn Sie Koordinaten am Computer genauer ermitteln können als mit Planzeiger, ergeben sich in der Praxis doch z. T. Abweichungen bis zu 25 Meter oder mehr. Gründe dafür sind Fehler beim Setzen des Wegpunkts, Ungenauigkeiten in der Karte oder bei selbst gescannten Karten auch Verzerrungen und Fehler beim Kalibrieren.

Wieder zu Hause, übertragen Sie alle unterwegs gespeicherten Wegpunkte und Tracks auf den PC. Je nach Software können Sie aufgezeichnete Touren noch einmal als »Replay« am Computer erleben, können genaue Höhenprofile mit den Trackdaten erstellen oder Wegpunkte, Routen und Tracks mit Links zu Bildern verknüpfen, die Sie unterwegs aufgenommen haben. Oder Sie bearbeiten den Track, weil Sie ihn als Grundlage für eine spätere Tour verwenden wollen: z. B. indem Sie die Zahl der Trackpunkte reduzieren oder durch Abschattung hervorgerufene Ungenauigkeiten beheben (siehe oben).

Das Internet als Quelle für Touren

Keine Lust oder Zeit zur Tourenplanung? Auch nicht am PC? Macht nichts: Das Internet ist eine Fundgrube für fertige Touren. Zahlreiche Portale bieten in reicher Auswahl Tracks, seltener Routen, von Touren zum Download, zum Teil allerdings nicht umsonst. Dafür wird die Tour aber nicht nur aufgezeichnet, sondern auch bearbeitet und samt Beschreibung und Bildern geliefert.

Diesen Service bieten kostenlose Tourenportale nicht, in denen GPS-Enthusiasten ihre Aufzeichnungen austauschen. Die Qualität kann unterschiedlich sein und hängt vom jeweiligen Autor ab. Das gilt auch für Wegpunkt-Sammlungen, die die Koordinaten interessanter Punkte anbieten, vom Berggipfel bis zu Sehenswürdigkeiten.

Egal, ob Track oder Wegpunkt, die Daten werden zunächst auf den PC heruntergeladen und dann auf das GPS-Gerät übertragen. Wegpunkte wie Tracks stehen meist in verschiedenen Dateiformaten zur Verfügung. Verbreitet ist z. B. das Freeware-Programm »G7ToWin«, das den Datenaustausch mit Garmin-, Magellan- und Lowrance-Modellen ermöglicht. Eine Auswahl interessanter Tourenportale ist im Anhang zusammengestellt. Auch Outdoor-, Alpin- und Bike-Zeitschriften bieten auf ihren Websites zunehmend GPS-Daten von Touren zum Download an.

Keine Lust Touren selbst zu planen? Tourenportale bieten eine reiche Auswahl an fertigen Tracks, von der Wanderung bis zur Skitour.

GPS-GERÄTE

Geräte-Übersicht

In der folgenden Tabelle sind die Daten der wichtigsten derzeit (Frühjahr 2005) erhältlichen GPS-Geräte zusammengestellt. Vorsicht bei den Preisen, sie können sich beim Erscheinen

	Handgeräte				
Hersteller	**Garmin**	**Garmin**	**Garmin**	**Garmin**	**Garmin**
Modell	**Geko 201/ Geko 301**	**eTrex/ etrex Summit**	**eTrex Legend/ etrex Vista**	**eTrex Legend C/ etrex Vista C**	**GPS 60/GPSmap 60**
Empfänger					
Kanäle	12	12	12	12	12
Antenne	Patch	Patch	Patch	Patch	Quadrifilare Helix
WAAS/EGNOS	ja	nein	ja	ja	ja
Display					
Typ	s/w	s/w	4 Graustufen	256 Farben TFT	4 Graustufen
Displaygröße (Breite x Höhe)	24 x 38 mm	28 x 53 mm	28 x 53 mm	33 x 43 mm	38 x 56 mm
Pixel (Breite x Höhe)	64 x 100	64 x 128	160 x 288	176 x 220	160 x 240
GPS-Speicher					
Wegpunkte	500	500	1000	500	1000
Routen/Wegpunkte pro Route	20/125	1/50 bzw. 20/50	20/125	50/125	50/250
Tracks/Trackpunkte pro Track	10/500	10/125 bzw. 10/500	10/750	20/500	20/500
Trackpunkte im active Log	10.000	2000/3000	10.000	10.000	10.000
int. Speicher für aufladbare Karten	–	–	8 MB/24 MB	24 MB	1 MB (POI)/24 MB
verwendb. Speicherkarten (Typ, MB)	–	–	–	–	–
Basiskarte	nein	nein	ja	ja	Städtedatenbank/ja
Navigation					
GoTo	ja	ja	ja	ja	ja
Route	ja	ja	ja	ja	ja
Trackback	ja	ja	ja	ja	ja
Autorouting	nein	nein	nein	ja	nein/ja
Kartengitter/Kartenbezugssysteme	31/>100	28/>100	31/>100	39/>100	39/>100
Wegpunkt-Projektion	ja	ja	ja	ja	ja
Zusatzfunktionen					
Kompass	Geko 301	Summit	Vista	Vista C	nein
Höhenmesser/Barometer	Geko 301	Summit	Vista	Vista C	nein
Stromversorgung					
Batterien	2 AAA	2 AA	2 AA	2 AA	2 AA
Batterie-Standzeit (max., Std.)	12 h/9 h	22 h/16 h	18 h/12 h	36 h/20 h	28 h
Batterie-Sparmodus	ja	ja	ja	ja	ja
Sonstiges					
PC-Anschluss	seriell	seriell	seriell	USB	seriell/USB
externer Antennenanschluss	nein	nein	nein	nein	ja
Gehäuse					
Größe (Breite x Höhe x Tiefe)	48 x 99 x 24 mm	51 x 112 x 30 mm	51 x 112 x 30 mm	56 x 107 x 31 mm	61 x 155 x 33 mm
Gewicht (incl. Batterien)	88 g/96 g	150 g	150 g	159 g	200 g
Wasserfestigkeit	IPX7	IPX7	IPX7	IPX7	IPX7
Schwimmfähig	nein	nein	nein	nein	nein
Besonderheiten/ ähnliche Geräte	Geko 101 (ohne Routen; 109 €)		eTrex Venture (mit. Städte-Datenbank; 199 €)		
Preis	157 €/257 €	149 €/269 €	219 €/349 €	429 €/499 €	249 €/399 €

neuer Geräte schnell ändern. Insbesondere Modelle mit Graustufen-Display sind seit dem zunehmenden Aufkommen von Farbbildschirmen teilweise stark im Preis gefallen. (Fortsetzung S. 176/177)

						Handgeräte
	Garmin	**Garmin**	**Garmin**	**Garmin**	**Garmin**	**Garmin**
	GPSmap 60C/ GPSmap 60CS	**GPS 72/GPS 76**	**GPSmap 76/ GPSmap 76S**	**GPSmap 76C/ GPSmap 76CS**	**GPS V Deluxe**	**GPS 12/GPS 12XL**
	12	12	12	12	12	12
	Quadrifilare Helix	Quadrifilare Helix	Quadrifilare Helix	Quadrifilare Helix	Quadrifilare Helix	Patch
	ja	ja	ja	ja	ja	nein
	256 Farben TFT	4 Graustufen	4 Graustufen	256 Farben TFT	4 Graustufen	s/w
	38 x 56 mm	41 x 56 mm	41 x 56 mm	38 x 56 mm	56 x 38 mm	38 x 56 mm
	160 x 240	120 x 160/180 x 240	180 x 240	160 x 240	256 x 160	64 x 100
	1000	500	1000	1000	500	500
	50/250	50/50	50/125	50/250	20/50	20/30
	20/500	10/250	10/750	20/500	10/225	–/–
	10.000	2 047	10 000	10.000	3.000	1.024
	56 MB	1 MB (POI)	8 MB/24 MB	115 MB	19 MB	–
	–	–	–	–	–	–/–
	ja	Städtedatenbank	ja	ja	ja	–/größere europ. Städte
	ja	ja	ja	ja	ja	ja
	ja	ja	ja	ja	ja	ja
	ja	ja	ja	ja	ja	ja
	ja	nein	nein	ja	ja	nein
	39/>100	31/>100	31/>100	31/>100	31/>100	25/>100
	ja	ja	ja	ja	ja	ja
	GPSmap 60CS	nein	GPSmap 76S	nein	nein	nein
	GPSmap 60CS	nein	GPSmap 76S	nein	nein	nein
	2 AA	2 AA	2 AA	2 AA	4 AA	4 AA
	30 h/20 h	16 h/18 h	18 h/12 h	25 h/20 h	25 h	24 h
	ja	ja	ja	ja	ja	ja
	seriell/USB	seriell	seriell	seriell/USB	seriell	seriell
	ja	nein	ja	ja	ja	GPS 12XL
	61 x 155 x 33 mm	69 x 157 x 31 mm	69 x 157 x 31 mm	69 x 158 x 36 mm	127 x 59 x 41 mm	53 x 147 x 31 mm
	200 g	225 g	234 g	234 g	255 g	270 g
	IPX7	IPX7	IPX7	IPX7	IPX7	IPX7
	nein	ja	ja	nein	nein	nein
					Nur mit MapSource City Select erhältlich.	
	619 €/699 €	229 €/299 €	409 €/499 €	699 €/769 €	399 €	199 €/299 €

	Handgeräte				
Hersteller	**Magellan**	**Magellan**	**Magellan**	**Magellan**	**Magellan**
Modell	**eXplorist 100/ 200/300**	**SporTrak Map/ SporTrak Pro**	**SporTrak Color**	**Meridian Gold/ Meridian Platinum**	**Meridian Color**
Empfänger					
Kanäle	14	12	12	12	12
Antenne	Quadrifilar Helix	Quadrifilar Helix	Quadrifilar Helix	Quadrifilar Helix	Quadrifilar Helix
WAAS/EGNOS	ja	ja	ja	ja	ja
Display					
Typ	4 Graustufen	4 Graustufen	16 Farben TFT	4 Graustufen	16 Farben TFT
Displaygröße (Breite x Höhe)	36 x 46 mm	36 x 56 mm	36 x 56 mm	44 x 56 mm	44 x 56 mm
Pixel (Breite x Höhe)	120 x 160	104 x 160	160 x 240	120 x 160	120 x 160
GPS-Speicher					
Wegpunkte	500	500	500	500	500
Routen/Wegpunkte pro Route	20/50	20/50	20/50	20/50	20/50
Tracks/Trackpunkte pro Track	3/2000 bzw 5/2000	–/–	–/–	unbegr/2000 (SD-Karte)	unbegr/2000 (SD-Karte)
Trackpunkte im active Log	2.000	2000	2000	2000	2000
int.Speicher für aufladbare Karten	–	6 MB/23 MB	23 MB	–	–
verwendbare Speicherkarten	–	–/–	–/–	SD, bis 128 MB	SD, bis 128 MB
Basiskarte	nein/ja/ja	ja	ja	ja	ja
Navigation					
GoTo	ja	ja	ja	ja	ja
Route	ja	ja	ja	ja	ja
Trackback	ja	ja	ja	ja	ja
Autorouting	nein	nein/ja	ja	ja	ja
Kartengitter/Kartenbezugs-systeme	12/76	12/76	12/76	12/76	12/76
Wegpunkt-Projektion	nein	ja	ja	ja	ja
Zusatzfunktionen					
Kompass	eXplorist 300	nein	ja	Meridian Platinum	nein
Höhenmesser/Barometer	eXplorist 300	nein	ja	Meridian Platinum	nein
Stromversorgung					
Batterien	2 AA	2 AA	2 AA	2 AA	2 AA
Batterie-Standzeit (max., Std.)	19 h	14 h	14 h	14 h	13 h
Batterie-Sparmodus	nein	nein	nein	nein	nein
Sonstiges					
PC-Anschluss	nein	seriell	seriell	seriell	seriell
externer Antennenanschluss	nein	nein	nein	nein	nein
Gehäuse					
Größe (Breite x Höhe x Tiefe)	53 x 117 x 33 mm	56 x 142 x 29 mm	56 x 142 x 31 mm	74 x 165 x 30 mm	74 x 165 x 30 mm
Gewicht (incl. Batterien)	110 g	173 g	173 g	227 g	227 g
Wasserfestigkeit	IPX7	IPX7	IPX7	IPX7	IPX7
Schwimmfähig	nein	ja	ja	ja	ja
Besonderheiten/ ähnlicheGeräte	eXplorist 400/500/600 mit PC-Anschluss (6/05)	SporTrak (mit Städte-datenbank; 219 €)			
Preis	149 €/229 €/289 €	300 €/323 €	519 €	416 €/546 €	559 €

				Handgeräte	Armbandgeräte	
	Alan	**Lowrance**	**Silva**	**Silva**	**Garmin**	**Suunto**
	Map 500/Map 600	**iFinder/iFinder Pro**	**Atlas/Atlas Pro**	**Multinavigator**	**Foretrex 101/ Foretrex 201**	**X9**
	12	12	12	12	12	12
	Planar	Patch	Patch	Patch	Patch	Patch
	ja	ja	ja	nein	ja	nein
	4 Graustufen	4 Graustufen	4 Graustufen	LCD; alphanumerisch	LCD Anzeige	LCD Anzeige
	38 x 60 mm	44 x 57 mm	44 x 57 mm	43 x 60 mm	36 x 23 mm	ca. 26 x 26 mm
	100 x 160	120 x 160/180 x 240	120 x 160/180 x 240	–	100 x 64	k.A.
	1000	1000	1000	1000	500	100
	50/150	100/100	10/100	10/100	20/125	50/50
	8/2500	10/9999 bzw. 99/9999	10/10000	–/–	10/500	25/8000
	2500	10.000	10.000	5.000	10.000	8000
	4 MB/–	–	–	–	–	–
	CF, 512 MB/1 GB	MMC, SD/128 MB; 512 MB	MMC, SD/256 MB	–/–	–/–	–/–
	ja/nein	ja	ja	–/–	–/–	–/–
	ja	ja	ja	ja	ja	
	ja	ja	ja	ja	ja	ja
	nein	ja	ja	nein	ja	ja
	nein/ja	nein	nein	–	nein	nein
	12/220	18/>170	18/>170	15/>130	31/>100	10/256
	nein	ja	ja	ja	ja	ja
	nein	nein	nein	ja	nein	ja
	nein	nein	nein	ja	nein	ja
	2 AA	2 AA	2 AA	2 AA	2 AAA/Li-Ionen-Akku	Lit-Ionen-Akku
	10 h	20 h/20 h	12 h	10 h	15 h	5 – 12 h
	ja	ja	ja	ja	ja	ja
	seriell, USB	seriell	seriell	seriell	seriell	seriell
	ja	ja	ja	nein	nein	nein
	62 x 130 x 30 mm	65x142x25/65x146x30	65x142x25/65x146x30	61 x 170 x 30 mm	84x43x23/84x43x18	54 x 60 x 17
	200 g	214 g/219 g	214 g/247 g	254 g	92 g/78 g	76 g
	IPX7	IPX2	IPX2/IPX 7	IPX7	IPX7	bis 100 m
	nein	nein	nein	nein	nein	nein
	Map 600: routingfähige Deutschland-Karte inkl.	iFinder Hunt (Kompass, Höhenmesser; 475 €)		keine Kartenseite	Forerunner 101/201/301 (Trainingsgeräte)	Armbandhöhenmesser mit GPS-Funktion
	229 €/329 €	217 €/375 €	229 €/379 €	498 €	189 €/229 €	699 €

VERZEICHNIS DER BEI GPS-GERÄTEN GÄNGIGEN ABKÜRZUNGEN

SPD, TTG, ETA: Jedes GPS-Gerät kann Ihnen eine Fülle unterschiedlichster Daten anzeigen, von der Gehgeschwindigkeit bis zur Ankunftszeit. Dabei werden oft englische Abkürzungen verwendet, deren Bedeutung sich vor allem GPS-Neulingen nicht gleich erschließt. Die wichtigsten sind in der folgenden Tabelle zusammengestellt.

Abkürzung	Bezeichnung	Deutsche Bezeichnung/Bedeutung
ALT	Altitude	NN-Höhe
AVSPD	Average Speed	Durchschnittsgeschwindigkeit
BRG	Bearing	Peilung
CEP	Circular Error Probable	Angabe für die Genauigkeit der Positinsbestimmung.
CDI	Course Deviation Indicator	Kursabweichungsanzeiger
CMG	Course Made Good	in Richtung Ziel zurückgelegte Kursstrecke
COG	Course Over Ground	aktueller Kurs über Grund
CRS	Course	Sollkurs, Kurswinkel zwischen dem Ausgangs- und dem Zielpunkt
CTS	Course To Steer (=To Course)	nach einer Abweichung günstigster Kurs zurück auf den Sollkurs
DEG	Degree	Grad
DIS/DST	Distance	Entfernung zwischen dem Standpunkt und einem ausgewählten Wegpunkt
DOP	Dilution of Precision	Maß für die Güte der Satellitenkonstellation
DTK	Desired Track	Sollkurs, s. CRS
EPE	Estimated Position Error	geschätzter Positionsfehler
ETA	Estimated Time of Arrival	geschätze Ankunftszeit
ETE	Estimated Time En Route	verbleibende Zeit bis zum Ziel
GMT	Greenwich Mean Time	westeuropäische Zeit
GoTo	GoTo	Befehl zum Ansteuern eines aufgerufenen Ziels
GRID	Grid	Gitter
GS	Ground Speed	Geschwindigkeit über Grund
HDG	Heading	Kurs, aktuelle Bewegungsrichtung
KPH/KH	Kilometers per Hour	Kilometer pro Stunde
LAT	Latitude	geografische Breite
LON	Longutude	geografische Länge
MOB	Man Over Board	Mann über Bord (Notfalltaste, die Standort und Kurs dorthin speichert)
MXSPD	Speed - Maximum	Höchstgeschwindigkeit
OFFSET	Offset	Unterschied zur UTC-Zeit
PAN	–	Verschieben des Kartenauschnitts
PLG	Peilung	Peilungswinkel vom momentanen Standort zum Ziel oder Wegpunkt
POS	Position	Position (angegeben durch Koordinaten)
REF	Reference Waypoint	Referenzpunkt z.B. bei Entfernungsmessungen
SA	Selectiv Availability	künstliche Verfälschung der Satellitensignale
SPD	Speed	Geschwindigkeit
TRIP	Trip Odometer	Tageskilometerzähler
TRK	Track	a) aktueller Kurs = HDG; b) aufgezeichneter Weg
TTG	Time To Go	Reisezeit zum Ziel
UTC	Universal Time Coordinated	Bezugszeit des GPS
UTM	Universal Transversal Mercator Projection	geodätisches Kartengitter. Weltweiter Standart für GPS-Navigation.
VMG	Velocity Made Good	in Richtung Ziel gut gemachte Geschwindigkeit
WPT	Waypoint	Wegpunkt
XTE	Crosstrack Error	Kursabweichung (Entfernung, die man rechtwinklig zum Sollkurs abgewichen ist)

GEOGRAFISCHES GITTER

So lassen sich unterschiedlich angegebene geografische Koordinaten umrechnen:

Dezimal-Grad → Grad, Minuten, Sekunden
Stellen hinter dem Komma mit 60 multiplizieren.
Beispiel: 49,6019° in Dezimalgrad entspricht
in Dezimal-Minuten: 49°[0,6019 x 60]' = 49°36,114';
in Dezimal-Sekunden: 49°36'[0,114 x 60]" = 49°36'6,84".

Grad, Minuten, Sekunden → Dezimalgrad
Die Sekunden bzw. Minuten jeweils durch 60 dividieren.
Beispiel: 50°35'25" entspricht
in Dezimal-Minuten: 50°35,[25" : 60]' = 50°35,417';
in Dezimalgrad: 50,[35,417' : 60]° = 50,59028°

Strahlenbüschel zum Anfertigen von Planzeigern

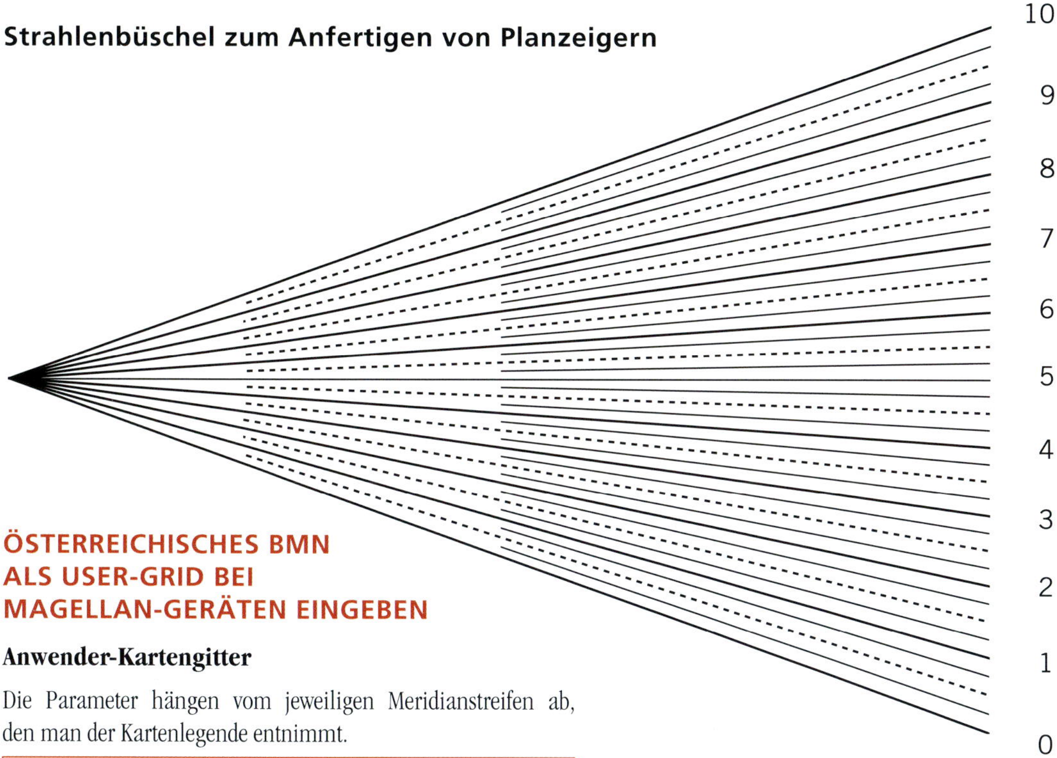

ÖSTERREICHISCHES BMN ALS USER-GRID BEI MAGELLAN-GERÄTEN EINGEBEN

Anwender-Kartengitter

Die Parameter hängen vom jeweiligen Meridianstreifen ab, den man der Kartenlegende entnimmt.

Meridian-Streifen	M 28	M 31	M 34
Schritt 1: Projektion			
	Trans Mercator	Trans Mercator	Trans Mercator
Schritt 2: Ursprung			
Geografische Breite Ursprung	00.00000N	00.00000N	00.00000N
Geografische Breite Ursprung	010.333330	013.333330	016.333330
Schritt 3: Weitere Parameter			
Skalierfaktor	1.00000000	1.00000000	1.00000000
In Meter konvertieren	1.00000000	1.00000000	1.00000000
Falscher Ost-Ursprung	00150000.0	00450000.0	00750000.0
Falscher Nord-Ursprung	05000000.0	05000000.0	05000000.0

User-Kartendatum

Zusätzlich muss im Setup folgendes **Benutzer-Datum** eingegeben werden:

Kartenbezugssystem »Austrian«	
Delta A	+0740.0000
Delta F	+0.00001000
Delta X	+0594.0
Delta Y	+0084.0
Delta Z	+0471.0

ÜBERSICHT DIGITALE KARTEN

	Rasterkarten			
Anbieter	**Landesvermessungsämter**	**MagicMaps**	**Deutscher Alpenverein**	**Kompass Verlag**
Karte	**Topografische Karten d. Bundesländer Top50V 4.0**	**Interaktive Karten der Bundesländer**	**Alpenvereinskarten Digital**	**KOMPASS Digital-Map**
Kartenbereich	Bundesländer	Bundesländer	v.a. Ost- und Zentralalpen	verschieden
Kartentyp	Topografische Karte	Topografische Karten	Wanderkarte	Wanderkarte
Hauptfunktionen	Erstellen von Wegpunkten und Routen als Overlays; blattschnittfreies Scrollen; räumliche Darstellungen (3D-Grafik, virtueller 3D-Flug, Höhenschichten, Geländeprofile etc.); Drucken von Kartenausschnitten.	Erstellen und Verwalten von Tracks (Pfaden) und Wegpunkten; blattschnittfreies Scrollen; virtueller Flug über 3D-Landschaft, Drucken von Kartenausschnitten.	Erstellen, Bearbeiten und Verwalten von Wegpunkten und Tracks. Drucken von Kartenausschnitten bis A3.	Erstellen, Bearbeiten und Verwalten von Wegpunkten und Tracks. Drucken von Kartenausschnitten bis A3.
weitere wichtige Funktionen	Erstellen von Höhenprofilen; Graphik-Funktionen (Overlays); Flächen- und Distanzmessung; Verknüpfung mit Multimedia-Dateien; GPS-Online Navigation.	Erstellen von Höhen- und Streckenprofilen, Ermittlung von Tourlänge und -dauer, Profile mit Steigungsverteilung; GPS-Online Navigation.	Messen von Entfernungen; Erstellen von Höhenprofilen (manuell); Zeichenfunktionen.	Messen von Entfernungen; Erstellen von Höhenprofilen; Fotos mit Wegpunkt verknüpfbar.
Höhendaten	ja (Auflösung 50 m)	ja (Auflösung 50 m)	nein	bei neueren Ausgaben
Ortsdatenbank	ja (inkl. Berge und Gewässer)	ja	nein	nein
Zoombereich	bis Maßstab 1:25 000	bis ca. 1:20 000	bis Maßstab 1:5000	bis Maßstab 1:10 000
Kartengitter	Geografisch, UTM, Gauß-Krüger u.a. (16)	UTM, Gauß-Krüger, Geografisch	UTM, Geografisch	Geografisch, UTM
Kartenbezugssysteme	WGS 84, Potsdam u.a. (12)	WGS 84, Potsdam	WGS 84	WGS 84
kompatible Planungssoftware	Fugawi, Touratech QV	Fugawi, Touratech QV	Fugawi, Touratech QV	Fugawi, Touratech QV, OziExplorer
GPS-Schnittstelle	Garmin mit GPSTrans; andere über Konvertierungs-Programme (außer Suunto); NMEA	Garmin (auch USB); andere (außer Suunto) über Konvertierungs-Programme ASC-II-ovl; NMEA	Garmin (auch USB)	Garmin (auch USB)
importierbare Datei-Formate		u. a. ASCII-ovl (Top50), auch exportierbar	ASCII-ovl (Top50), Kompass-Tracks	ASCII-ovl (Top50); Tracks Alpenvereinskarten Digital
enthaltene Karten	Topografische Karte 1:50 000; Übersichtskarte Bundesland 1:200 000, BRD 1:1 Mio. und weitere Übersichtskarten	Topografische 3D- und 2D-Karte 1:25 000; Übersichtskarte	49 Alpenvereinskarten der Ost-, Zentral- und Südalpen	z.Zt. über 30 Kompass-Karten von Amrun bis Teneriffa erhältlich. Reihe wird weiter ausgebaut.
Sonstiges	Topokarte Österreich (AMAP) auf derselben Software-Grundlage (Daten austauschbar).	mit Erweiterung MagicMaps2Go (24,99 €) auf PDAs mit PocketPC 2003 ladbar.	Nur Sommerausgaben der Karten mit Wanderwegen enthalten (keine Skitourenausgaben).	Je nach Karte mit Radrouten, Skitouren und Loipen. inkl. Guide mit touristischen Infos.
ähnliche Karten	Top10/200; z. T. Ausgaben mit Wanderwegen. Topografische Karten Österreich (AMAP), Schweiz (Swiss Map 50).	ActionMaps: 3D- u. 2D-Karten mit Mountainbike- oder Inline-Touren inkl. Roadbook.	–	–
Preis	je nach Bundesland 32 bis 99 €	je nach Bundesland 44,90 bis 79,90 €	69 € (Mitglieder), 89 € (Nichtmitglieder)	14,90 €

Die Tabelle gibt eine Übersicht wichtiger Raster- und Vektorkarten sowie ihrer Merkmale für die GPS-Outdoor-Navigation.

Vektorkarten der GPS-Hersteller zum Aufladen				
Garmin	**Garmin**	**Magellan**	**Magellan**	**Alan**
MapSource Topo Deutschland 1.0	**MapSource City Select Europe 7.0**	**MapSend Topo3D Deutschland 1.0**	**MapSend DirectRoute Europe 2.0**	**MapShow & EU 500 2.0**
Deutschland	West- und Zentraleuropa	Deutschland	West- und Zentraleuropa	West- und Zentraleuropa
Topografische Karte mit POIs	Routingfähige Straßenkarte m. POIs	Topografische Karte	Routingfähige Straßenkarte m. POIs	Straßenkarten
Erstellen, Speichern und Bearbeiten von Wegpunkten, Routen und Tracks; Übertragen von Kartenausschnitten mit POIs auf kartenfähige Garmin-Geräte. Drucken von Kartenausschnitten.	Erstellen, Speichern und Bearbeiten von Wegpunkten, Routen und Tracks; Übertragen von Kartenausschnitten mit POIs und Adressen auf kartenfähige Garmin-Geräte. Drucken von Kartenausschnitten.	Erstellen von Wegpunkten und Routen; Speichern und Bearbeiten von Wegpunkten, Routen, Tracks; Übertragen von Kartenausschnitten auf kartenfähige Magellan-Geräte. Drucken von Kartenausschnitten.	Erstellen von Wegpunkten und Routen; Speichern und Bearbeiten von Wegpunkten, Routen, Tracks; Übertragen von Kartenausschnitten mit POIs und Adressen auf kartenfähige Magellan-Geräte mit Kartenspeicher; Drucken von Kartenausschnitten.	Erstellen von Wegpunkten und Routen; Speichern und Bearbeiten von Wegpunkten, Routen, Tracks; Übertragen von Kartenausschnitten mit POIs auf Alan Map 500-Geräte.
Verknüpfen von Wegpunkten mit Dateien und Links; Messen von Entfernungen und Flächen; GPS-Online Navigation.	Autorouting am PC und mit entsprechenden Geräten; Verknüpfen von Wegpunkten mit Dateien und Links; Adressuch-Funktion; Messen von Entfernungen und Flächen; GPS-Online Navigation.	3D-Gelände-Darstellung am PC; Höhenprofile; Entfernungsmessung; GPS-Online-Naviagtion;	Autorouting am PC und entsprechenden Geräten; Adresssuch-Funktion; Entfernungsmessung; GPS-Online-Navigation.	Suchfunktion
nein (geplant)	nein	ja (Auflösung: 50 m)	nein	nein
nein	ja	ja	ja	ja
20 m – 3000 km	20 m – 3000 km	ca. 12 – 500 kmm	100 m – 500 km	100 m – 200 km
35	35	1 (geografisch)	1 (geografisch)	1 (geografisch)
> 100	> 100	2	1	1 (WGS 84)
–	–	–	–	–
Garmin, NMEA	Garmin, NMEA	Magellan, NMEA	Magellan, NMEA	Alan Map 500-Geräte
PCX5; mps	PCX5; mps	txt, xls	txt, xls	
topografische Vektorkarte mit POI	Routingfähige Vektor Straßenkarten mit Points of Interest	topografische Vektorkarte mit POI	Routingfähige Vektor Straßenkarten mit Points of Interest	Vektor Straßenkarten mit Points of Interest
Teil Süd und Nord auch einzeln (je 129 €).	Erhältlich als Kfz-Kit (mit Halterung, Stromkabel) oder als Bundle mit routingfähigen Geräten.	–	Auch als Kfz-Kit in Verbindung mit routingfähigen Geräten erhältlich.	–
Topo Norwegen, Ungarn, Tschechien, USA, Kanada; demnächst Österreich, Schweiz	MapSource Metro Guide Europe 6.0 (nur mit PC routingfähig)	Topo-Karten Großbritannien, Norwegen, USA, Kanada	MapSend Europe (ohne Routing-Funktion)	routingfähige Europakarte EU 600 für Alan Map 600-Gerät mit Software MapRoute (179 € bzw. 429 € als Bundle).
199 € (Gesamtausgabe), CD Süd bzw. Nord je 129 €.	289 € (Kfz-Kit inkl. Autohalter u. Stromkabel)	149 €	149 €	129 €

ÜBERSICHT GPS-SOFTWARE

	Planungssoftware für Karten-CDs und gescannte Karten	
Software	**Fugawi 3.1**	**Touratech QV 3.0**
	Fugawi	**Touratech**
Hauptfunktionen	Speichern, Bearbeiten, Darstellen und Erzeugen von Wegpunkten, Routen und Tracks; genaues Kalibrieren von Karten; Drucken von Kartenausschnitten.	Speichern, Bearbeiten, Darstellen und Erzeugen von Wegpunkten, Routen und Tracks; genaues Kalibrieren von Karten; Drucken von Kartenausschnitten.
weiterer Funktionen (Auswahl)	Trackanalyse (Höhenprofil, Track reduzieren); Umwandeln von Routen in Tracks und umgekehrt; 3D-Darstellung; Simulation von Routen; Graphikfunktionen (Freihand-Zeichnen); Einfügen von Bild- u. Tondateien etc. mit Wegpunkten; GPS-Online Navigation.	Trackanalyse (Trackreplay, Höhen profil etc.); Tracks reduzieren; 3D-Darstellung; Graphikfunktionen; Verknüpfen von Wegpunkten, Routen, Tracks und Karten mit Bild- u. Tondateien, Internetlinks etc.; Straßenrouting; GPS-Online Navigation.
unterstützte Rasterkarten-Formate	Top10/50/200, AMAP, Swiss Map, MagicMaps, Kompass, Alpenverein, BSB, BSB 4, MapTech, DRG (USGS), Chartiff, JPR, ECW	Top10/50/200, AMAP; Swiss Map, Magic-Maps, Kompass, Alpenverein; BSB/KAP, BSB 4, GeoTiff , ECW; russ. Generalstabskarten
unterstützte Datei-Formate gescannte Karten	BMP, GIF, PNG, JPG, PCX, TIFF	BMP, PNG, TIFF, GIF, JPEG; SID, PCX
unterstützte Vektorkarten	GMF (Teleatlas); FXF, FX3 (Fugawi-CDs)	TTQV-Teleinfo, TTQV-Navtech
importierbare Dateiformate (Auswahl)	Lowrance USR, Kompass/Alpenverein, Biketracks (BTK), Txt.	Fugawi, OziExplorer, Kompass/ Alpenverein; ASCII-ovl (Top50), MapSource, Lowrance USR, Txt.
exportierbare Datenformate (Auswahl)	Fugawi, Txt, Lowrance USR, Kompass/Alpenverein	PCX5, Kompass/DAV; Lowrance USR, ASCII-ovl (Top50), Txt u. a.
nutzbare Höhendaten	DTED (Zubehör-CD), NOAA Globe30 (DEM), SDTS, SRTM 3; BIL, Australian GRD 9	Europa (enth.); Top50/200, AMAP; NOAA Globe30 (DEM), SRTM
Ortsdatenbank	weltweit	weltweit; importierbar: Top50/200, AMAP, Swiss Map 50 V1
PDA-Erweiterung	enthalten: Palm und Pocket PC	m. Pathaway3: Palm, Pocket PC
sonstiges	Tele Atlas Karte Europa inkl.	Roadbook-Editor für Routen-Beschreibung (Zubehör); Teleinfokarte Westeuropa inkl..
nutzbare GPS-Geräte	u.a. Garmin, Magellan, MLR, Lowrance/Eagle, Silva	Garmin, Magellan, Lowrance, Eagle, Silva, MLR
ähnliche Software	–	–
Preis	149 Euro	99 bis 199 Euro (je nach Version/Ausstattung)

In der folgenden Tabelle sind einige verbreitete GPS-Programme mit ihren wichtigsten Eigenschaften aufgeführt.

	einfache Programme für gescannte Karten		**Daten-Programme**
OziExplorer 3.95	**GPS TrackMaker 12.3**	**GARtrip 206c**	**Go7ToWin A.00.194**
Dan & Lorraine Newman	**Odilon Ferreira Junior**	**Heinrich Pfeifer**	**RonHenderson**
Speichern, Bearbeiten, Darstellen und Erzeugen von Wegpunkten, Routen und Tracks; genaues Kalibrieren von Karten; Drucken von Kartenausschnitten.	Erstellen, Bearbeiten, Darstellen und Speichern von Wegpunkten, Routen, Tracks; einfaches Kalibrieren von Karten; Drucken von Kartenausschnitten.	Erstellen, Bearbeiten, Darstellen und Speichern von Wegpunkten, Routen, Tracks; einfaches Kalibrieren von Karten; Drucken von Kartenausschnitten.	Erstellen, Bearbeiten und Speichern von Wegpunkten, Routen, Tracks.
Trackanalyse (Trackreplay, Höhenprofile, Geschw.-Graph); Tracks reduzieren; Verknüpfen von Dateien mit Karten, Weg- und Trackpoint-Projektion, Erstellen von Datenbanken und Kartenkommentaren; GPS-Online Navigation.	Einfache Trackanalyse (u.a. Tracksimulation, Geschwindigkeit, Höhenprofile, Länge); Reduzieren von Tracklogs; Grafikfunktionen, Einfügen von Bildern, GPS-Online-Navigation.	Einfache Trackanalyse (u.a. Trackreplay, Geschwindigkeit, Höhenprofil, Steigung); Umwandeln von Tracks in Routen und umgekehrt, Bearbeiten von Tracklogs (»Trimmen«); GPS-Online-Navigation	Umwandeln von Tracks in Routen und von Track- in Wegpunkte; Abfragen von Geräte-Daten (Zeit, Position).
Kompass, BSB/BSB4, USGS (Geotiff), DRG, ECW, Maptech RML, MrSID, PCX Charts u.a.	–	–	–
BMP, JPG, PNG, PCX, SID, TIFF u.a.	BMP, GIF, JPG, WMF, EMF, ICO	BMP, GIF, JPG	–
TTQV-Navtech	ArcInfo, ArcView	–	–
IGC, Ozi (plt, wpt, rte), Waypoint+, TXT	OziExplorer, PCX5, MapInfo, Lowrance MMC, Magellan MMC, TXT	OziExplorer , Fugawi, PCX5, ASCII-ovl (Top50), TXT.	OziExplorer/CE, PCX5, Streetatlas, Fugawi, BMP, IGC, MapTech, TXT
PCX5, OziExplorer, Waypoint+, TXT	Waypoint+, OziExplorer, PCX5, Lowrance MMC, Magellan MMC	OziExplorer , Fugawi, PCX5, ASCII-ovl (Top50).	OziExplorer/CE, PCX5, Streetatlas, Fugawi, BMP, IGC, MapTech, TXT
u. .a. SRTM; NIMA DTED; GOTOPO30; NOAA Globe30; USA DEM 250/24K	–	–	–
Weltstädte	–	–	–
mit OziExplorerCE: Pocket PC	–	–	Go7ToCE für Pocket PC.
Programmerweiterung OziExplorer3D zur 3D-Darstellung geladener Karten.	Shareware-Version mit erweitertem Umfang (u.a. bessere Datenverwaltung)	Wegpunkt- und Routensammlung (Webside); Version für Windows 3.1 und OS2/2.	Anlegen von Screenshots vom Geräte-Displays.
Garmin, Magellan, Lowrance, Eagle, Brunton/Silva, MLR	Garmin, Magellan, MLR, Lowrance/Eagle, Silva	Garmin, Magellan	Garmin, Magellan, Lowrance/Eagle
–	GPS Utility; ExpertGPS; Groupie für GPS.		EasyGPS, Waypoint+
85 US$	Freeware bzw. Shareware (erw. Funktionsumfang; 65 US$)	Shareware 34,80 Euro	Freeware

INFOS

GPS ALLGEMEIN

www.kowoma.de
Exzellente Seite für alle, die mehr über die Grundlagen und Funktionsweise des GPS wissen wollen.
Praktisch: Daten von über 200 Kartenbezugssystemen.
Mit Forum.

EGNOS
www.esa.int/navigation/EGNOS und
http://esamultimedia.esa.int
Infos rund um das europäische Korrektursignal EGNOS.
Gute FAQ-Liste!

Galileo
www.esa.int/navigation/GALILEO
Alles zum europäischen Satellitennavigationssystem Galileo.

GERÄTE-HERSTELLER

Alan
Alan Electronics
Tel.: 04154/849125
www.alan-germany.de

Garmin
GPS GmbH
Tel.: 089/8583640
www.garmin.de; www.garmin.com

Magellan
Tel.: 0800/62435526
www.magellangps.com

www.meridiancolor.de
www.groenveld.de
Gut gemachte private Webseiten mit Tipps rund um Magellan-Geräte.

Lowrance
Becker Technik
Tel.: 04103/84074
www.beckertechnik.de; www.lowrance.com

Silva
Tel.: 06172/454580
www.silva-outdoor.de

KARTEN & ZUBEHÖR

- **Topografische Karten**

Topografische Karten der Landesvermessungsämter; Top50
www.adv-online.de
Arbeitsgemeinschaft der Vermessungsverwaltungen der Länder der BRD. Adressen und Links zu den jeweiligen Landesvermessungsämtern.

MagicMaps
Tel.: 07127/970160
www.magicmaps.de
Bestellmöglichkeit. Tourenforum im Aufbau.

Topografische Karten Österreich; Austrian Map (AMAP)
Tel.: 0043/(0)1/40146–386
http://www.bev.gv.at
Österreichisches Bundesamt für Eich- und Vermessungswesen. Bestellmöglichkeit.

Schweizer Landeskarten; Swiss Map
Tel.: 0041/3196322–0
www.swisstopo.ch
Schweizerisches Bundesamt für Landestopografie. Bestellmöglichkeit.

Topografische Karten Griechenland
www.mountains.gr
GPS-taugliche topografische Karten von Griechenland in gedruckter und digitaler Ausgabe.

Topografische Karten Frankreich
www.ign.fr
Hervorragende Print- und Digitalkarten. Die digitale Carto Exploreur 3 ist sogar auf Pocket-PCs übertragbar und mit Touratech QV lesbar. Erhältlich flächendeckend im Maßstab 1:25 000 (zwei CDs pro Département à 37,90 Euro) und 1:100 000. Für einige Wandergebiete sind auch digitale »IGN Rando«-Wanderkarten erhältlich

(39 Euro). Schnittstellen zu Garmin, Magellan und MLR-Geräten.

Schwedische Gröna-, Bla- und Röda-Kartan
www.soltek.se/kartor/rodak.htm
Topografische Karten auf CD im Maßstab 1:50 000, 1:100 000 und 1:250 000. Fugawi-kompatibel (mit Programmerweiterung). Teuer!

- **Wanderkarten**

Alpenvereinskarten
Tel.: 089/14 00 30
www.alpenverein.de
Interessantes zur Entstehung, Aktualität und Genauigkeit von Alpenvereinskarten. Bestellmöglichkeit.

Kompass-Karten
Tel.: 0043/512 26 55 61–0
www.kompass.at
Übersicht GPS-tauglicher Karten mit Angabe von Kartengitter und Bezugssystem! GPS-Klub mit Support, FAQs, Forum und Tourenarchiv (http://club.kompass.at).

- **Kartenzubehör**

www.maptools.com
Planzeiger und Netzteiler auf stabilem Kunststoff. Auch zum kostenlosen Download als pdf-Datei.

- **Aufladbare Vektorkarten für GPS-Geräte**

Garmin »MapSource«-Karten
GPS GmbH
Tel.: 089/858 36 40
www.garmin.de; www.garmin.com

Magellan »MapSend«-Karten
Tel.: 0800/62 43 55 26
www.magellangps.com

Weitere Vektorkarten für Garmin-Geräte
www.belanor.no
Topografische Karten 1:50 000 und 1:250 000 von Norwegen.

www.eratukku.fi
Topo-Karten von Finnland.

http://mapcenter.cgpsmapper.com
Kostenlose Karten weltweit. Die nötigen Programme zum Laden auf Garmin-Geräte gibt es unter:
http://gps.chrisb.org (»SendMap 2.0«)
http://homepage.ntlworld.com/mdipol/img2gps
(»Garmin IMG to GPS Uploader Front End for SendMap«).

www.ourfootprints.de
Kostenlose Island-Karten.

http://gwprojects.orcon.net.nz/gps/GPS.htm
Diverse MapSource-kompatible Karten von Neuseeland. Sehr gute Anleitung für die Do-it-yourself-Anfertigung von Vektorkarten für Garmin-Geräte.

SCANSERVICE

Daerr
Tel.: 089/28 20 32/33
www.daerr.de
Preise ab 17 Euro (nur Scan). Kalibrier-Service.

Touratech
Tel.: 07728/92 79–0
www.ttqv.de
Kartenscans bis 100 Zentimeter Breite. Kalibrierung möglich. Kosten inkl. Versand ab ca. 25 Euro.

HÖHENDATEN – DEMS

NIMA DTED-Daten
http://geoengine.nima.mil/geospatial/SW_TOOLS/NIMA-MUSE/webinter/rast_roam.htlm/
Weltweite Höhendaten mit 30" Auflösung. Kostenlos.

NOAA Globe DEMs
http://www.ngdc.noaa.gov/mgg/topo/globe.html
Weltweite, kostenlose Höhendaten (Auflösung 30").
Die nötigen Kalibrierungsdateien stehen unter
ftp:/ftp.ngdc.noaa.gov/GLOBE_DEM/data/elev/esri/hdr.

SRTM3/SRTM30 Höhendaten der Nasa
Weltweite Höhendaten zwischen 56°S und 60°N mit 3' bzw. 30" Auflösung (entspricht ca. 90 m bzw. 900 m).
Auf DVD von Touratech QV oder kostenlos zum Download unter ftp://e0mss21u.ecs.nasa.gov/srtm/.

GPS-SOFTWARE

• GPS-Planungssoftware für Karten aller Art

Fugawi
GPS GmbH
Tel.: 089/858 36 40
www.fugawi.de; www.fugawi.com
Infos, Lernprogramme und ausführliche FAQs zu Fugawi. Demoversion zum Download.

OziExplorer
www.oziexplorer.com
Demoversionen mit eingeschränktem Funktionsumfang erhältlich.

www.fermoll.de
Informative Website mit Tipps rund um OziExplorer und OziExplorerCE.

Touratech QV
Touratech
Tel.: 07728/92 79–0
www.ttqv.de
25 Tage nutzbare Vollversion zum Download. Exzellentes Forum!

• Einfache Programme für gescannte Karten

ExpertGPS
www.expertgps.com
Shareware (59,95 US$), u. a. für Garmin-, Magellan- und Lowrance-Geräte. Verarbeitet georeferenzierte US-amerikanische USGS-Topo- und selbst gescannte Karten.

GARtrip
www.gartrip.de
Shareware (34,80 Euro). Demoversion zum Download. Umfangreiche Wegpunkt- und Routensammlung. Siehe Kapitel 14.

GPS TrackMaker
www.gpstm.com
Relativ vielseitige Freeware. Siehe Kapitel 14.

GPS Utility
www.gpsu.co.uk
Einfache Freeware für selbst gescannte Karten (40 US$). Für Garmin- und Magellan-Modelle.

GROUPIE für GPS
www.easygeo.de
Shareware (55 Euro). Tracks können nicht erstellt werden. Datenaustausch mit allen gängigen Geräten über EasyGPS. Mit Datei-Konverter, u. a. für Top50 ASCII-Overlays.

DATENPROGRAMME

EasyGPS
www.easygps.com (siehe Kapitel 14).

G7ToWin
www.gpsinformation.org/ronh/g7towin.htm
(siehe Kapitel 14).

Waypoint+
www.tapr.org/~khz2/Waypoint/
Früher ein Standard für den Datenaustausch mit Garmin-Geräten, in letzter Zeit (seit 2001) nicht weiterentwickelt. Unterstützt deshalb neuere Geräte oft nicht.

PROGRAMME FÜR DEN DATENAUSTAUSCH MIT TOP50/AMAP

• Programme für Garmin-Geräte

Garfile
www.icsinger.de

GPSTrans
www.fugawi.de

• Konvertierungsprogramme Top 50

GM2TOP
http://kerzendorf.com/gps
Kostenloses Konvertierungsprogramm, das in Verbindung mit »GPS TrackMaker« (siehe oben) den Datenaustausch mit Garmin-, Magellan-, Lowrance- und Silva-Modellen ermöglicht.

Easytrans
www.gpstools.de/top50/index.html
Freeware-Programm. Datenübertrag für Garmin-, Magellan-, Silva-, Lowrance-Geräte zusammen mit »EasyGPS« (siehe oben).

Konvertierungstabellen von Ronny Martin
http://kanadier.gps-info.de/d-gpstm_und_top50.htm
Kostenlos. Datenaustausch u. a. mit Garmin-, Magellan-, Lowrance-, Silva-Empfängern in Verbindung mit »GPS TrackMaker« (siehe oben).

MapKon
www.hobbyradio.de
Freeware für Alan-Geräte. Ermöglicht auch den Datentransfer mit Fugawi und anderen Programmen.

SONSTIGE PROGRAMME

GPilotS
www.cru.fr/perso/cc/GpilotS/
Freeware zum Datenaustausch zwischen Garmin-Geräten, Palm-PDA und PC.

GPSBabel
http://sourceforge.net/projects/gpsbabel
Kostenloses Programm zum Konvertieren verschiedener Dateiformate, u. a. Fugawi, Touratech QV, OziExplorer, Garmin »MapSource«, Magellan »MapSend«.

- **Programme zum Erstellen von Vektorkarten für Garmin-Geräte**

GPSMapEdit: www.geopainting.com
cGPSmapper: www.cgpsmapper.com
GPS TrackMaker: siehe oben
MapDekode:
http://planeta.terra.com.br/informatica/download1/dekode_contract.htm

PanaVue
www.panavue.com
Software zum Zusammensetzen gescannter Kartenausschnitte. Demoversion kostenlos.

Panoramafactory
www.panoramafactory.com
Ähnlich Panavue. (Ältere) Version V 1.6 umsonst.

GPS-Software für Macintosh
www.gpsy.com
www.macgpspro.com
www.chimoosoft.com/gpsconnect.html

TESTS, TIPPS & NEWS

http://gpsinformation.net
Die Info-Seite zu GPS schlechthin. Egal ob Tests, Kaufhilfe, Datensammlungen, Erfahrungsberichte, Karten oder GPS-Tutorial – hier wird man fündig. Exzellente Newsgroup.

http://kanadier.gps-info.de
Mit GPS-Handbuch. Ausführliches zum Thema GPS, von der Hardware über PC-Software bis zu Praxis-Tipps.

http://noegs.de.tf
Sehr informative Website. GPS-Magazin mit Erfahrungsberichten, Tests und Tipps. Exzellente Linksammlung (unter FAQ 1)!

www.pocketnavigation.de
Ausführliches zur GPS-Navigation mit Pocket-PC. Großes Forum.

TOURENPORTALE & WEGPUNKT-SAMMLUNGEN

http://earth-info.nga.mil/gns/html/index.html
GEONet Names Server des US-Verteidigungsministeriums: Geografische Namen und Koordinaten weltweit, selbst kleinster Orte.

www.almenrausch.at
Berg-, Ski- und Biketouren in Tirol und Bayern.

www.alpin-koordinaten.de
Koordinaten-Sammlung von Gipfeln, Hütten, Unterkünften, aber auch Touren.

www.bike-gps.com
Sehr gut bearbeitete Mountainbike- und Rennradtouren in den Alpen gegen Gebühr. Neben den Track-Daten erhält man eine Tourenbeschreibung mit Roadbook und Höhenprofil. Tracks können in Fugawi geöffnet werden!

www.das-rad-ruft.de
Umfangreiche Track-Sammlung mit Radtouren und -wegen in Deutschland.

www.gpspunkte.de
Wegpunkte aller Art.

www.gps-tracks.com
Umfassende Routen-Sammlung mit Schwerpunkt Mountainbike- und Alpintouren in der Schweiz und Österreich. Download von zwölf Touren pro Jahr frei. Neben GPS-Daten und Beschreibung gibt's ein Overlay mit eingezeichneter Tour für die SwissMap 50, AMAP oder Top50.

www.gps-tour.info
Kostenloses, weltweites Tourenportal.

www.gps-world.net
Routen- und Wegpunkt-Sammlungen weltweit. Mit Forum.

www.joerg-stein.de
Exzellente Datenbank mit über 1500 Hütten im Alpenraum zur Verwendung mit Touratech QV.

FOREN

Die Info-Quelle schlechthin! Bei Problemen mit Geräten, Software etc. findet man nahezu immer jemanden, der eine Antwort parat hat. Siehe auch unter Geräte- und Software-Herstellern sowie Tourenportalen.

www.gps-forum.de
Neben GPS auch Reiseländer und -ausrüstung sowie Satellitentelefone als Themen.

www.naviboard.de
Themen: Geräte, Software sowie Motorrad und GPS. Mit Gebrauchtwarenbörse.

GEOCACHING

Schatzsuche mit GPS (siehe Lexikon). Infos und Koordinaten unter
www.geocaching.com
www.geocaching.de
www.navicache.com

GERÄTE & ZUBEHÖR

www.bikertech.de
Exzellente Fahrrad- und Motorradhalter.

www.gps24.de
Geräte und Zubehör, u. a. Fahrradhalter und wasserdichte Schutztaschen.

www.gpskabel.de
GPS-Datenkabel, auch für Verbindung mit PDAs.

www.gpstools.de

www.gps-shop.de

www.haid-services.de
GPS-Geräte und Zubehör. Kabel für PDAs.

AUFLÖSUNG zu Kapitel 10, Abschnitt »UTM-Gitter: Standort in die Karte übertragen«

Sie befinden sich an Gabelung des Wanderwegs Nr. 237, nordwestlich der Grasbergalm (siehe Abb. S. XX).

GPS-LEXIKON

Almanach
Von jedem GPS-Satellit übermittelte Daten, die Informationen zu den Umlaufbahnen aller Satelliten sowie Korrekturfaktoren für die Uhren und die atmosphärische Signalverzögerung enthalten. Mit den gespeicherten, etwa drei Monate gültigen Almanach-Daten kann ein GPS-Gerät nach dem Einschalten die Position schneller ermitteln.

Aufladbare Karten
Vektorkarten, die auf kartenfähige Geräte des jeweiligen Herstellers geladen werden können.

Basiskarte (Basemap)
Fest auf dem Gerät gespeicherte, einfache Übersichtskarte mit den wichtigsten Orten und Straßen.

Blankokarte
»Leere« Karte, die in einem PC-Programm Wegpunkte, Routen und Tracks lagerichtig und maßstabsgetreu anzeigt.

C/A-Code (Clear/Coarse Acquisition-Code)
Von zivilen Geräte empfangbarer, weniger genauer Satelliten-Signalcode. Siehe auch P-Code.

Digitale Karte
Karte, die sich mit dem Computer nutzen lässt. Siehe auch Raster- und Vektorkarte.

Digitales Geländemodell (DGM, DEM)
Höhendaten eines bestimmten Gebiets. Liefert zu jedem Punkt auf einer digitalen Karte auch die Höhenangabe. Ermöglicht u. a. das Erstellen von Höhenprofilen geplanter Touren oder 3-D-Darstellungen.

3-D-Bestimmung
Positionsbestimmung mit vier oder mehr Satelliten. Genauer als eine 2-D-Bestimmung. Gibt auch die Höhe an.

EGNOS (European Geostationary Navigation Overlay System)
Europäisches Pendant zum amerikanischen WAAS, mit dem es kompatibel ist (siehe dort).

Ephemeriden (Ephemeris)
Bahn- und Positionsdaten eines Satelliten, die ans GPS-Gerät übermittelt werden und 4–6 Stunden gelten. Wie die Almanach-Daten dienen sie zur schnelleren Erfassung der Satelliten, gelten aber nur für den aussendenden Satellit.

Fugawi
Vielseitiges Programm zur Tourenplanung am PC mit digitalen Karten.

Galileo
Europäisches Satelliten-Navigationssystem, das sich zurzeit im Aufbau befindet und 2008 voll funktionsfähig sein soll.

Gauß-Krüger-Gitter
Früher in Deutschland übliches Kartengitter.

Georeferenzierte (kalibrierte) Karten
Digitale Karten, bei denen jedem Punkt auf der Karte ein Koordinatenpaar im Kartengitter zugeordnet ist. Die Position des Punktes kann angezeigt und als Wegpunkt gespeichert werden. Voraussetzung für die Tourenplanung am PC.

Geocaching
Moderne, inzwischen sehr beliebte Form der »Schnitzeljagd«, bei der mit GPS ein versteckter Schatz (»Cache«) gesucht wird (siehe im Abschnitt »Infos«).

GoTo
Einfachste GPS-Navigationsart, bei der das GPS-Gerät Richtung (Luftlinie) und Entfernung zu einem Ziel (Wegpunkt) angibt.

GLONASS (GLObal NAvigation Satellite System)
Russisches Satelliten-Navigationssystem.

GPS (Global Positioning System)
Ursprünglich für den Militäreinsatz konzipiertes, amerikanisches Satelliten-Navigationssystem. Besteht aus mindestens 24 Satelliten, die Signale aussenden, mit denen GPS-Empfänger weltweit ihre Position bestimmen können.

GPS-Offline-Navigation
Austausch von Wegpunkten, Routen und Tracks zwischen GPS-Gerät und PC.

GPS-Online Navigation (Moving Map)
»Echtzeit-Navigation«, bei der der Verlauf einer Tour auf einem Laptop (Autonavigation) oder PDA verfolgt werden kann. Dazu ist der Laptop bzw. PDA mit einem GPS-Gerät verbunden, das ständig Position, Richtung und Geschwindigkeit übermittelt.

Hauptmenü-Seite
Enthält die wichtigsten Funktionen eines GPS-Geräts wie z. B. Wegpunkt-, Routen- und Track-Menü oder das Setup (siehe dort).

Initialisierung
(Erste) Inbetriebnahme eines GPS-Geräts ohne gültige Almanach-Daten (siehe dort).

Kalibrieren
Siehe »Georeferenzierte Karten«.

Kaltstart
Einschalten eines GPS-Geräts mit gültigen Almanach-, aber veralteten Ephemeris-Daten. Die erste Positionsbestimmung erfolgt meist innerhalb von 1–2 Minuten.

Kartenbezugssystem (Kartendatum)
Ellipsoid-Modell der Erde, das als Grundlage für die Darstellung der Erdoberfläche in einer Karte dient. Neben dem weltweit gültigen WGS 84 gibt es über 200 lokale Kartenbezugssysteme, die nur für ein Land bzw. eine Region gelten.

Kartengitter
Koordinatensystem, mit dem die Position eines Punktes auf der Karte (Erdoberfläche) beschrieben wird. Am bekanntesten: das geografische System mit Längen- und Breitengraden. Topografische Karten besitzen meist ein geodätisches (rechtwinkliges) Gitter wie das UTM-Gitter, das zum internationalen Standard für die GPS-Navigation wurde.

Kartenprojektion
Übertragen der gewölbten Erdoberfläche in eine ebene Karte. Es gibt zahlreiche unterschiedliche Projektionen (z. B. Transversale Mercator-, Lambert-Projektion etc).

Kartenseite
Menüseite, die Wegpunkte, Routen und Tracks darstellt und, je nach Gerät, auch Basis- oder geladene Karten.

Koordinaten
Zahlenpaar, das die Lage eines Punktes auf der Karte bzw. Erdoberfläche angibt, z. B. Rechts- und Hochwert im UTM-Gitter oder geografische Breite und Länge.

Kurs (Heading, HDG; auch Track, TRK)
Momentane Bewegungsrichtung. Nicht zu verwechseln mit »Sollkurs«.

Navigationsnachricht
Von GPS-Satelliten ausgesendete Daten, die Informationen zu Bahn und Position der Satelliten (Almanach, Ephemeris) sowie verschiedene Korrekturfaktoren enthalten.

Navigationsseite (Kompassseite)
Menüseite von GPS-Geräten, die mittels Pfeil die Richtung zum Ziel anzeigt.

NAVSTAR
Das amerikanische Satelliten-Navigationssystem, heute meist als »GPS« oder »NAVSTAR-GPS« bezeichnet.

NMEA (National Marine Electronics Association)
Gängiges Protokoll für die Übertragung von GPS-Daten wie Position, Kurs und Geschwindigkeit auf ein Endgerät, z. B. einen PDA oder Laptop (GPS-Online-Navigation).

Overlay
»Schicht« mit grafischen Elementen (z. B. Wegpunkte, Tracks, Routen, Symbole, Linien etc.), die über eine auf den PC geladene Karte gelegt und nach Belieben aus- und eingeblendet werden kann.

P-Code (Precise Code)
Genauerer Satelliten-Signalcode, der nur mit militärischen Geräten empfangen werden kann. Siehe auch C/A-Code.

Peilkompass
Zusatzfunktion bei manchen GPS-Geräten. Der Kompass zeigt beim Navigieren auch im Stand die Richtung zum Ziel an, was der Richtungszeiger eines GPS-Geräts (systembedingt) nicht kann.

Peilung (Bearing, BRG)
Direkte Richtung (Luftlinie) vom momentanen Standort zum nächsten Wegpunkt bzw. zum Ziel.

Points of Interest (POI)
Sammelbegriff für »interessante Punkte« wie Sehenswürdigkeiten, Hotels, Restaurants, Tankstellen etc., die in Vektorkarten angezeigt werden.

Positionsseite
Zeigt bei GPS-Geräten die Koordinaten des aktuellen Standorts an.

Rasterkarte
Digitale Karte, Kartenbild gleicht Papierkarte.

Route
Navigationsart, bei der eine geplante Strecke durch mehrere Wegpunkte festgelegt wird. Mit dem GPS-Gerät navigiert man von Punkt zu Punkt.

Routing (Autorouting)
Funktion von GPS-Geräten und Programmen, die mit entsprechenden Vektorkarten eine Straßenroute zu einem eingegebenen Ziel berechnen und anzeigen.

Satellitenseite
Zeigt beim GPS-Gerät Position, Zahl und Signalstärke der empfangenen Satelliten an.

Selective Availability (S/A)
Künstliche Verschlechterung der Satellitensignale durch das amerikanische Verteidigungsministerium. Seit 20.05. 2000 abgeschaltet. Setzte für zivile Nutzer die Positionsgenauigkeit auf 100–300 Meter, bei Höhenangaben auf ca. 100–150 Meter herab.

Setup
Menü, in dem die wichtigsten Geräte-Einstellungen wie z. B. Kartengitter und -bezugssystem, Maßeinheiten, Zeitzone etc. vorgenommen werden.

Sollkurs (Course, Desired Track; DTK)
Richtung vom Ausgangspunkt zum Ziel (Wegpunkt), z. B. bei der GoTo-Navigation. Bei Routen entspricht die Verbindungslinie zwischen den einzelnen Wegpunkten dem Sollkurs. Nicht zu verwechseln mit »Kurs«.

Top50
Digitale topografische Karten der Landesvermessungsämter (Maßstab 1:50 000), das gesamte Bundesgebiet abdeckend.

Touratech QV
Ausgereifte Software für die Tourenplanung und Datenverwaltung mit PC.

Track
Mit dem GPS-Geräte aufgezeichnete Wegstrecke, die gespeichert und wieder zur Navigation benutzt werden kann (siehe auch Trackback).

Trackback (Backtrack)
Navigationsart, bei der ein Track zurück zum Ausgangspunkt bzw. je nach Gerät in beliebige Richtung verfolgt wird.

Tripcomputer(-Seite)
Menüseite, die neben der aktuellen Position weitere Daten wie Kurs, Geschwindigkeit, Entfernung, Höhe, Reise- und Ankunftszeit etc. anzeigt.

UTM-Gitter (Universal Transverse Mercator)
Geodätisches Kartengitter, inzwischen weltweiter Standard für die GPS-Navigation und auf vielen Karten aufgedruckt.

Vektorkarte
Karte mit schematisiertem Kartenbild in Form von Punkten, Linien und Flächen (Vektordaten), die mit einer Information verknüpft sein können (z. B. Name, Adresse, Straßenart etc.).

WAAS (Wide Area Augmentation System)
Amerikanisches Satellitensystem mit mehreren stationären Satelliten, die Korrektursignale zur Erhöhung der GPS-Genauigkeit senden. Die erreichbare Genauigkeit mit WAAS-kompatiblen Geräten liegt bei unter 3 Meter bzw. bei 3–7 Meter für die Höhe.

Warmstart
Einschalten eines GPS-Geräts mit gültiger Ephemeris. Der Empfänger liefert nach dem Einschalten meist schon innerhalb von ca. 15 Sekunden die erste Positionsbestimmung.

Wegpunkt
Als Koordinatenpaar gespeicherte Position, entweder mit dem GPS-Gerät oder aus der Karte bzw. am PC bestimmt.

Wegpunkt-Projektion
Methode zum Bestimmen von Koordinaten bei Karten ohne Gitter: Von einem bekannten Wegpunkt aus wird ein neuer Punkt durch Ermittlung seiner Entfernung und Richtung aus der Karte bestimmt.

WGS 84 (World Geodetic System 1984)
Mit dem UTM-Gitter verbundenes, weltweit gültiges Kartenbezugssystem. Grundlage ist das WGS-84-Ellipsoid, das weltweit der Form der Erde am besten angepasst ist.

2-D-Bestimmung
Positionsbestimmung mit nur drei Satelliten, die relativ ungenau ist und keine Höhenangaben liefert.

DER AUTOR:
Uli Benker, Jahrgang 1960, Journalist, ist seit vielen Jahren ständiger Mitarbeiter im Ausrüstungsbereich der Zeitschrift outdoor. Seine Spezialthemen sind unter anderem Tourenplanung und Orientierung, besonders GPS-Navigation, mit der er sich seit 1999 befasst. Neben Artikeln zur Planung und Durchführung von Touren mit dem GPS sind von ihm auch regelmäßig Gerätetests veröffentlicht worden. Auf zahlreichen Trekkingtouren hat er sich mit den praktischen Finessen der GPS-Navigiaton vertraut gemacht. Als begeisterter Natursportler ist er in seiner Freizeit in seiner Heimat, der Fränkischen Schweiz, oder in den Alpen unterwegs, auf Hoch- und Skitouren ebenso wie mit dem Mountainbike – natürlich immer mit GPS.

IMPRESSUM
Ein kostenloses Gesamtverzeichnis erhalten Sie beim
Bruckmann Verlag
D-81664 München

www.bruckmann.de
www.bergsteiger.de

Lektorat: Désirée Schoen, München
Layout: BUCHFLINK Rüdiger Wagner, Nördlingen
Herstellung: Thomas Fischer

Alle Angaben dieses Werkes wurden vom Autor sorgfältig recherchiert und auf den aktuellen Stand gebracht sowie vom Verlag geprüft. Für die Richtigkeit der Angaben kann jedoch keine Haftung übernommen werden. Für Hinweise und Anregungen sind wir jederzeit dankbar. Bitte richten Sie diese an:
Bruckmann Verlag
lektorat
Innsbrucker Ring 15
D-81673 München
E-Mail: lektorat@bruckmann.de

Bildnachweis: Alle Abbildungen und Grafiken stammen vom Autor mit folgenden Ausnahmen: Harald Benker: Innentitel, S. 4 - 10, 13, 15, 20, 22, 24, 26 - 28, 29 o., 30, 31 u., 33, 36 - 39, 41, 42 o., 43, 45 o., 50 - 58, 61, 71, 75, 77 - 78, 80, 84, 89, 92 - 95, 98, 100 - 101, 104, 108, 111, 114 - 115, 116 o. li, o. re, 120, 123 u., 125 - 126, 133 u., 134 - 136, 139, 142 u., 150, 163 u., 166 u., 169; Stefan Bucher: S. 17, 63, 66/67, 68, 99 li. u.; Stefan Bucher/Philipp Drewes: S. 12, 18 o.; Bundesamt für Landestopografie Wabern, Schweiz / H. Benker: S. 82; Philipp Drewes: S. 14, 16, 23, 45 u., 46 o., 118, 121 li, 123 o.; ESA-J.Huart: S. 21; Geoforschungszentrum Potsdam: S. 72 o; Boris Gnielka: S. 76; Regine Hansen: S. 29 u.; Jürgen Kurapkat: S. 117; Melanie Rochow: S. 11, 72 u., 73, 102, 103, 106, 107, 110; Christian Rolle, Kartografie und Geoinformationstechnik, Holzkirchen: S. 131; www.garmin.de: S. 167
Alle Display-Screenshots: Uli Benker/Garmin GPSmap 60CS
Genehmigungen: Umgebungskarte UK 31 L Werdenfelser Land, Top50 Bayern Nord und Top50 Bayern Süd: Wiedergabe mit Genehmigung des Bayerischen Landesvermessungsamtes München, Nr. 1008/05: S. 75, 81, 137, 142, 146, 154, 155, 156, 157, 158, 166.
Mit freundlicher Genehmigung des Deutschen Alpenvereins, München: S. 77, 83, 100, 101, 170

Die Deutsche Bibliothek – CIP Einheitsaufnahme
Ein Titeldatensatz für diese Publikation ist bei der Deutschen Bibliothek erhältlich.

Printed in Italy
ISBN 3–7654–4252–6